传统村落文化
保护与传承研究

黄璜 著

九州出版社
JIUZHOUPRESS

图书在版编目（CIP）数据

传统村落文化保护与传承研究 / 黄璜著. -- 北京 ：
九州出版社，2025.1. -- ISBN 978-7-5225-3506-7

Ⅰ.K928.5

中国国家版本馆 CIP 数据核字第 20252Y6X59 号

传统村落文化保护与传承研究

作　　者　黄　璜　著

责任编辑　赵晓彤

出版发行　九州出版社

地　　址　北京市西城区阜外大街甲 35 号 （100037）

发行电话　（010）68992190/3/5/6

网　　址　www.jiuzhoupress.com

印　　刷　北京星阳艺彩印刷技术有限公司

开　　本　700 毫米 ×1000 毫米　16 开

印　　张　13.75

字　　数　210 千字

版　　次　2025 年 5 月第 1 版

印　　次　2025 年 5 月第 1 次印刷

书　　号　ISBN 978-7-5225-3506-7

定　　价　58.00 元

前　言

....

　　传统村落作为中国几千年农业文明历程的历史见证，保留有古朴的建筑风貌、悠久的历史文化和传统的民俗风情，是传统农耕文化的经典，也是我国重要的文化遗产资源，在历史文化研究和文化产业发展中占据重要的地位。在全球化过程中，传统村落的社会文化价值和遗产价值越来越突出，引起了建筑学、历史学、民俗学、美学、地理学、旅游学等学科的广泛关注。同时，伴随着当代社会的转型，传统村落的演化问题日益突出，有关传统村落的研究成为学术界关注的热点。以前的相关研究多以保护和开发为坐标系来展开讨论，未能跳出"保护与开发二元论"的框架，许多问题难以梳理清楚，对演化的内在本质和规律缺乏深度的理论分析，也使演化动力学研究仍停留在以"推—拉"模式为主导的物理动力学阶段。因此急需从新的视角，用新的理论和方法来深化这些方面的研究。

　　基础设施是传统村落存续与村民生活的重要保障，是传统村落的有机组成部分，其合理的利用是传统村落保护的一个重要方面。它与传统村落共存亡，是传统人居生活的物质载体。传统村落的基础设施主要包括道路交通、给水排水、能源、通信、环境卫生及防灾减灾等六个系统。有别于城镇和一般的村落，传统村落的基础设施除了作为物质性载体功能并受地理环境及气候条件等因素的约束外，还具有丰富的历史文化价值与地域特色，尤其是传统村落的道路交通、给水排水及防灾减灾设施，均与自然环境及地域文化等关系紧密。

　　中华民族几千年的历史造就了瑰丽多彩的中华文化，中华文化的特殊性和多样性铸成了其独特的内涵与外延，对日本、韩国、东南亚等各国和地区产生了深远的影响，形成了以中华文化为核心的东亚文化圈，并留给后世充满魅力的文化遗产。人类历史发展到今天，已经有数不清的文化遗产被岁月的风沙所掩埋，消失的文化与文明不能再生，我们只能通过书籍、影像去了解逝去的文化，遥想它们曾经的灿烂景象。中国现存的非物质文化遗产绝大多数存在于传统村落，是中华文化的重要组成部分，承载着中国人的智慧与汗水，是了解中华传统文化的重要窗口，更是人类珍贵的"活的历史"，承载着温情脉脉的人类情感并流传至今。非物质文化遗产作为人类文化遗产的重要部分，在满足人们认知世界、了解历史与文化的需求的同时，也面临着失传、消失的危险，对我国非物质文化遗产更好地进行抢救、保护、传承和振兴，是当下每一名中华儿女的职责所在。

本书在撰写过程中，曾参阅了相关的文献资料，在此谨向各位专家学者表示衷心的感谢。由于著者水平有限，书中内容难免存在不妥、疏漏之处，敬请广大读者批评指正，以便进一步修订和完善。

梧州学院　黄璜

目　录

第一章　传统村落概念与特征

第一节　传统村落提出背景

中国有着数千年的悠久历史，传统村落正是中国几千年文明历程，尤其是农耕文明历程的最佳见证。传统村落是传统文化的主要产生地和传承地，具有很高的历史价值、文化价值。深深扎根于中华沃土的传统村落，是中华民族生活、生产、生存的基本载体；是社会组成的细胞；是传统观念、习俗、社会与家庭等多元文化孕育而生的中华本土文化；是一部千姿百态、异彩纷呈、文化厚重的史书；是中国传统文化之根。传统村落有古朴的建筑风貌、悠久的历史文化和传统的民俗风情，是中国重要的文化遗产资源，尤其在全球化背景下的今天，传统村落的文化价值和社会价值正受到人们越来越多的关注。住房和城乡建设部、文化部、财政部联合下发的《关于加强传统村落保护发展工作的指导意见》中指出："传统村落承载着中华传统文化的精华，是农耕文明不可再生的文化遗产。传统村落凝聚着中华民族精神，是维系华夏子孙文化认同的纽带。传统村落保留着民族文化的多样性，是繁荣发展民族文化的根基。"但随着工业化、城镇化的快速发展，传统村落衰落、消失的现象日益加剧，加强传统村落保护与发展刻不容缓。

一、传统村落是美丽中国的重要资源

面对我国资源约束趋紧、环境污染严重、生态系统退化的严峻形势，必须树立尊重自然、顺应自然、保护自然的生态文明理念，把生态文明建设放在突出地位，融入经济建设、政治建设、文化建设、社会建设各方面和全过程，努力建设美丽中国，实现中华民族永续发展。农村是我国传统文明的发源地，乡土文化的根不能断，农村不能成为荒芜的农村、留守的农村、记忆

中的故园。从机械的自然观转向有机的自然观，从强调"天人相抗"到注重生态平衡以及人与大自然的和谐共处，正日益成为当代人的共同心声。

国内外的众多有识之人已明确提出，在开发建设人居环境方面应向东方人学习，向中国的古人学习。美国学者西蒙兹在其所著的《景观设计学》中，对东方传统自然观、环境观及其面向自然的规划设计意象和造诣，给了极高的评价，并极力推崇，介绍了东方的大量优秀创作实例。美国生态建筑学家吉·戈兰尼在其所著的《掩土建筑：历史·建筑与城镇设计》一书中指出："中国的住宅、村庄和城市设计，具有与自然和谐并随大自然的演变而演变的独特风格。"

中国五千年的农耕文明形成了千姿百态的传统村落。传统村落体现了中国传统文化中固有的生态和谐观，为实现生态文明提供了坚实的哲学基础和思想源泉。中国传统文化中倡导的"道法自然""天人合一"等思想，与建设美丽中国理念在一定程度上是一致的。中国的古代建设实践，强调建筑要与自然环境共存，提出要自觉地注重自然环境的审美观，追求自然界固有的和谐美，顺应之并有节制地加以修饰，融风景景观于建筑空间的组织规划中，使之成为整体环境的有机组成部分。传统村落在空间布局以及与自然环境的相处上，往往构思巧妙，经历长时期的传承，包含着人类与自然和谐相处的历史智慧，对城镇化、城乡统筹发展进程中遇到的资源浪费、环境污染、生态破坏等问题的解决，有着重要的借鉴意义。

二、传统村落是传统文化的承载场所

村落是我们农耕生活遥远的源头与根据地，至今至少一半中国人还在这种"农村社区"里种地生活、生儿育女，享用着世代相传的文明。村落起源于农耕文化的兴起，人们开始实现了定居生活。定居生活促进了原始农业、畜牧业的发展，提高了先民的物质生活，从而促进了人们精神生活的改善，对于人类文明的起源和传承具有重要意义。世界上最早的农业村落出现在西亚地区，考古学家在约旦河谷发现了一个9000年前的农业村落，有数以百计的用泥砖砌成的房屋。中国的原始定居聚落可以追溯到数千年前，河姆渡氏族距今约7000年，生活在多水、潮湿的长江中下游地区，现在的浙江余姚河姆渡村。半坡氏族距今五六千年，生活在黄河流域的黄土高原，现在的陕西

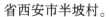

省西安市半坡村。

在历史上，当城市出现之后，精英文化随之诞生，可是最能体现民众精神本质与气质的民间文化一直活生生存在于村落里。我国幅员辽阔，民族众多，地域多样；在漫长的岁月里，交通不便，信息隔绝，各自发展，自成形态，造就了中华文化的多样并存与整体灿烂。如果没有了这花团锦簇般扎根于各族各地的传统村落，中华文化的灿烂也就失去了载体。

传统村落保留着丰富多彩的文化遗产，是承载和体现中华民族传统文明的重要载体：在中华文明的历史长河中，各民族各地区的人们，通过不断的经验积累和创造性的建设，形成了各具特色的民居，这些民居巧妙地融合了自然、文化以及周边环境的独特优势，并围绕其独特的功能形成了各具特色的传统村落。各传统村落的空间形态、选址、布局也无不显示出高超的技术和智慧，传统村落正是我国传统营造文化最重要的载体。

同时，传统村落更是中国传统文化和中华民族传统精神文明的重要载体，是我们宝贵的精神财富。传统村落中有大量的历史记忆、宗族传衍、方言俚语、乡约乡规、生产方式等，连同丰富多样的非物质文化遗产，例如各地的风俗、传统手工艺、传统节庆等，共同构成了中国传统文化不能脱离的生命土壤。

三、国际国内相关法律公约越来越重视对传统村落的保护

在人类历史的转型期间，能将前一阶段的文明创造视作必须传承的遗产，是进入现代文明的标志之一。20世纪尤其是第二次世界大战以来，不少国际组织致力于文化遗产的保护工作。除保护世界遗产的国际执行机构联合国教育、科学及文化组织（UNESCO）及世界遗产委员会（WHC）、世界遗产委员会的咨询机构国际文化财产保护与修复研究中心（ICCROM）、世界自然保护联盟（IUCN）、国际古迹遗址理事会（ICOMOS），国际工业遗产保护委员会（TICCIH）外，还有不少专业性科研学术机构、地区政府间组织和城市间合作机构、非营利性的国际团体、民间团体等其他组织。

从国际性的《雅典宪章》《佛罗伦萨宪章》到国际古遗迹址理事会的《保护历史城镇与城区宪章》和联合国教科文组织的《保护非物质文化遗产公约》，可以看出最先关注的是有形的物质性的历史遗存——小型的地下文

物到大型的地上古建遗址，后来逐渐认识到城镇和乡村蕴含的人文价值。

《雅典宪章》专门论述了"有历史价值的建筑和地区"，指出了保护的意义和基本原则，以及保护好代表一个历史时期的历史遗存在教育后代方面的重要意义。《威尼斯宪章》是国际历史文化遗产保护发展中的一个重要里程碑，提出关于乡村环境的保护问题，"不仅包括单个建筑物，而且包括能够从中找到一种独特的文明、一种有意义的发展或一个历史事件见证的乡村环境……"《世界文化和自然遗产公约》提到要对脆弱的易受破坏的人类住区进行保护："构成某一传统风格的建筑物、建筑方针或人类住区的典型例证，这些建筑物或住区本身是脆弱的，或在不可逆转的社会文化、经济变动影响下已易于损坏……"《关于保护历史小城镇的决议》中指出保护历史小城镇所面临的威胁："经济活力不足、人口外迁、古镇风貌破坏"；提出了保护措施有如国家立法、地方政策、保护规划；指出保护成功的条件有当地居民的自豪感、责任感和参与程度。

《关于历史地区的保护及其当代作用的建议》中提出，历史环境是"人类日常生活环境的一部分；是过去存在的表现；能将文化宗教、社会活动的丰富性和多样性最准确如实地传给后人"。保护、保存历史环境与现代生活的统一，是城市规划、国土开发方面的基本要素。《马丘比丘宪章》提出了"不仅要保存和维护好城市的历史和古迹，还要继承一般的文化传统"，"保护、恢复和重新使用现有历史遗址和古建筑必须同建设过程结合起来，以保证这些文物具有经济意义并继续具有生命力"。《关于小聚落再生的 Tlaxcala 宣言》认为，乡村聚落和小城镇的建筑遗产及环境是不可再生的资源，建议小聚落保护要注重地方材料和传统工艺的使用。《保护历史城镇与城区宪章》认为，"保护历史城镇与城区意味着对城镇和城区的保护、保存和修复及其发展并和谐地适应现代生活所需的各种步骤"。《关于乡土建筑遗产的宪章》提出了"乡土性"的确认标准，认为乡土性几乎不可能通过单体建筑来表现，最好是"各个地区经由维持和保存有典型特征的建筑群和村落来保护乡土性"。正确评价和成功保护乡土建筑遗产，要"依靠社区的参与和支持，依靠持续不断的使用和维护"，"政府和主管机关必须确认所有的社区有保持其生活传统的权利，并通过一切可以利用的法律、行政和经济手段来保护这种生活传统并将其传给后代"。《保护非物质文化遗产公约》中列举的类型几乎都是传统乡土聚落中包含的文化现象，如民族传统和民间知识、各种语言、口头文学、风俗习惯、民族民间的音乐、舞蹈、礼仪、手工艺、传统医学、建筑技术以及其他艺术。

第二节　传统村落基本概念

21世纪第二批国家级传统村落评选时，专家们发现评选材料存在以下问题。一是基本概念不是很清楚。如自然村和行政村的差别；如何界定传统建筑的数量与所占比例；非物质文化遗产的概念；村落肌理的概念等。二是有较多存疑的村落，主要原因是村落整体、传统建筑和非物质文化遗产资料的收集、调查、整理不规范，图片质量差。部分村落照片看不出传统村落的格局肌理和整体面貌，部分属新农村建设村落和过度开发的村落也放入其中。三是对非物质文化遗产部分概念模糊，调查不清，等级乱写。故此，需要对涉及传统村落的一些基本概念进行辨析。

一、传统

传统指世代相传的精神、制度、风俗、艺术等。中国人所说的"传统"，更多的时候还是民间"风俗"，就是把前人的生活习俗和社会活动等经验统一起来进行传承，让后来的人们尽量遵照"传统"生活和进行社会活动。但是，这种世代相传的精神传统，所表达的并非都是固定的观念和思想，有时候被前一个时代认为确凿无疑的观念，却会成为下一个时代的难题，如女人裹脚、男人留辫等。广义的传统包括精神、风俗、道德、思想、艺术、制度等社会因素。

二、村落

村落，主要指大的乡村聚落或多个乡村聚落形成的群体，常用作现代意义上的农业人口集中分布的区域，包括自然村落（自然村）、村庄区域。村落是生活场所，也是生产场所，还是一种社会环境。村落作为社会与文化的统合单位，是地域性组织的聚居形态，常常表现为各个家屋的集合，以农业或其他利用定居土地的生业为基础，居民相互熟知。村落是一种地域社会，其地域具有世代相承的性质，亲属纽带在其中发挥主要作用。村落属于广义

的地缘集团，具有封闭性与自律性的生活与文化特点。

三、传统村落

中国传统村落，原名古村落（经传统村落保护和发展专家委员会第一次会议决定，将习惯称谓"古村落"改为"传统村落"，以突出其文明价值及传承的意义），指村落形成较早，拥有较丰富的文化与自然资源，具有一定历史、文化、科学、艺术、经济、社会价值，应予以保护的村落。我国大多数传统村落既有悠久的历史与深厚文化底蕴，又有丰富的物质文化遗产与非物质文化遗产，还有优美生态的自然景观遗产，是中华民族乃至全人类的宝贵遗产。能够被评选为中国传统村落的村落应该符合以下条件：传统建筑风貌完整；选址和格局保持传统特色；非物质文化遗产活态传承。要求传统村落现存建筑有一定的久远度，文物保护单位的等级达到标准，传统建筑的占地规模、现存传统建筑（群）和周边环境保存有一定的完整性，建筑的造型、结构、材料及装饰有一定的美学价值，并有对传统技艺的传承。传统村落在选址、规划等方面，代表了所在地域、民族及特定历史时期的典型特征，具有一定的科学、文化、历史以及考古的价值，并与周边的自然环境相协调，承载了一定的非物质文化遗产。

四、传统文化

传统文化就是文明演化而汇集成的一种反映民族特质和风貌的民族文化，是民族历史上各种思想文化、观念形态的总体表征。世界各地、各民族都有自己的传统文化。中国的传统文化以儒家思想为内核，还有道教、佛教等文化形态，包括古文、诗、词、曲、赋、民族音乐、民族戏剧、曲艺、国画、书法、对联、灯谜、射覆、酒令、歇后语等传统的精神文化。

《中共中央关于深化文化体制改革推动社会主义文化大发展大繁荣若干重大问题的决定》中指出，要建设优秀传统文化传承体系。优秀传统文化凝聚着中华民族自强不息的精神追求和历久弥新的精神财富，是发展社会主义先进文化的深厚基础，是建设中华民族共有精神家园的重要支撑。加强国家重大文化和自然遗产地、重点文物保护单位、历史文化名城名镇名村保护建设，抓好非物质文化遗产保护传承。

五、古村落

所谓古村落是指民国以前建村，保留了较好的历史沿革，即建筑环境、建筑风貌、村落选址未有大的变动，保存着丰富的物质与非物质文化遗产，具有独特民俗民风，虽经历久远年代，人们仍聚族而居的村落。作为完整的生活单元，由于历史发展中偶然兴衰因素的影响，古村落的空间结构至今保持完整，留有众多传统建筑遗迹，且包含了丰富的传统生活方式，成为新型的活文物。所以，古村落是历史遗存，却不是遗址，是农村乡土文化的活文物。

六、历史文化名村

住房和城乡建设部、国家文物局每年在全国选择一些保存文物特别丰富并且具有重大历史价值或革命纪念意义、能够完整反映一些历史时期的传统风貌和地方民族特色的村（镇），分期分批公布为中国历史文化名村（镇），旨在更好地保护、继承和发展我国优秀建筑历史文化遗产，弘扬民族传统和地方特色。历史文化名村的评选标准为：建筑遗产、文物古迹和传统文化比较集中，能较完整地反映某一历史时期的传统风貌、地方特色和民族风情，具有较高的历史、文化、艺术和科学价值，现存有清代以前建造或在中国革命历史中有重大影响的成片历史传统建筑群、纪念物、遗址等，基本风貌保持完好。村内历史传统建筑群、建筑物及其建筑细部乃至周边环境基本上原貌保存完好；或因年代久远，原建筑群、建筑物及其周边环境虽曾倒塌破坏，但已按原貌整修恢复；或原建筑群及其周边环境虽部分倒塌破坏，但"骨架"尚存，部分建筑细部亦保存完好，依据保存实物的结构、构造和样式可以整体修复原貌。历史文化名村的现存历史传统建筑的总建筑面积须在5000平方米以上；已编制了科学合理的村镇总体规划；设置了有效的管理机构，配备了专业人员，有专门的保护资金。

传统村落与历史文化名村的区别在于：传统村落应是承载历史文化传统的较大聚落或多个聚落群体形成的自然村落、村庄区域等。传统村落范围既包括已申报命名国家、省、市级的历史文化名村，也包括有历史文化价值但尚未申报名村的古村落，还包括具有优美自然景观、生态环境的自然村落。

需要明确的是，历史文化名村是优秀的传统村落，但传统村落不一定是历史文化名村，传统村落包括大量的历史村落和自然生态村落。历史文化名村只是中国数量庞大的自然村落中的极小一部分；一般村落中仍然或多或少地保留着一定的传统特色，和历史文化名村一起构成了中华民族数千年的古老文化的完整载体，在体现村落传统方面两者缺一不可。广大的一般村落是传统文化的基质，而优秀的历史文化名村是其中的精髓。如果对传统文化的保护只体现在保护历史文化名村上，那么失去了传统文化基质的历史文化名村就变成了仅能供人欣赏的花瓶、盆景。

七、文物保护单位

文物保护单位为中国大陆对确定纳入保护对象的不可移动文物的统称，并对文物保护单位本体及周围一定范围实施重点保护的区域。文物保护单位是指具有历史、艺术、科学价值的古文化遗址、古墓葬、古建筑、石窟寺和石刻。文物保护单位都是古代科学技术信息的媒体，对于科技史和科学技术研究有着重要意义。文物保护单位分为三级，即全国重点文物保护单位、省级文物保护单位和市县级文物保护单位。文物保护单位根据其级别分别由中华人民共和国国务院、省级政府、市县级政府划定保护范围，设立文物保护标志及说明，建立记录档案，并区别情况分别设置专门机构或者专人负责管理。

八、历史建筑

历史建筑一般是指，有一定历史、科学、艺术价值的，反映历史风貌和地方、民族特色并经县级以上人民政府核定的建构筑物。历史建筑一般要求：建筑样式、施工工艺和工程技术具有建筑艺术特色和科学研究价值；反映地域建筑历史文化特点等。

九、非物质文化遗产

《保护非物质文化遗产公约》中对非物质文化遗产的定义为："非物质文化遗产指被各社区、群体，有时是个人，视为其文化遗产组成部分的各种社会实践、观念表述、表现形式、知识、技能以及相关的工具、实物、手工艺品和文化场所，这种非物质文化遗产世代相传，在各社区和群体适应周围环境以及与自然和历史的互动中，被不断地再创造，为这些社区和群体提供认同感和持续感，从而增强对文化多样性和人类创造力的尊重。"

《中华人民共和国非物质文化遗产法》对非物质文化遗产的定义："本法所称非物质文化遗产，是指各族人民世代相传并视为其文化遗产组成部分的各种传统文化表现形式，以及与传统文化表现形式相关的实物和场所。"包括：一是传统口头文学以及作为其载体的语言；二是传统美术、书法、音乐、舞蹈、戏剧、曲艺和杂技；三是传统技艺、医药和历法；四是传统礼仪、节庆等民俗；五是传统体育和游艺；六是其他非物质文化遗产。

2006 年，文化部将非物质文化遗产名录分为 10 大类：民间文学（史诗、传说、民间故事、歌谣、谜语等）；传统音乐（民歌、号子、南音、古琴艺术、佛教音乐、道教音乐等）；传统舞蹈（龙舞、狮舞、秧歌、鼓舞、灯舞、少数民族舞蹈等）；传统戏剧（昆曲、京剧、秦腔、川剧、藏戏、木偶戏、皮影戏等）；曲艺（评弹、大鼓、说书、二人转、傣族章哈、赫哲族伊玛堪等）；传统体育、游艺与杂技（少林功夫、太极拳、武术）；传统美术（木版年画、剪纸、刺绣、石雕、木雕、泥塑、灯彩等）；传统技艺（制瓷、制陶、造纸、徽墨制作、雕漆、织锦、印染、酿酒、制茶、风筝制作、建筑营造等）；传统医药（中医诊法、中药炮制、针灸、正骨疗法、传统制剂方法、藏医药等）；民俗（民族传统节日、黄帝陵祭典、祭孔大典、灯会、庙会、书会、传统婚俗、农历二十四节气、珠算、少数民族服饰等）。

十、有形遗产与无形遗产

从形式上看，有形遗产的最大特点是它的"有形"性，它是一种看得见、摸得着的"实体"，是真实的"物质"存在。有形中遗产包括遗址、建筑、历史环境要素、历史街巷、重点地段、传统格局和历史风貌、聚落自然环境、传统生产方式及工艺美术品所构成的景观、能够代表一定历史阶段的重要生产设施和建筑场所。可移动文物及文物保护单位属于有形遗产的一部分。

无形遗产的最大特点是不能脱离民族特殊的生活生产方式，是民族个性、民族审美习惯的"活"的显现。它看不见、摸不着，通常只是作为一种实践、知识、技艺或是技能及其有关的工具、实物、工艺品和文化场所，通过匠人、艺人或是普通老百姓在不同的方式（如在日常生活和节日仪式）中将它们复述、表演或是制作出来，人们身处在无形遗产表现的场景和氛围中，往往会具有一种认同感和历史感。非物质文化遗产属于无形遗产的一部分。

十一、文化生态保护区

跟传统村落地域关联性很强的是文化生态保护区。根据文化和旅游部迄今已批准的 17 个国家级文化生态保护区来看，其中存在着较多的、保护较好的传统村落，这些传统村落是非物质文化遗产的主要载体。

文化生态保护区是根据《国家"十一五"时期文化发展规划纲要·民族文化保护》中提出的"确定 10 个国家级民族民间文化生态保护区"这一目标而建设。国家级文化生态保护区是指以保护非物质文化遗产为核心，对历史文化积淀丰厚、存续状态良好，具有重要价值和鲜明特色的文化形态进行整体性保护，并经批准设立的特定区域。文化生态系统是文化与自然环境、生产生活方式、经济形式、语言环境、社会组织、意识形态、价值观念等构成的相互作用的完整体系，具有动态性、开放性、整体性的特点。加强文化生态的保护，是文化遗产保护工作的重要组成部分。

文化生态保护区是指在一个特定的区域中，通过采取有效的保护措施，修复一个非物质文化遗产（口头传说和表述，包括作为非物质文化遗产媒介的语言；表演艺术；社会风俗、礼仪、节庆；有关自然界和宇宙的知识和实践；传统的手工艺技能等，以及与上述传统文化表现形式相关的文化空间）和与之相关的物质文化遗产（不可移动文物、可移动文物、历史文化街区和历史文化村镇等）互相依存，与人们的生活生产紧密相关，并与自然环境、经济环境、社会环境和谐共处的生态环境，划定文化生态保护区，将民族民间文化遗产原状地保存在其所属的区域及环境中，使之成为"活文化"，是保护文化生态的一种有效方式。

十二、村落肌理

村落肌理是指村落的空间结构与形态特征，包括与其他村落的差异和形态、功能等方面，具体而言，包含了村落的形态、质感色彩、路网形态、街巷尺度、建筑尺度、组合方式等方面。从宏观尺度看，是村落的平面形态；从微观尺度看，是空间环境场所。村落肌理的演化受到自然、经济、文化三方面的共同影响。

十三、传统村落的保护与发展

保护发展传统村落，要坚持"规划先行、统筹指导，整体保护、兼顾发展，活态传承、合理利用，政府引导、村民参与"的原则；不断完善传统村落调查，建立国家和地方的传统村落名录，建立保护发展管理制度和技术支撑体系，制订保护发展政策措施，培养保护发展人才队伍，开展宣传教育和培训。

传统村落保护应保持文化遗产的真实性、完整性和可持续性。尊重传统建筑风貌，不改变传统建筑形式，对确定保护的濒危建筑物、构筑物应及时抢救修缮，对于影响传统村落整体风貌的建筑应予以整治，尊重传统选址格局及与周边景观环境的依存关系，注重整体保护，禁止各类破坏活动和行为，已构成破坏的，应予以恢复。尊重村民作为文化遗产所有者的主体地位，鼓励村民按照传统习惯开展乡社文化活动，并保护与之相关的空间场所、物质载体以及生产生活资料。因重大原因确需迁并的传统村落，须经省级住房城乡建设、文化、财政部门同意，并报中央三部门备案。

正确处理传统村落保护和村民改善生活意愿之间的关系，在符合保护规划要求的前提下，优先安排传统村落的基础设施和公共服务设施建设项目，积极引导居民开展传统建筑节能改造和功能提升，改善居住条件，提高人居环境品质。正确处理传统村落保护和发展之间的关系，深入挖掘和发挥传统文化遗产资源价值，在延续传统生产生活方式的基础上，适度发展特色产业，增加村民收入。正确处理保护与利用之间的关系，针对不同类型的资源提出合理的利用方式和措施，纠正无序和盲目建设，禁止大拆大建。

十四、活态传承

活态传承，是指在非物质文化遗产生成发展的环境当中进行保护和传承，在人民群众生产生活过程当中进行传承与发展的传承方式。活态传承能达到非物质文化遗产保护的终极目的，是区别于以现代科技手段对非物质文化遗

产进行"博物馆"式的保护如用文字、音像、视频等记录非物质文化遗产项目的方式。

十五、全生态经营与可持续发展

全生态经营指"按照人对自然规律的充分认识，通过各种植物间的巧妙、有机组合，尽可能地依靠大自然的力量、减少人的干预，以实现轻简栽培、收获无公害绿色产品和低耗、高效这一可持续经营目标，并使之贯穿于整个经营管理的全过程"。"全"在全生态经营这一概念中有三层含义：第一，该模式构建的生态系统具备使其可以持续发展的所有要素；第二，该模式对环境完全友好；第三，该模式尽可能避免人为干预，顺其自然，无为而治。

全生态经营是对可持续发展模式的一种探索。可持续发展并没有固定模式，人们所关心的是某种发展模式可否持续，而非以何种方式、基于何种指导思想。中国传统文化中有许多朴素的可持续发展理念，如《吕氏春秋·义赏》中提道："竭泽而渔，岂不得鱼，而明年无鱼；焚薮而田，岂不获得，而明年无兽。"《齐民要术》中的"顺天时，量地利"等。全生态经营的哲学基础引自中国古代道家创始人老子的"无为而治"。全生态经营中的"无为而治"指在尽可能少甚至完全没有人为干预的情况下，达到既获取农林产品又不破坏生态环境的目的。

第三节 传统村落基本特征

一、传统理念

乡村的生活模式和文化传统从更深层次上代表了中国的历史传统。传统文化中的"天人合一"和"伦理观念"关系人与自然、人与人的和谐，"理性"对待自然是为"达理"，讲究人与人的和谐是为"通情"。这种"通情达理"的传统文化在传统村落中表现得淋漓尽致。传统村落的"理"，表现在村落与自然环境的共生关系上和建筑组合的秩序上；传统村落的"情"是指"基于血缘关系基础上的，以宗法观念为核心的村落中人们和谐生存的社会关系"。

二、自然意识

五千年的农耕文化使先民们很早就建立了与自然和谐共生的"天人合一"思想。村落从选址、空间整体布局到群体组合、单体建筑的空间结构等，都体现出一种朴素的生态意识，如村落选址要择高处，近水源，背山面水并有广阔的自然腹地；村落空间布局契合山形水势，道路街巷随地形或水渠曲直而赋形，房屋建筑沿地势高低而组合；建筑群落往往以庭院为中心，以连廊为纽带进行组合等。这些建造方式都是人们崇尚自然的意识形态在空间上的折射。

三、空间逻辑

中国古代社会是以血缘关系为纽带联系起来的宗法社会，宗法社会的首要特征是家国同构，"家"是"国"的缩影、"国"是"家"的扩大，"国"和"家"是相通的；"国""家"关系，君臣关系不过是家庭关系和父子关系的延伸，因此，儒家特别强调"家齐而国治"，"齐家"是"治国"的基础这种由血缘而派生出来的宗法伦理观念几千年来一直影响着中国传统民居和村落的建筑形态，反过来，传统民居和村落的建筑形态又突出强化了这种宗法伦理精神。

传统村落的布局讲究伦理关系，注重等级制度和长幼尊卑，崇尚"中"的空间意识（居中为大）：祠堂宗庙作为宗族权威的载体，大多占据村落的中心位置。建筑的群体组合往往强调一种源于伦理关系的结构秩序，古人所谓"君子营建宫室，宗庙为先，诚以祖宗发源之地，支派皆源于兹"。

四、社会形态

村落作为相对独立的地理单元，具有较强的内聚性和排他性，村民间具有共同成员感和共同归属感，共处地理领域和共用公共设施是促进无宗族关系村民之间深入交流的两大主要因素，与现代社会"原子化"的社会关系不同，在村落中，人与人之间形成了紧密的社会联系，它主要体现在同宗同源的血浓于水，和谐互助的友邻关系，人与人"德业相劝、过失相规、礼俗相突、患唯相恤"的传统道德准则上。

五、特殊需求

由于聚落形成的历史背景,有些传统村落需要满足居民的一些特殊需求,例如防御需求。受中原文化、封建礼教和宗族观念的影响,以及农耕社会自给自足的封闭特点、山地丘陵地貌为主的环境、战乱和开拓等历史原因,有些传统村落的防御性特征非常明显。例如,村落选址在周围起伏变化的丘陵地形,有效地阻碍着入侵者的长驱直入;屋场以山为屏,具有很强的隐蔽性和防御性;与水为邻,天然屏障明显,防御性大大增强,可攻、可守、可退。

第四节　传统村落价值评析

一、情感价值:精神家园

中国共产党十七届六中全会通过的《中共中央关于深化文化体制改革、推动社会主义文化大发展大繁荣若干重大问题的决定》提出,文化是民族的血脉,是人民的精神家园。国务院办公厅印发的《"十四五"文化发展规划》提出,文化是国家和民族之魂,也是国家治理之魂。《党的二十大报告》提出,必须坚持中国特色社会主义文化发展道路,增强文化自信。中华民族绵延五千多年,形成了博大精深的中华文化,它构成了中华民族共同的生存方式,它像纵横的血脉一样,使中华民族成为一个源远流长、自强不息、精诚团结的民族共同体,使中华民族自立于世界民族之林。乡土文化作为中国传统文化的重要组成部分,是形成民族文化的基因,它首先给我们情感的、民族的特征。这种乡土文化在创造过程中不断地被认同,最后被广泛地接受并得以传承,它包含民族的情感和独特的价值观。乡土文化深深影响着中华民族的生活方式和思维方式,炎黄子孙的灵魂骨髓中都有一种深厚的乡土情结(乡愁)。人们谈及所谓"落叶归根",广大的传统村落就是扎根的载体之一,它是中国人的"精神家园",是游子的精神朝圣地和皈依地。

伴随着我国快速的城市化进程,城市生活日益现代化、信息化、网络化,生活节奏日益加快,人民生活水平也逐渐提高;但是另一方面,快速城市化过程中也产生了所谓的"城市病"。

首先，现代化的城市是高度人工化的环境，土地、水体、植被都被人改造得面目全非。市区绝大部分土地都盖上了一层沥青或水泥的不透水层，下雨了不能吸收水分，出太阳了又不能蒸发水分给大地降温。原有的自然地形，被高耸的楼宇和夹在楼宇间的笔直的马路所取代，形成了人工的高山和峡谷。原有的天然水系被给排水管网路所取代，从而使大气中的含水量大大降低。随着城市人口的迅速膨胀和人流、物流、能量流的日益增大，城市中的机动车辆也不断增多，从而使城市中出现了空间拥挤、交通阻塞、空气污染、噪声污染、色彩污染、光污染、热岛效应……而城市生活的快节奏也让很多城市中生活的人感觉身心俱疲。

在首届"中国生态旅游产品创新与旅游目的地规划"专家研讨会上，以自然（Nature）、怀乡（Nostalgia）和涅槃（Nirvana）为主题的"3N"模式将成为中国旅游的新趋向。"3N"是一种全新的静态旅游模式，它避开了拥挤旅游景点和人文景观，到森林、草原、深山、河谷、湖畔等大自然中去，在自然旅游目的地安营扎寨，住上几天，让心灵沐浴在真正的大自然中，沉浸在人与自然、人与人的和谐完美关系的怀恋中，从而使自己的精神融入人间天堂。而传统村落与自然和谐相融，人与人之间"德业相劝、过失相规、礼俗相交、患难相恤"的传统价值观念与人际圈，恰恰能够给予现代人一种精神上的皈依与涅槃。要依托现有山水脉络等独特风光，让城市融入大自然，让居民望得见山、看得见水、记得住乡愁；要融入现代元素，更要保护和弘扬传统优秀文化，延续城市历史文脉成为我国城镇化发展的重要目标，而传统村落正是我国多数城市追求而不得的融入大自然、积满乡愁的地域。

二、景观价值（美丽中国的核心景区和景观"基因"）：独特的景观美

传统村落既有大量保存较好的乡土建筑；又有与自然和谐协调的村落选址；还有传统格局和历史风貌，绝大多数传统村落呈现出独具地域特色的景观美。

从 20 世纪 60 年代《寂静的春天》发表以后，有关生态观点与环境问题的讨论越来越受到关注。1992 年，在巴西里约热内卢举行的联合国环境与发

展大会通过《21世纪议程》《气候变化框架公约》等一系列重要文件，将生态持续优化作为发展的基础与前提，同时也作为发展内涵的重要组成部分的可持续发展概念得到公认。传统村落在建设美丽中国的任务中具有重要的、无可替代的生态战略地位和价值。传统村落中包含了一定地域空间中独特而富有魅力的自然环境，以及与之自然环境协调一致、融合一体的特色建筑、村落布局，形成了个性鲜明的地域特色景观，这些富有地域特色的景观系统，已经达到了与自然和谐发展、永续发展的和谐状态，是美丽中国建设首要关注和参考的重点，千姿百态的传统村落是美丽中国的核心景区和景观"基因库"。

由于文化的差异及自然环境的不同，现存的传统村落形成了各具特色的景观特征，即各地的传统村落都有自己独特的景观意象和文化特征。这些特色景观极大地丰富了我国的整体景观系统，是景观多样性的重要组成部分。目前，我国已经开始探索关于特色景观的保护体系，国家级传统村落自2012年开始，由我国住房和城乡建设部会同文化和旅游部、财政部、自然资源部、农业农村部、国家文物局等部门联合评选，截至2023年3月，全国已有8155个传统村落列入中国传统村落保护名录。

从景观美学角度看，生态意义在于它"顺应自然，为我所用"或是"改造自然，加以补偿"，搞一村一乡、一户一室的局部生态平衡和环境保护，而不是一味地掠夺自然，征服自然；它的形态意义就是因地制宜地将建筑环境、空间和造型上的内和外、虚与实、动和静、奇和正、简和繁、私密和公共等做到对立统一，强调和谐、秩序和韵律。工业革命以来，社会物质产品得到了极大丰富，但一排排似工厂化生产出来的"水泥丛林"楼房仅仅是为了把人"装"进去，根本忽视了人的居住景观要求和生态要求。如今，人们已深深地认识到，人类在促进技术进步的同时，也应当提高生活的品质，尤其是需要提高居住生活的质量。

"机器美学"已不再让人感动，"冰冷的房子"已令人生厌，人们已不满于把人当作机器或生物的冷酷现实，对居住的景观需求、文化需求和生态需求变得前所未有得强烈。

三、历史文化价值

中华民族上下五千年的悠久历史，积淀形成了形态缤纷、蕴含深厚、各具性情的传统村落。我国传统村落是各民族千百年留下的宝贵遗产，中华民族的历史便是从村庄聚落发展起来的，不同民族在不同自然环境中形成不同特色的自然村落形态，文化传统丰富多样。我国优秀传统文化最深远绵长的根脉就在传统村落，大量重要的历史人物和历史事件都跟传统村落有密切关系。传统村落是物质与非物质文化遗产的综合体，它不仅有精美和独特的建筑与大量珍贵的物质遗产，还有一方水土创造的无形文化遗存，如民间音乐、舞蹈、戏剧、美术、手艺、民俗，以及民间传说、歌谣等。传统村落最直接地体现了中华文化的民间情感、民族气质和文化多样性。我国的非物质文化遗产主要在村落，少数民族的非物质文化遗产基本上在村落。

传统村落是最好的民居民俗博物馆，可以在这里研究民居、民俗、建筑、木雕、石雕、砖雕、楹联、宗祠、家教等，尤其是传统村落中的乡土建筑，有着无法估量的历史文化价值。

《乡土建筑遗产的宪章》中认为："乡土建筑遗产在人类的情感和自豪中占有重要地位。它已经被公认为是有特征和有魅力的社会产物：它看起来是不拘于形式的，但却是有秩序的。它是有实用价值的，同时又是美丽和有趣味的。它是那个时代生活的聚焦点，同时又是社会历史的记录。它是人类的作品，也是时代的创造物。如果不重视保存这些组成人类自身生活核心的传统和谐，将无法体现人类遗产的价值。乡土建筑遗产是重要的，它是一个社会文化的基本表现，是社会与其所处地区关系的基本表现，同时也是世界文化多样性的表现。"

皖南的宏村目前仍有150余幢保存完好的明清古民居，有历经400多年的参天古木，有藏身于高墙深院的百年牡丹，有精雕细镂、飞金重彩的"民间故宫"承志堂、敬修堂，有气度恢宏、古朴宽敞的乐贤堂、三立堂，还有清代修建的"南湖书院"，更有绕家穿户、贯通月沼和南湖的古水利系统，让人陶醉其间，流连忘返。

中国传统村落包含了这些具有丰富历史文化内涵的历史文化名村，这些村落中建筑遗产、文物古迹和传统文化集中，能反映某一历史时期的传统风貌、地方特色和民族风情，现存有清代以前建造或在中国革命历史中有重大影响的成片历史传统建筑群、纪念物、遗址等，基本风貌保持完好，具有极高的历史文化价值。

四、艺术价值

传统村落除了供人们观赏外，它作为自然、文化教育课堂，对诗歌、绘画、摄影、文学作品也有着明显的启迪作用，对各类文字、图片、音像出版物也有着重要的借鉴价值及商业价值。如皖南宏村，近年来就相继有《画魂》《逆火》《古刹鬼影》《王稼祥》《皖南星火》《风月》等影视剧组在此选场地、定镜头；水乡周庄先后成为《杨乃武与小白菜》《胡雪岩》《新白娘子传奇》《摇啊摇，摇到外婆桥》等影视作品的重要外景地，传统村落成了艺术家们成长的沃土，展示才华的芳草地。与此同时，众多知名作家、诗人、画家也纷至沓来，创作了一批数量可观的佳作。

不仅如此，传统村落本身就孕育了丰富的传统技艺与艺术，这些传统技艺为传统村落增添了艺术气息，也为艺术的发展提供了一个绝佳的环境。例如深圳的大水田村，是一座拥有两三百年历史的古村落，也是鲁迅的弟子、中国新兴木刻运动先驱者陈烟桥的故乡。古民居依山傍水，错落有致，水塘、古井、宗祠、碉楼，无不散发着独特的客家文化气息。

五、科学价值

从科研的角度来看，中国传统村落的传统建筑较之于极重礼制的历代官式建筑，在适应地理环境、适应当地风土人情习俗、满足生存需要诸方面显示出无比的机巧、智慧，极富地方特色和灵动之气。无论是木构造、砖木构造、竹木构造、土木构造，还是石木构造的古村落民居，在采光、通风、隔热、防寒、防潮、防水、防震、防风、防虫、防盗等方面各有独到的设计，村寨布局、道路设置、建筑规制中更是蕴含着丰富鲜活的营造理论、设计方法，是各类研究人员不可多得的实物资料和研究基地。

随着生态环境意识深入人心，生态建筑日益引起全社会的关注，"生态建筑"成为评价建筑的一个重要标准。生态建筑指尽可能减少资源、能源消耗；对环境的污染降到最低；保护自然生态环境；创造健康舒适的室内外环境；建筑功能、质量、目标统一；建筑生态性能与经济取得平衡。从生态建筑的视角来看，中国的传统民居体现出生态建筑的思想和生态建筑的技术策略，传统民居在利用地形布局、被动式太阳能利用、建筑技术构造、建筑材料上有许多措施来节约能源和充分利用自然资源、调节建筑微气候环境，体现出生态建筑的设计策略，对生态建筑技术具有指导意义。例如传统民居在聚落布局和选址上，往往结合自然环境，因地制宜地利用地形和环境，使人与自然、建筑之间取得和谐的关系：江南水乡民居沿着河道水网布局，以线性为其内在秩序，自由发展，并合理地利用疏导水系，前街后河交通流畅、形成和谐统一的水乡村落；西南山地的村落布局往往沿等高线布局，因坡就势利用地形。另一个值得学习的生态建筑技术是，我国南北方民居中不同的庭院布局通过被动式太阳能技术达到了良好的改善微气候环境作用。被动式太阳能技术，是通过围护实体的不同组合方式，构成特定的空间形式，不用机械驱动设备，按照人们的需要获取太阳能或去除太阳能，以获得建筑内部及周围环境相对舒适的微气候。南北民居被动式太阳能技术策略总体表现为，由北向南民居庭院进深与建筑高度比逐渐增大，北方地区太阳高度角低，房屋之间留够间距，争取日照；南方地区太阳高度角大，房屋间距小，避免日晒。

20世纪90年代之后，发展知识经济和循环经济成为国际社会的两大趋势。我国从20世纪90年代起引入了关于循环经济的思想，此后对于循环经济的理论研究和实践不断深入。中国提倡循环经济，在某种程度上说就是要向传统的农耕文明学习，从原始的生态文明中汲取经验和技术。传统村落使农民能够就近就地进行耕作，能够适应当地的气候，能够把当地的土壤、地质和耕种技艺有机结合起来，培育出许多独特的具有地方风味的传统产品。

六、社会价值

传统村落承载着数千年的历史文化和中国人的乡土情结，村落空间形态诠释着乡情、宗亲、人际关系等社会关系，是中国传统文化的重要组成部分。有别于现代社会中"原子化"、松散化的人与社会关系，传统村落中的人际交往主要在家庭内部以及亲戚邻里之间，而不是在广泛的社会里。以血缘、亲缘为纽带的家庭及家族是社会的基本单位：家庭关系是以血缘亲情关系为纽带的一种最自然、最直接的人际关系。在这种关系中，最为重要的是父子关系、兄弟长幼关系和夫妻关系。中国的传统道德认为，人之初，都为人子，我为人子，受父母的生养之恩。因此，对父母尽孝道，既是子女应尽的角色义务，更是对父母养育之恩的报答。兄弟关系则要求为人之兄，行友之义；为人之弟，行悌之义，从而达到兄弟长幼的相和。夫妇关系被看作人伦的肇始，夫妻之间要有温亲之情而不失伦理正义。讲求夫妻之间恩爱温情、主次有序、从一而终，使得家庭具有较强的稳定性。可见所有家庭关系的联结都是在血缘关系基础上的"人情"维系，而家庭作为社会的基本细胞，其和谐性、稳定性确实奠定了社会和谐稳定的基础。

古代中国的整个社会结构是家庭结构的放大，以直接情感为基础的家庭伦理推广到社会，形成儒家伦理。乡情、宗亲等在个人社会关系中占据了重要部分。在儒家伦理所揭示的五伦关系中，朋友关系是亲情关系、宗法关系之外的，唯一的以人的内在精神需要为依据的关系。因此，这种关系尤其强调朋友间的相互了解、相互信任和相互关怀。这种关系尚义不尚利，鄙视以名利为目的的交结，故有"君子之交淡若水，小人之交甘若醴"之说；这种关系强调荣辱与共，患难相扶，鄙视那种"忘恩负义""落井投石"的人情叛逆者。在传统村落中生活的居民通过千百年来的积淀形成了聚合感、归属感、安全感、亲切感、秩序感、领域感等。这种社会资本是传统村落居民赖以生存的一大精神支柱。

传统村落是广大居民社会资本的有效载体。所谓社会资本，是除经济资本和自然资本以外，人们对周边环境、自然和人际关系等的熟悉和了解，以及已经具有的传统技巧和知识的总和。丧失了社会资本，在某种程度上比丧失经济资本和自然资本的后果更加严重。比如，在中国农村，现在比较贫困的往往是一些水库移民村的农民，是一些因建设重大工程被迫背井离乡迁入他乡的农民，尽管政府部门给予了大量经济补偿，但是生活依然比较贫困。因为他们几乎丧失了全部社会资本，丧失了对自然环境和气候的熟知和适应、对周边山水的认知以及众多亲朋好友的人际关系，结果重新陷入贫困。所以，有许多补偿足够的移民现在又回到原来生活的地方，一个重要原因就是要重新融入拥有社会资本的地方。农村传统的农耕和日常生活离不开互帮互助互学。传统村落不仅是农民兄弟心理认同的地理环境，同时也是其社会资本的有效载体，破坏了这些资源，就等于切断了农民致富的一条门路。

七、经济价值（旅游、文化创意、商业等）

传统村落具有的景观价值、历史价值、科学价值、艺术价值、文化价值等，也使其具有独特的经济价值——旅游利用、文化创意和商业价值。

从旅游角度看，传统村落的景观无疑是一种不可多得、内涵丰富、能较好满足当代都市人景观需求的人文旅游景观。以往人们对旅游资源的理解还多局限于名山大川、历史名城、国家公园和著名文化遗存等，其实，旅游资源是丰富多彩的，正如国际旅游组织前总裁奥瑟·豪洛特所指出的那样："我们的旅游业，就如同我们在舞台演戏一样，戏中有古代的明星，也有现代的明星；有古代文化，也有现代文化；有绚丽的风景、建筑和历史遗迹等。"换句话说，我们所拥有的资本，不只是金钱，更重要的是伟大的传统和人类历史最卓越的成就。从这个意义上说，中国各地的传统村落中那些古色古香的传统建筑、别有情致的传统制造加工活动（如烹调、舂米、编织、雕刻等）、传统服饰、传统家具、民间工艺品、圣庙、宗祠、礼仪等文化活动及传统手工技艺生产的文化产品（物质文化遗产），以及世代相传的神话、民俗、民歌、民间舞蹈、口头传说等，也都是不可多得的人文旅游资源。

传统村落是发展乡村旅游、创新农村农业发展道路的基础。国际经验表明，城镇化中期必然伴随着旅游潮的兴起。从发达国家的经验看，乡村旅游是旅游的重要内容，而发展乡村旅游就要保护好传统村落。韩国在20世纪七八十年代开展了新农村建设运动，发放了大量水泥、钢筋，持续10多年的大建设使不少传统村落改变了面貌。到了20世纪90年代，韩国人认真反思过去对传统村落的大拆大建，认为丧失了许多宝贵的旅游资源，所以重新开始兴起农村美化运动，纠正过去大拆大建的错误，并及时恢复当地村落的格局、独特的建筑风格、文化传统、农副产品、地方民俗节庆活动等，把它们与山清水秀的田园风光组合在一起，吸引大批游客到韩国农村旅游，使当地农民收入持续增长。根据中国实践，无论是四川还是浙江、福建，凡是坚持保护传统村落、发展农家乐的农村，农民的收入增长都快于其他地区。这些地方已经可以超越"村村点火、户户冒烟"的工业化初级阶段，直接以农家乐和乡村旅游来引领绿色农副产品的栽培和生产，实现第一产业和第三产业相随相伴，走出一条绿色的、可持续的农村农业发展新道路。这些致富新道路的开辟都必须基于传统村落，没有传统村落的保护利用，创新发展道路无从谈起。随着文化创意产业的迅速发展，原本兴起于城市中的文化创意产业已经辐射到农村地区，带动农村产业的不断升级和转型，通过制作文化产品，提升农民的生活水平，拉动当地就业。

国际上通行的地域商标也证明了与传统村落密切结合的循环经济和绿色经济模式是一种富有成效的农业发展模式。例如法国，其自然村落数量一直保持在较高水平，与这些自然村落密切结合的许多农副产品都成了走向世界的名牌。像法国著名的香槟酒，就是香槟的主产区家家户户生产的发泡果子酒。法国还有大量不同品牌的奶酪，也是与不同的村落紧密联系在一起，甚至有些品牌奶酪直接用着当地村落的名字。由此可见，要发展中国传统的优质农副产品，提高其附加值，必须重视保护和整治传统村落。

第五节　传统村落评选标准

一、评选标准

住房和城乡建设部、文化部、国家文物局、财政部联合启动了中国传统村落的调查。各省政府相关部门组织专家的调研与审评工作初步完成，全国汇总的数字表明，中国现存的具有传统性质的村落近12000个。

由住房和城乡建设部、文化部、国家文物局、财政部联合成立了由建筑学、民俗学、规划学、艺术学、遗产学、人类学等专家组成的专家委员会，评审《中国传统村落名录》。住房和城乡建设部、文化部、财政部三部门发通知公示中国传统村落名录，全国28个省共646个传统村落入选第一批中国传统村落。

中国传统村落的评选标准为：现存建筑有一定的久远度，文物保护单位的等级达到标准，传统建筑的占地规模、现存传统建筑（群）和周边环境保存有一定的完整性，建筑的造型、结构、材料及装饰有一定的美学价值，并有对传统技艺的传承；传统村落在选址、规划等方面，代表了所在地域、民族及特定历史时期的典型特征，并具有一定的科学、文化、历史以及考古的价值，并与周边的自然环境相协调，承载了一定的非物质文化遗产。

具体来说可分为选址与格局、建筑和非物质文化遗产三方面。在选址与格局方面要求选址保持传统特色和地方代表性，利用自然环境条件，与维系生产生活密切相关，反映特定历史文化背景：村落格局鲜明体现有代表性的传统文化，鲜明体现有代表性的传统生产和生活方式，且村落整体格局保存良好。根据村落的具体状况可分为三等：第一是与自然环境乡村生产生活相协调，具有明显地方或民族特色，街巷格局保存完整；第二是与自然环境和乡村生产生活较协调，地方或民族特色较鲜明，街巷格局保存基本完整；第三是局部保留原村落格局。

在建筑方面，要求传统建筑风貌完整，即历史建筑、乡土建筑、文物古迹等建筑集中连片分布或总量超过村庄建筑总量的 1/3，较完整体现一定历史时期的传统风貌。根据传统建筑的数量及特色可分为：一是有大量传统建筑，建筑的地方特色突出；二是有较多传统建筑，建筑的地方特色明显；三是有一定数量传统建筑，有地方特色的建筑。

在非物质文化遗产方面，根据非物质文化遗产的现存状况可分为：一是突出的非物质文化遗产；二是明显的非物质文化遗产；三是有非物质文化遗产；四是没有非物质文化遗产。

二、指标体系

为评价传统村落的保护价值，认定传统村落的保护等级，住房和城乡建设部、文化部、国家文物局、财政部联合发布了《传统村落评价认定指标体系（试行）》，规定了传统村落的评价依据和分值认定标准。为了使传统村落评审更具操作性和公平性，在《传统村落评价认定指标体系（试行）》基础之上，编写了评审指南，供评审人员参考。评审指南对应《传统村落评价认定指标体系（试行）》，由三部分组成，分别为村落传统建筑指标评价指南、村落选址和格局指标评价指南及村落承载的非物质文化遗产指标评价指南。

三、村落传统建筑评价指南

村落传统建筑评价旨在评估村落的传统建筑群的实物保存与工艺传承的完好度。村落传统建筑评价指标体系由两部分组成，分别为定量评估部分、定性评估部分。

定量评估部分包括：一是久远度，指现存最早的传统建筑（群）的修建年代及现存传统建筑群集中修建的年代，不包括 20 世纪 80 年代以后修建的建筑（群）；二是稀缺度，指村落范围内现存文物保护单位的级别与数量的累计；三是规模，指现存传统建筑所占的用地面积；四是比例，指现存传统建筑用地占村落总用地的比例；五是丰富度，指现存传统建筑的建筑功能种类，如居住、传统商业、防御、驿站等功能。

定性评估部分包括：一是完整性，指现存传统建筑及其建筑细部乃至周边环境保存完整度；二是工艺美学价值，指现存传统建筑所具有的建筑造型、结构、材料、装饰等的美学价值；三是传统营造工艺传承，指现存传统建筑技艺，如传统材料、传统工具与工艺等应用于日常生活建筑的传承普遍度。

四、村落选址和格局评价指南

村落选址和格局评价旨在评估村落历史选址要素保存的丰富度及村落历史格局与环境的协调程度。村落选址和格局评价指标体系包括：一是久远度，指现存传统村落形成的年代；二是丰富度，指现存传统村落历史环境要素的种类累计，如古河道、古树、码头、公共建筑、城门等；三是格局的完整性，指现存传统村落的街巷系统与传统建筑布局的完整度；四是科学文化价值，指现存村落选址、规划、营造等所代表的地域、民族、特定历史时期的典型特征及其所反映的科学、文化、历史、考古价值；五是协调性，指现存传统村落建设与周边环境，如自然山水环境或传统田园风光等的和谐共生关系。

五、村落承载的非物质文化遗产评价指南

非物质文化遗产评价旨在评价村落中承载的非物质文化遗产的价值。其指标体系包括：一是稀缺度，指现存传统村落中的非物质文化遗产的级别；二是丰富度，指现存传统村落中非物质文化遗产的种类累计；三是连续性，指现存传统村落中非物质文化遗产延续至今的连续传承时间；四是规模，指现存传统村落中非物质文化遗产传承的规模；五是传承人，指现存传统村落中非物质文化遗产是否有明确传承人；六是活态性，指现存传统村落中非物质文化遗产的传承情况；七是依存性，指现存传统村落中非物质文化遗产相关的仪式、传承人、材料、工艺及其他实践活动与传统村落及周边环境的相关性。

六、评语部分

为了更好地评价申报的传统村落价值，评审人员须对村落的三方面得分分别做简短的评语。评语的对象包括两种情况：一是达到传统村落评审标准的村落；二是评审人员推荐的具有较大价值的村落，这些村落存在资料不足的情况，通过有限的信息和推荐意见，判断出具有较大价值的村落。

评语编写需要包含三方面内容：一是评价传统村落提供资料情况的判断；二是对评审结果的说明；三是点评村落最具价值最具特点的方面。

第二章　非遗传统村落结构形态要素与保护

第一节　村落结构的历时性积淀

初看起来，传统村落的布局结构似乎显得凌乱无序，但如果细细观察便会发现，实际上村落布局是有规律可循的，它们是在不同历史时期遵循不同的规则积淀而成的一种综合体，体现着一种历时性的差异和变化。一般一个村落大致可分为三种形成于不同时期的形态区域。

第一种是在建村初期（大部分是在明清时期），围绕着池塘附近，房屋都沿主巷整齐排列，房子的外形、体量、朝向大致相当。这些区域构成村子的核心部分。

第二种是随着时间的推移，村子外围后建房屋由于受到有限的土地资源的限制和地形的影响，布局的秩序开始被打破。村落核心外围的住宅团块被一些曲折的道路所分隔，而不是最初笔直的道路。

第三种是到了新中国成立以后，随着传统建房习俗的淡化，住宅的摆布往往更多地考虑争取更好的朝向、通风和室外的活动场地等，各自为政，从而显得杂乱而无序。新的建筑材料的使用也使得新住宅的外形与过去完全不一样。这种全新的建造方式对传统起到了颠覆的作用。

归纳各方面的研究，以下对传统村落的平面布局作一个粗略的概括。村落一般背靠山，前绕河，周围种稻田，后植风水树。村村都建有祠堂，位于村落前方。有的村落设多个祠堂，有大小之分，大的称宗祠，小的称支祠或祖厅。村民紧靠祠堂后方及左右起屋建房，房屋朝向与祠堂保持一致。在祠堂两侧一般会有两条纵向的主巷，当地人称为"礼门""义路"，由其联系整个村落的宅居。住宅严守"前栋不能高于后栋，最高不能超过祠堂"的旧习。并且，祠堂前面不得建私家住房，据说会"阻挡风水龙脉"，所以一般留有一块空坪，即广场，供全村晒谷及其他集体活动之用。在广场之前，大多会有半圆或长方形的池塘，人们称其为"明塘""龙池"。池塘边常开掘水井一口，供村人饮水、盥洗之用。村落中还散布着戏台、风水塔、牌坊、路亭等。由于地处山地丘陵地区，为了节约土地，所以房屋的布局略显紧密，鳞次栉比，挨次扩建，巷道狭窄。猪牛栏、厕所都建于村庄周围，不与住房混杂。

从生态角度来看，这种布局有利于局部小气候的形成。水塘、树木、农田构成的低温空间，与村内房顶、墙壁构成的高温空间，由于温度差的作用，形成冷热空气交换对流，从而构成自然通风。风从村前水面流向村内大小巷道及房屋的天井和厅房，从大空间流向小空间，通过风压作用，村落整体的通风良好。

从整体布局结构来看，街巷构成了村落的基本骨架，也就是整体形态赖以形成的框架；祠堂、戏台等公共建筑成为村落中最为重要的公共活动中心和精神中心；井台、门前、广场是人们日常交往的活动空间，或者称为节点；各种各样的边界在村落里划分出了不同的领域；龙池、风水树、塔、桥是村落的景点风水要素，牌坊、石碑是文化旌表性物质实体要素。所有这些有着不同含义的"线"形和"点"形的要素，构成和丰富了整个村落的空间形态。

第二节 作为骨架的街巷

街巷是村落形态的主要骨架，是村落构成的线性空间。汝城和肇庆传统村落的街巷既有受主观理性制约的一面，表现为规整的几何形状，又表现出适应自然条件的一面，随地形加以调整，所以，街巷结构表现为一种半自然半理性的状态。

因为地处山地丘陵，完全方正的街巷网在汝城比较少见，房屋难免会受地形影响而互相错开几许，但大部分村落都会有两条宽而直的主巷分居在祠堂两侧，纵贯村落，如土桥村和永丰村的"礼门""义路"。其余次要的巷子与主巷垂直，通入平原地区。因为地广人稀，用地富余，所以大部分村落建筑疏朗、街道宽直。而以山地丘陵为主的汝城，用地则相对紧缺，所以建筑布局紧凑，巷道也显得狭窄而幽深，宽度一般在1~1.5米之间，仅为建筑层

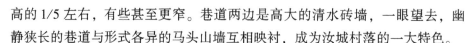

高的 1/5 左右，有些甚至更窄。巷道两边是高大的清水砖墙，一眼望去，幽静狭长的巷道与形式各异的马头山墙互相映衬，成为汝城村落的一大特色。

狭窄的巷道不仅是节约用地的结果，同时也是对当地气候的适应。因为汝城地区位于湖南的最南端，靠近广东、广西，夏季天气比较炎热，而这种狭窄的巷道可以避免阳光的直射，使得建筑之间保持着宜人的阴凉清爽之感。此外，这种狭长的巷道，外来车马是难以入内的，对于抵御外来的侵犯和保证居住的安全也有所帮助，因而，在某种意义上狭窄的巷道还具有防御的作用。

从节地性、对气候的适应性、安全性出发，造就了汝城许多宽仅数尺的窄巷，形成了"窄巷深弄"这一典型的景象。当然，这种窄巷也存在着不足之处，如冬季阳光不能射入或照射时间短，日照条件差；由于间距小，建筑的采光也有限。而且由于巷道尺度的狭窄，也不利于消防、疏散。

汝城是个多石的地方，所以巷道常用青石板铺设。长条的青石板路面大都有上百年的历史，被磨得光滑圆润，见证了村落的兴衰历史，也成为汝城村落景观的一大特色。汝城多河，水里的鹅卵石也非常富足，村民就地取材，巷道也常常采用鹅卵石铺设，铺成各种花纹图案，这样的路面既有一定的艺术观赏性，同时也有利于雨水的下渗，可以说是既美观又生态。当然，也有中间铺青石板，两侧铺卵石的组合做法。

和街巷网相呼应的是沟渠网。在汝城村落中，几乎每条街、每条巷子都有沟渠。比较宽的沟渠一般在 1 米左右，窄的有 20~30 厘米不等。沟渠大多是用来排放雨水、污水。

第三节　中心性要素

几乎从一开始，村落围绕着某种中心进行建设就成为常规，从空间和公共活动上给整个村落以内向性和凝聚力。对大多数村落而言，最主要的公共活动中心是祠堂和戏台。祠堂更多地体现了规范、秩序、理性，而戏台给人更多的是自由和情感的抒发和挥洒。

一、祠堂

祠堂的存在由来已久，最早是在墓前建造的一种用于祭祀祖先或长期守考居住的享堂、石祠，后来发展成一种建筑类型。在汝城乡村，几乎每个家族都有祠堂，家族成员一般都围绕祠堂而居住。通过祭祀祖先，族人用血缘关系牢固地纽结在一起，形成一个严密的家族组织。诚如在《恒溪全氏祠堂碑文》中所说："而宗祠之礼，则所以维四世之服之穷，五世之姓之杂，六世之属之竭，脱昭虽远，尤不致视若路人者，宗祠之力也。"

肇庆所在的岭南地区，在广府官宦集团对宗族制度的倡导之下，建祠之风盛行，不但"巨族多立祠堂"，连"下邑僻壤，数家村落，亦有祖厅祀事"。《广东新语》载："广之世，大小宗祖皆有祠，代为堂构，以壮丽相高，每千人之族，祠数十所。小姓单家族人不满百家，亦有祠数所，其曰大宗祠，始之庙也。"

祠堂是村民的精神中心。因为祠堂是祖先神灵的所在地，承托着宗族成员的归属感。祠堂也是一种礼制建筑。礼在传统的乡村社会中往往是宗法制度的具体体现，既是规定天人关系、人伦关系、社会秩序的法规，也是约束生活行为、伦理道德、思想情操的规范，具有强大的统治力量。

祠堂也是村民的生活活动中心。大的祠堂往往占据了村落的中心位置，有较为开阔的内外空间，并经常附属有一些公共设施，因而吸引村民来此进行各种必要的或闲散的活动。在各种时节，祠堂会举行集体活动。祠堂常年有人住管，负责洒扫点灯，暮鼓晨钟。祠堂的重要性决定了它们是村落里最吸引人的地方之一。

（一）祠堂类型

宗族制度以等级差别为一大特征，就祠堂而言也有宗祠、支祠和家祠之分，它分别对应于宗族、家族和小家族三个层次。在村落中也相应地构成了不同层次的中心。

宗族合祀者为宗祠，规模较大。分房派各祀者为支祠，规模相对较小。各小家族在自家厅堂祀者为家祠，一般与民宅相结合，在宅中大堂设祭或位于阁楼专门供奉。

在特殊情况下，宗祠甚至是数县同族共有，汝城人将这种祠堂称为"家庙"，如县城的范氏家庙。这样的"家庙"在广东被称作"合族祠"，实际上是一定地区范围内同姓但血缘关系并不明确的各地宗族为增强势力而结合在一起的组织。合族祠多见于粤中地区，而在肇庆一带较为少见。

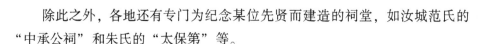

除此之外，各地还有专门为纪念某位先贤而建造的祠堂，如汝城范氏的"中承公祠"和朱氏的"太保第"等。

（二）建筑形式

祠堂（尤其是宗祠）一般位于全村风水最好、最显赫的位置，或位于村首前排正中，或位于村落的中轴线上但被建筑群所簇拥，在汝城和肇庆，都以前者为多见。

祠堂通常是村落建筑中的最高者，其高耸的形象和雄伟的规模往往是整个村落的标志。祠堂的前面有一弯明塘，即龙池。龙池与祠堂之前常有一长方形广场，一方面营造了一种凝重肃穆的气氛，同时当祠堂内举行公共仪式时，还可以起到集散人群的作用。在祠堂的前面还设有上马石和旗杆等，形式丰富。

汝城的民居以朴实著称，灰瓦青砖，不施粉黛；而祠堂则不同，大多采用颜色鲜艳的彩绘漆画，使得祠堂显得耀眼夺目，光彩照人，加之雕龙画凤，装饰感极强。

祠堂正立面中轴对称、规整方正，显得相当气派。立面多为三开间，明间开门，下设门槛，有的高达 50 厘米，寓意"门第高"。门两侧有抱鼓石一对，雕刻精美。门上绘门神，栩栩如生。其屋面曲线一般比较平缓柔和，有的甚至是直面。檐口曲线也较平直，仅在屋角有起翘。为了防火并强化视觉效果和丰富屋面轮廓，常采用封火墙或观音兜。

祠堂平面多为"两进一井两厅"或"三进两井三厅"的天井院落式。在三进式祠堂中，第一厅称为前厅，主要起到空间过渡的作用，一般不大。宴会时，前厅的一侧还可以临时兼作洗菜、洗碗之用。第二厅叫做中厅，亦称宴客厅，是用于村人举办红白酒宴的地方。平日将桌椅堆放在宴厅两侧，待有酒宴时，再摆放排列。第三厅为正厅，也称"上厅""拜祭厅"，是祭祀祖先的地方。正厅上方设立神龛，放置祖先牌位或悬挂祖宗遗像，下有香案，终日香火不断。祠堂两侧厢房各有专用，多为储藏物品。

从地面标高来看，每递进一进，地坪就或多或少地升高，到最后一进，地坪成为整个祠堂的最高处，这种做法被当地人称为"连升三级""步步高升"，表达着美好的愿望。这种处理不仅有寓意，而且在实际功用上也有利于通风、纳阳、排水。

从祠堂建筑的结构来看，有木构架结构体系、砖墙结合柱子（或木或石）共同承重体系两种。其结构方式不外乎抬梁式或穿斗式。

再看一下肇庆的祠堂，与汝城的既有相同之处也有不同之处。

在肇庆，平原和山区的经济条件差别较大，各地祠堂的规模及华丽程度视家族的人口多寡及财力的大小而有很大不同。但无论如何，祠堂建筑在村落之中无论在规模还是在装修上，总是最为显眼的。

从平面形式看，肇庆的祠堂也多为天井合院式布置，面阔三间，中轴对称，多为三进的形式，总平面呈纵向较长的长方形。基本序列是：门厅—天井—正厅—天井—祀厅，其中祀厅是供奉祖先牌位的地方。也有规模较小的前后只有两进，中间仅设一个天井，前为门厅，后为正厅兼祀厅。如果条件许可，一些祠堂将天井扩大为庭院，使得内部宽敞好用，如金林村的丽先祠就是如此，其两侧的用房也向外伸展成为独立的用房。

祠堂天井两侧有用作储物与厨房的房间，也有在祠堂两侧另外加建厨房和厢房的。天井两侧的廊用作通道，这是人丁兴旺的家族在举行庆典仪式时人比较多而采取的措施。

从剖面来看，祠堂从门厅到祀厅，很多时候采用递进升高的基底形式，这与汝城是一样的意思。

从立面与装修来看，肇庆的祠堂很多不如汝城的华美。多采用凹斗式大门，门前设柱廊，柱间以石杭相联结，上多见"石狮"雕刻。屋檐下有雕花檐板，屋脊上有各式陶塑，大门前有门枕石、门匾、对联等。屋顶多采用镶耳式风火山墙，也有用人字墙的，有显著的景观作用。

从结构上看，大都采用抬梁式木结构，而在两侧则用砖墙搁檩的形式。厅堂内尽量以较少的立柱支撑屋顶，使内部显得敞亮开阔。祠堂的门廊、厅堂前檐柱多用石柱，而厅堂内部多用木柱，下垫以石柱础。

（三）多元的功能与意义

祠堂是多种社会功能的集合体，具有多种的实际用途，同时在精神方面也具备多元性意义，集中体现在如下几个方面。

1. 公共性

诚如前文所说，祠堂是祭祀祖先的场所，也是族人举行冠礼、婚礼、丧礼等家族礼仪活动的场所，它既可看作是整个村落的政治中心，又是公共活动的中心和日常生活中村民打发闲暇时光的主要场所。

平日里，老人常常会聚在祠堂门口的石板凳上聊天、下棋，小孩则在祠堂前游玩嬉戏。每逢节日，家族都会在祠堂前的广场举行歌舞、赛会、灯会及舞龙耍狮等活动。祠堂在后期还发展成子孙读书之场所，使后人一边面对列祖列宗，一边苦读四书五经，以期学有所成，金榜题名，如肇庆汶塘村的宗祠就题名为"士佳书室"。

祠堂亦是村里人管理村政大事、仲裁纠纷的地方，这也使得它具有类似行政中心的性质。

既然祠堂具有多种的公共中心性质，那么有些地方的祠堂在功能及空间组成上便有了更为细化的分工与发展。比如在肇庆高要的有些地方，庆典与丧殡功能从祠堂中分离出来，祠堂仅作祭祀祖先之用，在祠堂的附近另辟一建筑"酒堂"作筵席之用，再辟一个"灵堂"专供停放灵柩之用。仅作为祭祀之用的祠堂便缩小为两进式，布局更为紧凑，通常在天井两侧开门，方便族人进出，也有利于通风。

2. 艺术性

在汝城和肇庆，祠堂可以说是集当地民间艺术精华于一体的建筑艺术品。无论是从建筑的规格，还是从雕刻、彩画、书法等装饰来看，它都是整个村落之最。汝城土桥的李氏宗祠是诸多祠堂中艺术价值很高的一个。李氏宗祠建于明朝，面阔三间，纵深三进，雕龙画栋，精巧秀丽。其鸿门楼雕双龙戏珠，顶棚彩绘历史故事，露台青石铺地。宗祠大门上彩绘门神，形象高大威猛，神采奕奕。大门前立石鼓一对，高达1.6米，石鼓顶部各卧石辨一只，精雕细刻，栩栩如生。而在祠堂里所悬挂的牌匾、楹联等的书法字体，遒劲有力，堪称精品之作。

3. 历史性

伴随着村落的发展，祠堂大都有两三百年的历史。一般情况下，由族老主持，族人解囊捐助定时修缮祠堂，尽量遵循原貌，一般每六七十年一次，具体视各族经济情况而定。通常在祠堂大厅的墙上刻有历次修缮的详细情况和族人募捐的名单。在这石刻的字里行间，可以追溯的是村落的历史、族系的发展以及祖上的功德。可以说，祠堂见证了一个村落家族的兴衰历史。

4. 旌表性

祠堂是各个家族显示社会地位、旌表荣誉、歌功颂德的地方，所谓"祖有功宗有德祖宗垂世泽代代人杰地灵"。

在汝城外沙乡高村的宋氏宗祠里，高悬着"祖孙宰相""钦点翰林院""诰封武德将军"等匾额。在中厅的八根立柱上，还挂有"唐宋元明十二状元三将相，诗书易礼八百进士五封侯"等四副楹联。而在上厅的八根立柱上则挂有"功勋冠前唐三传两相光国史，甲第耀大宋一榜双元聘天衢""问簪缨公孙宰相，评科甲兄弟状元"等四副对联。

而在汝城永丰乡先锋祠堂的大门之上，赫然镶嵌着一块"圣旨"牌，楷体的"圣旨"两字庄重而威严。这块圣旨牌据说是周氏九世子孙如尧公输粟济贫，为扬其义，皇帝特赐圣旨以示嘉奖。而三星镇的西黄祠堂之大门两边有一柱联："龙虎榜中提姓氏，凤凰池上浴恩波。"

在肇庆侯村的先贤祠，以牌坊为院门，耀显家人的功德；又如蕉园村梁氏大宗祠内立有"奉直大夫"牌坊；孔洞村成国选厅堂前挂有表彰功绩的牌匾。这一切所反映的是家族的荣耀，因而，在某种意义上来看，宗祠还有旌表之功用，既是对前人的赞赏，也是对后人的激励。祠堂内镌刻的族谱与族规石碑，记录着家族的渊源、历史与大事，告诫后人慎宗追远，感恩戴德并争取光宗耀祖。

二、戏台

戏台是中国古建筑的一个重要类型，与人民群众的娱乐需要相一致，它分布的范围曾经非常广泛，是过去年代里中国人主要的娱乐场所。从高贵的皇宫大内，到嘈杂的街市里巷，再到一些堪称偏远的山村，都不难觅其踪影。可以说，古老戏台是中国传统文化的一个载体，它不仅承载了中国的戏曲文化，而且还是中国传统世俗生活的写照。

由于历史上戏曲传入较晚，建设相对不够发达，汝城地区目前尚存的戏台甚少，相关的文字记载也不多，因此，要想找到当地的案例似乎有些困难。即便在肇庆，戏台也早已随着戏曲的式微而成为明日黄花了。在这里，我们把考察的目光放在湖南的郴州地区，涵盖到汝城的相邻县市，通过类推的方法即可窥见汝城戏台状况之一斑，也在一定程度上可以想见肇庆的情况。

郴州地区的戏台大致分为两类。一类是依附于其他建筑而存在，多为比较大的祠堂、会馆或其他类型庙宇的组成部分。戏台位于建筑群的前部，与大门相连，台下架空成为通道，内与两侧厢楼相连，形成一个宽敞的庭院，以供观戏集会，且成为建筑群中的重点。而另一种则为独立的戏台，既不与大门厢楼相连，又不与祠堂联系，而独立于广场之中。

中国古戏台具有两个基本特征：第一是往往依附于祠庙等宗教建筑或礼制建筑；第二是建筑形象华丽。戏台常常以依附于祠庙建筑的形式出现，其原因一是建筑属性与空间特征的契合。祠庙建筑属公共建筑，有较为开阔的空间，而戏台也有同样的属性，两者可以方便地结合在一起共同建设。二是活动内容特征的契合，这表现为戏曲表演和祠庙祭祀活动的相互需要。一方面，戏曲表演往往需要依附于祭祀活动才能获得人财物等的支持而得以进行；另一方面，祭祀活动又需要戏曲表演来烘托气氛、壮大声势。一般说来，祠庙中的祭祀都是以乡、村或族为单位而组织的集体活动，又多在节日里举行，是敬神尊祖的大好机会，也是相互攀比炫耀的时候，而"演戏"无疑是最好的方式。因为戏曲表演不仅能将本乡（村、族）的男女老少都吸引到庙堂来，也会吸引附近的乡民，强化集会效应，十分有利于达到宣传的目的。此外，在中国传统社会中，戏曲被认为具有"厚人伦，美风化"的教化作用，和祭祀活动在许多目的上具有根本的一致性，所以两者被放在一起也是顺理成章的。

作为为戏曲表演而提供的建筑场所，在服务于表演的同时，戏台往往成为观众瞩目的焦点。如同"戏子"有鲜艳的戏衣盔头一样，戏台也需要有华丽的建筑形象，其道理其实一样。因此，戏台在造型上往往追求华丽美观。在郴州地区，戏台造型装饰突出，极具地方特色。戏台以木构体系为主，基本上是大屋顶、高台基的建筑形式，是一个开放的空间，适合演剧和观剧的需要。屋顶造型通常采用歇山和硬山相结合的形式，耸起的屋顶与生动的观音兜形成强烈的对比，而又能统一协调。层叠的如意斗拱体系，精美的雕刻和彩绘艺术，都显示出地方工艺水平和特色。

在汝城地区盛行的戏曲有祁剧、湘昆剧和京剧三种，传入的时间是清末时期，由此可见汝城地区戏台的历史并不悠久。但一经传入，戏剧便成为民间重要的娱乐节目，据《汝城县志》记载："民国时期村落常建有庙台演戏，无庙台的村落则搭露天戏台演戏。"

三、书院、书室

"万般皆下品，唯有读书高"是中国的传统观念，在各地乡村中也是深入人心，众多农家把读书与耕作并列，以"耕读世家"为荣。

各地士绅为了本族子弟出人头地，尽可能筹措办学，于是各类学校，如社学、义学或曰学塾、乡塾、义塾、文社的，十分普遍。政府对家族办学采取褒奖的态度，清朝雍正二年颁行的《圣谕广训》就鼓励"设家塾以课子弟"，族学于是得到迅速发展，成为村落中重要的教育中心。

包括肇庆在内的岭南地区，族学也异常兴盛，并像前面提及的那样，常把宗族祠堂用来做书室"以课子弟"。究其原因，是把教育子女成才与孝敬祖先及增强宗族观念结合在一起，即"若夫合宗庙家塾而一之……诚以既联宗族兼联师儒，一举而两善备也"。

德庆县金林村，明清两代多是请师在家教弟子，而后逐渐转移至祠堂设学。金林祠堂中称书舍的有顺泉、雪溪等，做过"书房"的祠堂还有金坡、清轩等。设在丽先祠的塾学名为"柑罗园"，因广东才子宋湘曾在此执教而闻名，刻着其手书"柑罗园"三个大字的石匾至今还保留在祠内。

也有专门修建的读书礼圣的书室与书院。肇庆封开县杏花村的霭然书室，其发展扩大的历程反映了村民子弟读书日盛的情形。该书室最早设在一个不起眼的厢房里，由于生员增多，于民国年间在现址新建。这是一座两层的周边式建筑，中间为天井，四面均为两层三开间，楼上环绕木檐廊。硬山屋顶铺绿色琉璃瓦，立面仿西洋风格。内部共有书房20间，厅堂4间。到后来学生人数进一步增多时，只能让读书成绩好的人留在此处每人享用一个书房，其他人就集中到旁边的伍氏大宗祠里读书上课。霭然书室的门前有一副对联道："经史作良田子种孙耕无歉岁，文章传旧业笔花墨雨有丰年"，体现了村民耕与读并重的传统意识。

肇庆怀集县凤岗镇孔洞村的孔乡书院，建于清嘉庆戊辰年，建筑面积近400平方米，主体建筑高10米，分为两层，首层除"都天置富财帛星君"的神位外，设置了四间教室，二楼为"三圣阁"供奉着关帝、孔子与文昌三圣。主体建筑以外另有配套的宿舍、膳堂等。整个建筑设计别致，颇费心思，体现出对教育的极大重视。

封开县杨池村历来以"以文立村"闻名，重教兴学，因而人才辈出。一代又一代的叶氏子孙以先祖叶翰彪的"勤耕苦读、齐家治国"为座右铭。村里曾开办四大书室，分别是景公书室、锄经书室、钧禄书室和晋公书室。其中建于清朝中期的锄经书室，砖木结构，硬山顶，檐墙有精美的壁画，瓦脊有造型逼真的灰塑，是杨池村较早的办学场所。村民说，直到新中国成立前夕，杨池村仍保持着不论男女，均可免费在村中蒙馆读书的村规。

村中各类书院、学校，不仅是传统文化得以传承的场所，而且有的也成为新思想的传播地。如清光绪二十九年进士陈焕章在南边陈村创办的"颍川学堂"，在肇庆最早开设了国文、历史、地理、英文、数学等新式科目。现在南边陈村仍保留着陈焕章于民国初年建立的另一个书房"励刚家塾"，牌匾由陈焕章的老师康有为题写。

因为浓厚的右文风气，汝城的书院塾学也是为数众多，其中大名鼎鼎者是位于县城西郊的濂溪书院。濂溪书院始建于宋宁宗嘉定十三年，是为纪念曾在此为县令的宋明理学的开山鼻祖周敦颐而建的。自创办以来，书院人文蔚起，声名远播，历代多有名师在此传道授业，培育出一大批经天纬地的英才。汝城人十分珍爱濂溪书院，在近 800 年的时间内曾进行过十度修葺。现存的濂溪书院仍保留着宋代的风格，四合院砖木回廊结构，建筑面积 1618 平方米，被列为湖南省文物保护单位。

第四节 日常活动的节点性要素

和无数个中国的村落一样，人与人的交往活动空间可以概括为不同类型的节点，也就是村落中具有某种功能的活动集中点，如井台、广场、门前、道路交叉口等。正是因为这些充满浓郁生活气息的交往空间的存在，邻里之间才可方便地谋面，交流信息，沟通情感，互相帮助。这些地方记载着父母和邻居们的谈笑风生，记载着儿时和邻家小伙伴嬉闹、争吵而建立起来的深厚友情，记载着父母外出时邻家大婶的悉心关照。不要小看这些不起眼的地方，在传统的乡村生活中，人们日出而作，日落而息，它们是紧张艰辛的田间劳作后调剂和放松身心十分惬意的场所，既承载村中某些必要性的活动，又促进村民自发性的交往活动。

一、井合、溪边

井是村落构成中不可或缺的要素，一般为公共所有，许多村落都是以井为中心展开的。井除了提供饮水之外，还提供其他生活用水，如洗衣、淘米、洗菜等。由于家家户户都离不开井，因而它就成为联系各家各户的中心地点。

为了保护水井，也为了方便汲水或洗刷衣物，井的周围多用石条砌筑成井台。当井台位于街头巷尾时，多借助建筑围合成半封闭或封闭的空间。井台的空间虽小，却是村落中不可多得的交往场所，特别是对于妇女来讲更是如此。她们鲜有机会接触外界，交往活动少，只有借助淘米、洗衣之机，走出家门，相聚在这里说近道远，这几乎成为她们生活中最重要的社交方式。正因为如此，井台成为村落中最富有生活情趣的场所之一。在有溪流经过的村子，河边也成为妇女日常交流与生活使用的地方，与井台有异曲同工之妙。

二、门前、树下

大门是家族显示门第的地方，是各家各户的识别标志，但是，大门最基本的功能是联系家宅内外的纽带空间。从法理上来讲，大门之外的门前空间是公共的，属于街道的一部分，但是就情理而言，人们一般又把各家的门前空间划归为各家所有，因为这些空间毕竟和各家有着更为直接的甚至相当程度的利害关系。这样在无形当中，村落中的街道被划分成了一连串的领域空间，它们以各家的大门为中心，是家户庭院空间的延伸，一句"张家大门前"或是"李家大门口"便是对这类空间的界定。

这样的大门前空间是村民间相互交流的日常场所，谁家的人缘好，则其门前便成为众人相聚、聊天的频繁之处，反之则可能很少有人光顾。冬天，门前阳光充足，人们一边晒太阳一边交谈；夏天，凹门斗或挑檐又成了纳凉的遮荫空间。

在村落中，村民很多时候会聚坐在自家门前休憩、聊天，同路过的邻人打招呼，看屋外发生的是是非非。正是因为人们喜欢在门前小憩，所以在一些大门口会沿墙设置一排石凳，有的石凳上还雕刻有各式各样的花案，石凳表面被磨得光亮照人。

对于院落很小、没有围墙而敞开的住宅来说，临街的前院把住宅和街道更全面地融合在一起。人们可以自如地走入院内，也可以在外面小驻，随便和主人打个招呼。儿童也更加不受限制地出入嬉戏。

许多村头往往植有枝叶婆娑的大树，其中以榕树居多。树下绿荫也是人们乐于聚集之地，下面常摆放石桌石椅，方便村民喝茶、打牌、下棋、乘凉。土地庙也经常设在这里，村民到此上香，更增加了交流的机会。

三、广场

在汝城和肇庆在两地的村落中，除了寺庙、祠堂前设有较大的场地外，基本无其他刻意规划建设的广场。常见的开阔地是"禾坪"或"晒地"，是用于晾晒收打稻谷的台地，偶尔用作公共活动场所。寺庙、宗祠前的广场主要是用来满足宗教、祭祀及其他庆典活动的需要，它多少带有一点纪念性广场的性质。这种广场是建造寺庙或祠堂时一并考虑形成的，起到烘托建筑的作用，可以看作是公共建筑的有机组成部分。由于广场在村子中的稀缺性，并且它和寺庙、祠堂等重要的公共建筑结合在一起，因此是具有吸引力的公共交往活动的场所。

四、街巷交叉口

在传统村落中，街巷可以说是相对于建筑或院落而言的外部空间，同时，由于它具有适宜的闭合性和亲切的尺度，它又像设有"天顶"的走廊一样具有一定的"内部性"。人们在其中行走，感觉街巷是一个可以依靠的对象，是一个可以停留的地方，因而是村民进行自发性活动的自然随意的场所。

悉心观察一下便不难发现，街道的"十字""丁字"路口或局部的扩大之处等所谓的"节点"，往往是人们驻足交流活动最为频繁的地点，构成街巷文化景观最主要的载体。这些节点的形成大多是无意识的，常常因地制宜地利用或组织剩余空间，所以一般面积不会很大。这类节点空间的形状灵活自由而边界模糊，根据其空间特征以及与街巷的空间关系可分为以下四种：穿越型、终端型、侧边型和交汇型。

在梳式布局村落的南北巷道上，两侧有旁开的宅门，因为通风好而被称作冷巷，很适合夏天乘凉用，因而家家门口都备有长条麻石凳。妇女坐在门口享受着凉爽，一边做家务一边同邻居聊天。到了吃饭的时间，村民手上捧着饭碗坐在石凳上，好像家里的饭厅延伸到冷巷来了。

五、街市

在一些村落，因为商业的发达产生了街市，也成为人们交往的地点。如位于金林村长寿门南面的一段小街，长度不足百米，却分布着大小店铺十多间，有杂货、酒坊、药铺、油铺、豆腐作坊等。各种货物整齐地摆放着，途经的路人若需要购买，则尽管将钱放进一旁的竹筒内，无须招呼，反映了淳厚的民风和恬淡舒适的生活状态。

第五节　传统村落景观与非遗的关系

传统村落景观的发展与布局的变化受到地域文化与地方居民空间行为活动的影响，它们相互作用、相互制约，是一个密切联系的有机整体。

一、传统村落景观与文化的关系

传统村落景观并非只是指普通风景中的一种类型，而更重要的是其蕴含着丰富的文化蕴意。村落景观是在某个特定地域内，居民所创造出来的村落文化的一种空间形象，这种独特的村落形象体现出了某个特定地域内居住人群的文化思想。

传统村落景观元素一般指源自特定地域生产、生活过程中，构成传统村落景观的各种自然、历史、物质以及精神多方面的全部文化符号与素材。传统村落景观元素既包括气候、地貌、地质、水环境、土壤、植被、动物等自然景观元素，又包含了许多乡土物质文化元素如聚落、民宅、建筑物、生活用品、装饰用品等，还有民风民俗、民间典故、历史人物、图腾崇拜、风水观念等乡土历史文化和精神文化元素。

二、传统村落景观与空间行为活动的关系

众所周知，人与人之间的关系类型是在互流沟通中逐渐形成的，这种沟通现象具有人类独有的特点。人们相互交流的过程是发生在外在空间场合当中，进行空间与意向共同作用的结果。景观现象中的公共空间正是人们交流

过程中自然形成的外部空间，它承载着人们的公共文化和意识行为，对人们的精神发展和创新提供了必备的物质基础。在村落景观中，村民的文化精髓的集结和公共情怀的展现都是通过村落公共空间而重构和表现出来的。村落公共景观承载着村民的公共智慧，在这样一个集体空间中，村民可以进行舞蹈展示、音乐互动、集体政治意识的选择，还有经济成果的交流的与转换，形成具有村落集体精神雾化的特有公共场所。在村民的不断交流中，传统文化精神内在被保留下来，一些具有创新意识的新艺术、新精神逐年显露。在这样一个村落化的公共场景中，村落的景观表现也在满足村民的不断需求中渐渐改进，景观的空间造型不断地丰富，空间面积也随之增大。在这样一个集体空间，景观构筑物也在不断演进和丰富，为了满足村民的公共利益，周围的建筑形式也在活动的不同空间类型中变化着。村民的集体精神在古村落的公共景观中不断升华拧结，如绳索一般，将村民的心紧紧联系到一起，为村民克服艰苦环境创造了一个有利的场所支撑。

随所处语境的不同，"传统村落景观"一词的含义也会产生差异。本书中提到的传统村落景观是指村落内部村民的各种生产、生活形成的整个环境空间、文化空间。村落景观的存在尤其是村落公共性的活动空间的存在，对各个村民之间的合作和交流起到关键性的推动作用，从长远来看它更培养了村内居民的集体主义精神，这种精神是相互之间合作与交流的基础。公共性的活动空间也可以看成是村内居民产生公共精神的土壤，若是缺乏这样的平台，人们对于包含自身事务在内的各种公共性事务没有发言权，长此以往村民就会丧失对公共利益这方面关注的兴趣，从而蜷缩在"小我"这片狭小空间之内，则更不会拥有公民意识以及公共精神。

对于村落公共性空间来讲，村民们具备的公共精神是它的灵魂，如果失去了公共性的精神，公共性的活动空间最多只能看成是信息的聚集场所，它不能够将村民们凝聚起来，村民们相互之间展开不了合作从而致使村庄的公共性利益有得不到提高。而公共性的活动空间和村民们具备的公共精神一起组成了村落的公共生活。

第六节　传统村落与非物质文化遗产保护

民族文化生态村建设实践中最突出的特点，是将改善民生、提高生活水平放在重要位置，鼓励村民利用本土文化来改善生活，认为只有提高村民的生活水平，才能激发他们保护、传承本民族文化的自觉性。专家进入村寨，引导和带领村民改善村寨的基础设施、治理村落环境、改善传统生计，寻求新的经济发展途径。在这个过程中，村民们正视并认识到旅游业对民族文化生态村建设的积极意义，主动参与到村寨发展旅游业的引导中。具体表现在民族文化生态村的建设中，是引导村寨以旅游业为主要经济发展途径，处于风景名胜区的村寨，依托旅游景点、景区，走文化与旅游结合、旅游与经济联体的发展之路，如丘北县仙人洞彝寨处于省级旅游景区内，村民将景点旅游同当地民族文化旅游相结合，发展出特色旅游之路；而不处于名胜区的村寨，则依托自身独特的原生态区域、民族文化，发展特色文化旅游，如南碱傣寨在民族文化生态村建设中，建起了全国第一座花腰傣文化传习馆，开展民族文化传承活动，吸引游客参与村中活动，成功推出了花腰傣民族文化品牌，走上傣族文化生态旅游和文化生态村建设共同发展的路子。

民族文化生态村是民族文化保护与传承的本土实践，是在没有先行经验借鉴和成熟理论指导下的尝试。它不仅创造了民族文化保护与传承的新模式，也为我国乡村社会建设探索了一种新途径。这种模式值得深入研究，其积累的经验，为我们的传统村落保护和发展提供了有益借鉴。

当然，民族文化生态村在现实实践中并非尽善尽美，尤其是旅游业发展带来的负面作用，如生态环境的破坏、为迎合游客而肆意歪曲传统民族文化的行为，在目前都是难以改变的现实。如何在发展经济的同时守护好民族文化，依然是民族文化生态村建设者面临的难题。

国内外对传统村落（历史环境）的保护中，其演变趋势，除了从单一项目保护到历史环境的整体保护，最突出的特点是从对物质实体的保护到对非物质形态的文化传统的保护。欧美国家对文化遗产历史环境的保护中，强调保护一个街区、一座城镇的同时，保存其所承载的非物质形态的历史记忆和文化传统；在日本、韩国的传统村落保护中，也是注重保护非物质文化要素，通过复兴传统文化来促进村落的更新与发展；我国在历史文化名村（镇）、生态博物馆、民族文化生态村等传统村落保护实践中，也都是将非物质文化遗产作为重要的保护内容，尤其是生态博物馆和民族文化生态村，都是以非物质文化遗产作为其生存和发展的灵魂。

可见，传统村落的保护离不开非物质文化遗产，是对非物质文化遗产及其生存与发展的环境的整体保护。下面将从文化生态学视角，分析传统村落与非物质文化遗产的关系以及传统村落中非物质文化遗产的分类。

一、传统村落与非物质文化遗产的关系

根据文化生态学理论，文化生态系统是一个自然环境、经济环境和社会组织环境的复合系统。自然环境，包括地理格局、生物资源、气候资源等自然生态；经济环境，包括生产技术、生产方式、商品交换等要素；社会组织环境，包括组织结构、信仰体系、习俗礼仪、教育体系、社会政策等要素。

中国传统村落是在几千年的农业文明中发展而来的，从传统村落的形成来看，每一个村落都具有完整的生态体系。根据文化生态系统理论，将村落文化生态具体化为村落历史形成、自然地理、生产方式、物质产出、商品交换、社会组织形式、生活方式、观念信仰、习俗礼仪等要素。在这些文化要素中，包括作为表层文化的物质文化和作为核心文化的非物质文化。物质文化即村落地址、建筑、道路、水系等；非物质文化包括习俗、信仰、传说、故事、歌谣、技艺、戏剧等。

根据联合国教科文组织《保护非物质文化遗产公约》的规定，非物质文化遗产是指被各社区、群体、个人视为其文化遗产组成部分的各种社会实践、观念表述、表现形式、知识、技能及相关的工具、实物、手工艺品和文化场所。其涵盖的内容包括口头传统与表现形式，表演艺术，社会实践、礼仪、节庆活动，有关自然界和宇宙的知识和实践以及传统手工艺。非物质文化遗产是历史上形成的并在当今存续发展的文化遗产，既有历史性，又有活态流变性，即既是历史上传承下来的，又在当代社会生活实践中继续存在并随时代变迁不断发展演变的文化形式。我国具有几千年的农业文明历史，即使在现代化的今天，农业社会依然是我国社会结构的重要特征。非物质文化遗产是在悠久的农业文明中发展而来的，记录了农业文明的发展轨迹、社会结构的变迁以及传统文化的兴衰。因此，我国的非物质文化遗产多数集中在乡村社会。而作为我国乡村社会基础的传统村落，更是非物质文化遗产产生、发展和存续的原始土壤。

传统村落中的非物质文化遗产，记录了村落发展历史，并在当今村落社会生活中依然具有活力。一个村落的延续和发展，由具有共同观念体系和生

产生活方式的村民来维系，而这共同的观念和生产生活方式，即村民世代传承下来的非物质文化遗产。非物质文化遗产是村落文化生态不可分割的组成部分，同时，又依赖村落文化生态而生产、发展。离开村落文化土壤，单一的非物质文化遗产即失去了其存活之根本。

二、传统村落中非物质文化遗产的分类

关于非物质文化遗产的分类，《非物质文化遗产公约》中分为：一是口头传统，包括作为文化载体的语言；二是传统表演艺术；三是风俗活动、礼仪、节庆；四是有关自然界和宇宙的民间传统知识和实践；五是传统手工艺技能；六是与上述表现形式相关的文化空间。在我国的非物质文化遗产保护实践中，根据工作的可操作性，将非物质文化遗产分为民间文学、传统音乐、传统舞蹈、传统戏剧、曲艺、竞技与杂技、传统美术、传统技艺、传统医药和民俗十个类别。

传统村落中的非物质文化遗产，可以分为与物质生活相关的非物质文化遗产和与精神生活相关的非物质文化遗产。与物质生活相关的非物质文化遗产，主要涉及村民的生产、生活方式，如与农耕有关的技艺、与手工制造业有关的技艺、与生活饮食起居有关的技艺等；与精神生活相关的非物质文化遗产，主要涉及村民的信仰、娱乐、制度以及民风村俗等方面，如风水文化、庙会、祭祀仪式、民歌民舞、地方戏曲、游戏杂耍等。

无论哪种分类方式，都是出于非物质文化遗产保护工作的需要而对文化遗产整体做出的切割式划分。在传统村落中，各类非物质文化遗产项目是相互关联的，彼此互为因果而产生，相互依存而发展，如一个习俗因为生产生活的需要而产生，而习俗的发展又促进了某一技艺或某一表演艺术的产生，如此循环，构成了丰富而完整的村落文化。传统村落作为非物质文化遗产产生、发展的环境土壤，其变迁也必然影响非物质文化遗产的演变，从而形成非物质文化遗产的活态流变性。

鉴于非物质文化遗产与传统村落的这种依存关系，我们在研究、保护非物质文化遗产时，要摆脱程式化的分类原则，要将非物质文化遗产作为村落文化整体的一部分，置于村落环境系统中进行综合分析、整体保护。

第三章　非遗传统村落基础设施与保护

第一节　传统村落基础设施综合评价体系构建的思路

一、传统村落基础设施评价的背景与意义

传统村落是我国传统农耕文明的见证，不仅维系着中华民族最为浓郁的"乡愁"，更是宝贵的历史文化遗产。基础设施作为传统村落村民生产和生活的物质性载体，其完善与协调与否是衡量传统村落保护成效的重要标志。然而近年来，城镇化的推力、居民对现代生活追求的拉力，使得传统村落正处于濒临消亡的境地，人走屋塌的"空心化"与乱搭乱建的"建设性破坏"更为村落存续带来了前所未有的挑战。但囿于资金与技术的匮乏，传统村落基础设施普遍面临着基础薄弱、建设不当等现实困境。随之而来的生态环境恶化、人居质量下降等问题已使其成为村落保护与发展的制约因素，基础设施的改善迫在眉睫。因此，通过建立科学合理的评价体系对传统村落基础设施的现状做出准确的评价，以此作为基础设施改善的方向与依据，对于提高传统村落的承载能力，提升村落居民生产生活条件至关重要。

二、传统村落基础设施构建

传统村落基础设施指传统村落中为村民生产、生活提供服务的各类设施，主要由道路交通、给水排水、综合防灾、环卫、能源和通信等基础性工程设施系统组成，是保障村民生活与维持村落延续的物质性支撑体系。乡土聚落是指在特定地域文化的影响下，适应当地气候地质条件并受本土资源限制，长期发展而成的相对稳定的聚落总称，传统村落是具有历史文化遗产属性的乡土聚落，其基础设施孕育于乡土环境，承载着地域文化，贯穿于聚落生活，

因而带有明显的"乡土性""地域性"与"活态性",尤其是传统村落中的道路交通、给水排水与综合防灾等设施呈现出与这些特征较为紧密的关联性。对传统村落基础设施的综合评价,应从其核心特征与功能出发,以强调适用乡土的"适用性"、地域文化的"地域性"以及活态传承的"活态性"作为评判的价值标准,以是否满足村民需求,是否具有历史文化价值以及能否满足持续利用为主要评价内容。

三、基于基础设施供给效果的"适用性"考量

传统村落属于乡土聚落,村民的乡土生活与村落的乡土环境造就了其基础设施"源于乡土,用于乡土"的"乡土适用性",基础设施的产生源于村民生产与生活的需要,保障村民的生产活动与提升村民的生活质量是其首要功能,因而对传统村落基础设施的评价首先应以"乡土适用性"为价值标准,客观判断其供给能力与建设情况是否适用于乡土居民的实际需求以及乡土聚落的生态环境。首先,对于传统村落基础设施供给效果的评价,应以尊重村民由农耕社会传承至今的传统生活方式以及由此衍生出的实际需求为价值标准,制定适用于乡土居民生活需求的评价内容,避免方枘圆凿,以城镇的评价理念审视乡村现状,造成与现实相去甚远的评价结果。例如对于传统村落给水设施的现状评价,绝不能用"城镇本位"的先入为主的观念,单纯以给水管网的入户率进行优劣评判,事实上在普遍缺乏净水设施、经济不佳等乡村现实条件的约束下,反而是以分布合理、取水便利又符合当地人习惯的供水方式为评价标准更为贴切。其次,传统村落是农耕文明的产物,农耕文明带来的农耕生活,造就了先人以"以山水为血脉,以草木为毛发,以烟云为神采"的生态营建理念。在这种自然观的作用下,传统村落的基础设施营建通常与自然环境和谐共生,带有低负面冲击、成本低廉、简单易行等"生态适用性"效果。因而,对于其基础设施的供给效果评价,应在适用于乡土生活的基础上融入"生态适用性"的价值理念,传统村落基础设施的供给效果能否满足村民使用、是否适用于乡土生活以及是否适用于生态环境,决定了其现状的优劣,是综合评价的基础性内容。

四、基于基础设施历史文化价值的"地域性"考量

传统村落是中华民族的宝贵遗产,是当地的历史文化、地域特色和营建

技艺等的集中体现，具有鲜明的地域文化属性。聚落内的乡土建筑、生活习俗、村规民约以及传统设施，都蕴含着丰富的历史文化价值，也印证着农耕社会的发展与人类文明的进步。传统村落具有多种价值类别，包括作为村落变迁见证物的历史价值、凝聚本土文化和民族特色的特色价值、沉淀着历史沧桑感和田园风光的景观价值、因借自然和融于自然的生态环境价值、表现为特定技艺和营建智慧的营造价值，此外还有旅游价值、教育价值和情感价值等。作为传统村落的生活载体，传统村落基础设施在物质性功能之外，也被赋予了极高的历史价值、特色价值与营造价值等历史文化价值，并且随着人们生活方式的变化，其物质上的实用功能逐渐减弱，精神上的内在价值却得到了提升7成为传统村落基础设施系统中不可忽视的重要组成部分。

对传统村落基础设施的综合评价，必须正视其历史遗产属性，突出对历史文化价值的综合考量。传统村落应一方水土而生，当地的自然环境、历史环境和人文环境造就了其基础设施独特的内在价值，因而，通过价值评价认知其固有特点，了解资源的独特性，阐明其在历史、科学、情感、社会等方面的意义，对于传统村落基础设施的现状认知具有重要的意义。例如新疆维吾尔自治区哈密市的博斯坦村的"坎儿井"，仅从供给角度评价，其与普通水井相差甚微，然而以内在价值视之，"坎儿井"巧妙地通过"竖井、暗渠、明渠和涝坝"四部分设施引地下潜流灌溉农田，有效地解决了该地区"降雨少、蒸发快"的用水难题，不仅极富地域特色和地方营建智慧，更寄托了博斯坦村村民祖祖辈辈的情感记忆，与普通水井在价值上有着"天壤之别"。因此，对于传统村落基础设施的综合评价，必须要加入对其历史文化价值的"地域性"考量，通过价值评价充分把握基础设施地域的差异性和类型的多样性，为其进行分级分类改善提供重要的参考依据。

五、基于基础设施发展存续的"活态性"考量

传统村落的核心价值，是对文化信息的传递和历史文脉的延续，然而文化是动态演变的，乡土聚落本就是不断发展生长的，而非某一短时间内生造出来就凝固不变的，传统村落不是静态的"文物保护单位"，而是生产和生活的基地，既要传承，又要发展才是传统村落活态存续的关键。传统村落是人们现实的居住空间，其基础设施与人们的生活息息相关、密不可分，同时

村民对于生活的需求也随时代而演变，与现实需求脱节的基础设施难免遭受"冷落"，离开了村民的日常使用与维护，基础设施就会失去生机与活力，最终难逃自然损毁的结局。因此有必要对关乎传统村落基础设施存亡的"活态性"进行考量，审视其使用、维护、修缮、改造的实际情况，对其"传承与发展"的客观条件做出评价。

传统村落往往历经了千百年的风雨，由世世代代的传承与发展而来，是活着的历史遗产，其"活态性"有着独有的内涵。不同于城镇基础设施的"一劳永逸"与"错综复杂"，传统村落的基础设施带有较多的"乡土性"与"生态性"，通常其工艺简洁而容易老化，需要经常性的使用与维护，以保持其活力，因此有必要对其使用与维护情况做出客观评价，这是基础设施能够存续与否的先决条件。其次，传统村落也有别于普通的农村聚落，其固有的历史文化遗产属性对其存续与修缮情况的评价必须加入"原真性"与"完整性"的要求，然而"原真性"不是要求既有设施"原封不动"，"完整性"也绝非禁止对其"小修小补"，对于传统村落的基础设施，能否保持原态存续，利用原有技术、原有材料或相似的替代性材料对其进行修缮、改造，使其保有"历史过程的原真性"与"动态发展的整体性"，才是对其存续状况应以考量的内容。最后，基础设施是适应现实需要的产物，其建设随当代人的生活需求而变动，这种"时代性"的特征使其处于不断发展的动态过程之中，然而为满足新生活而引入的新技术与新设施是否会对原有的历史要素造成干扰，能否达成"传承与发展"的协调，也需对基础设施的发展与协调情况进行考量。

第二节　传统村落基础设施综合评价体系构建

中国传统村落量大面广，相较于传统村落庞大的数量，政府财政中可投入的专项资金往往"捉襟见肘"，基础设施作为财政资金的重要投入领域之一，急需通过一套行之有效的评价体系对其自身的价值、供给的情况、保存的现状等现实状态做出判断，根据改善的急迫程度分出"轻重缓急"以便于"对症下药"。因此，有必要在借鉴以往研究的基础上，以传统村落基础设施的"适用性"、"地域性"以及"活态性"特征为切入点，以综合评价为主要目标，通过"明确构建的原则—形成层次体系—选取评价指标"的步骤来

搭建传统村落的基础设施综合评价体系。

一、传统村落基础设施综合评价体系构建的原则

传统村落基础设施综合评价体系构建的目标在于要能够全面、客观、直接地反映传统村落基础设施的现状，为此要从以下方面考虑本次指标体系的构建：第一，评价指标的综合性，指标的选取必须全面，既能够反映局部的、当前的特征，又能反映全局的、长远的特征，尽可能覆盖传统村落基础设施的各个方面；第二，评价方法的实用性，客观的评价必须结合对村落的实地调研，不能对所有指标进行量化，而是定量和定性分析相结合；第三，评价体系的开放性，评估指标体系的建构要在尊重科学性与真实性的同时，尽量兼顾可操作性和参与性，既要便于高效操作，又要鼓励多方人士的积极参与；第四，评价标准的乡土性，评价标准的制定必须充分结合传统村落的"乡土性"特征，以乡村的价值观评价乡村的内容，不能带有"城市主义"倾向；第五，评价内容的系统性，综合评价体系的构建要兼顾基础设施的整体评价与各个子系统的分项评价。

二、传统村落基础设施综合评价体系层次的形成

基于对已有研究成果的梳理，结合对传统村落的大量实地调研，按照"目标层—子目标层—因素层—指标层"四层来构建传统村落基础设施综合评价体系，其中目标层即为评价的最终目标——传统村落基础设施综合评价。传统村落基础设施由道路交通设施、综合防灾设施等子系统组成，不同的子系统之间差异较大，不能以相同的评价内容与评价标准对其一概而论，因而将各个子系统作为评价体系的子目标层，并通过差异化的因素层与指标层，实现各个子系统的分项评价。传统村落的基础设施往往包含了显性物质构成要素和隐性的非物质构成要素两类，在各子系统中，道路交通设施、给水设施、排水设施以及综合防灾设施等与历史文化、地域特色等隐性的非物质要素关系紧密，而环卫设施、通信设施与能源设施以现代技术、现代材料的运用为主，其特征主要体现在显性的物质构成要素之上，而与历史文化、地域特色等关联性不强。基于上述分析，对道路交通设施等四个子设施系统从村民的使用情况与设施的生态效果构成的"适用性"角度进行工程技术条件的

评价，从历史文化、地域特色构成的"地域性"视角进行历史文化价值的评价以及从传统设施活态传承与基础设施动态发展的"活态性"视角进行发展存续条件的评价，而对环卫设施等三个与历史文化价值关联性不强的设施系统，则从工程技术条件和发展存续条件两方面内容进行评价，构成综合评价体系的因素层，至此综合评价体系的基本构架就已形成。

三、传统村落基础设施综合评价体系指标的选取

国家住房和城乡建设部等部门颁布的《传统村落评价认定指标体系（试行）》采用"目标层—准则层—因素层"的层次结构，从村落的传统建筑、选址和格局以及非物质文化遗产三个层面，对其久远度、丰富度、稀缺度、工艺美学价值、传统营造工艺传承等20项内容进行了定性、定量相结合的评价，在对村落价值综合评价的基础上充分强调了其活态性的评价，开阔了传统村落评价的思路。在充分借鉴该评价体系指标构成的基础上，结合传统村落基础设施的特征以及对村落的大量实地调研，从工程技术条件、历史文化价值以及发展存续条件三大方面出发，对传统村落基础设施的内容进行评价。

（一）传统村落基础设施的工程技术条件评价

工程技术条件评价主要针对传统村落基础设施系统构成部分的工程技术特点，以"适用性"为评判标准，对其现状的承载能力与供给效果进行评价。不同系统的构成部分有所不同，其相应的评价指标选取内容也不一致，例如对于给水设施的工程技术条件评价，主要针对给水设施的水源、灌溉设施以及供水情况三项内容进行评价，而对于综合防灾设施则从其消防隐患、消防设施、防洪情况、防震情况以及地质灾害隐患情况五个方面做出评价，各指标的选取深入至各系统的具体环节，避免出现"交通便利性评价"等含糊不清，让人无从下手的指标，提升评价系统的可行性与操作性。工程技术条件的评价标准以"适用性"为主要价值观，进而将其解构为适用于乡土生活与适用于生态环境，例如对传统村落污水处理情况的评价，要考虑到不同村落的现实条件差距较大，不能以污水处理量、污水处理率等刚性指标一概而论，而应审视污水排放的结果是否造成环境污染、影响村民的日常生活，通过"强调结果，淡化过程"的方式增强评价指标的适用性，以得出符合传统村落特征的现状评价。最终，本书以贴合乡村实际的基础设施运行的各个

环节为主要评价内容，以"适用性"为主要评价标准，以诸如灌溉设施情况、消防隐患情况等21项评价指标构成了传统村落基础设施的工程技术条件评价。

（二）传统村落基础设施的历史文化价值评价

历史文化价值评价主要针对与历史文化、地域特色等关系紧密的道路交通设施、给水设施、排水设施与综合防灾设施，以"地域性"为主要评价标准，对其蕴含的历史价值、文化价值、地域价值、营造价值等多元价值进行综合评价。传统村落是"活着的"历史文化遗产，基础设施作为传统村落的物质载体，蕴含着丰富的历史文化价值。因此本书从其历史影响、年代久远度与文化特色三方面，综合评价其历史文化价值。其中历史影响通过基础设施与重大人物、事件的关联体现；年代久远度则以基础设施的建成年代为依据；而文化特色则以与设施相关联的传统文化进行评价。传统村落分布广泛，由地域空间的"大跨度"带来的自然环境与社会环境的分异，造就了其鲜明的"地域性"特征，也衍生了其别具一格的地域特色价值。基础设施的地域特色价值评价主要包括两方面内容：其一为对其本土性、地方性材料的运用的评价，例如民族地区传统村落独具特色的风雨桥、徽州地区传统村落的"水口"营建等，都是具有较高特色价值的体现。其二是部分传统村落的基础设施形成于特定的生态环境与历史时期，在保障民众生命财产安全、保护和改善生活环境等方面有过显著效益且沿用至今，这些设施简易、实用，由民众自主创造，形成了独特的营造技艺价值，在对其评价时必须对这些富有特色的精湛技艺给出高度的肯定。综上所述，基础设施的历史文化价值评价即由针对道路交通设施等四项设施系统的历史文化价值、地域特色价值以及营造技艺价值三个方面，共12项评价指标构成。

（三）传统村落基础设施的发展存续条件评价

发展存续条件评价主要针对传统村落基础设施的传承与发展情况，以"活态性"为主要评价标准，对传统设施的传承情况、既有设施的维护以及管理情况及设施的发展与协调情况做出评价。首先从传统设施的传承情况出发，对其保存状况和修缮技艺的传承情况做出评价，对于设施的保存状况，主要考察其原真性与完整性。在评价标准中原真性并非"纹丝不动"，而是强调过程原真性与动态完整性，而对于技艺传承情况则主要以有无传承人作为评价标准。其次则对既有设施的使用与维护情况做出评价，传统村落的基础设施具有明显的"乡土性"特征，在易受自然环境的影响而老化与失效的同时又通常工艺简便易于维护，传统村落基础设施的"存活"往往离不开村民的日常使用与持续的简单维护，因此对既有设施的使用与维护管理情况的评价，必须围绕村民对设施的使用率以及是否有专门的管理维护人员进行考量。最后则从发展的角度，对设施的发展与协调情况做出评价，传统村落是动态延续的，村民日益增长的生活需求也决定了其基础设施必须处于动态的发展更新之中以适应村落发展的要求，基础设施的建设能否采用符合村落实际、适应村落特征的技术来提升其承载能力是主要的评价内容，即对新设施的引入是否具有简便易于维护的技术特征以及是否能够解决"新技术、新材料"的引入而可能带来的风貌混乱、整体性破坏的问题，达到发展与协调的平衡。

传统村落有别于城镇与一般农村，带有明显的乡土性与历史文化遗产属性，既有的针对城镇或农村地区的基础设施评价体系具有明显的不适用性。缺乏对传统村落基础设施现状的合理判断，其改善难免陷入针对性不强、"用力过猛"造成建设性破坏的窘境，从而与传统村落的现实条件和需求脱节，为传统村落基础设施的传承与发展带来极大的挑战。因此，建立合宜的传统村落基础设施综合评价体系尤为重要。以"适用性""地域性"以及"活态性"作为传统村落基础设施评判的价值理念，以是否满足使用要求，是否具有重要价值以及能否满足持续利用为主要评价内容，通过对交通设施、给排水设施、能源供应设施、通信设施、环境卫生设施、公共服务设施、房屋及建筑设施七个基础设施子系统的工程技术条件、历史文化价值与发展存续条件的评价，初步构建了传统村落基础设施的综合评价体系，希冀能够通过对基础设施现状的科学评价，为后续基础设施的改善提供必要的参考与依据。

第三节　基于适应性特征的周边环境的整体性保护

基于对传统村落基础设施基本特征、经验、问题的阐述分析，可以看出基础设施不仅是传统村落物质空间的重要组成部分，承担了村民重要的生产及生活功能，而且其与传统村落所处的自然地理环境以及地域文化连接紧密。

传统村落基础设施"地理环境的适应性、因地制宜的生态性以及源自乡土的地域性"特征使得其与城镇的基础设施迥异。因此,在传统村落基础设施的保护实践中,须正确处理好其与地理环境适应性、生态性以及地域性的依赖关系,方能保护与传承其既有的乡土文化本质。

由于传统村落大多与自然地理环境联系紧密并保持良好的适应性特征,传统村落的基础设施也深深地体现了地理环境与气候条件的烙印,生动地反映了村民与自然的和谐关系。村落周边的生态环境从广义来看是"生态基础设施",不仅是作为传统村落的自然生态本底,也是与村民密切联系的重要生产及生活来源,是传统村落得以存续的前提与基础,实质上与传统村落一起构成了融合性的聚落文化与自然遗产,集中体现一种人与自然和谐相处的聚落精髓和集体记忆。由此,传统村落基础设施的历史遗存往往与其地理环境不可分割,而整体性的保护尽可能保护村落与周边环境的关系,是保护乡土聚落的重要措施,突显出传统村落的地域文化价值。

然而长期以来,人们对我国传统村落与周边环境关系认识仍十分不足,许多传统村落周边的生态环境由此遭受到不断蚕食与破坏的威胁,为传统村落的整体性保护带来极大的挑战。尤其是位于快速城市化地区的传统村落,其所处的周边生态自然环境日益受到工业化与城镇建设的影响。大量的人工建设活动严重改变了村落周边的地形地貌与和谐自然环境,原先村落所依附的水系格局、农田等生态环境消失殆尽,部分传统村落沦落为城市化地区生态环境巨变中的"文化孤岛"。而多数传统村落的保护实践也仅注意到了对聚落物质性空间和历史建筑的个体保护,缺乏对周边环境整体和系统的分析。传统村落也由此失去环境的真实性和完整性,陷入"皮之不存,毛将焉附"的保护窘境。因此,正确认识传统村落与周边环境的融合关系是其整体性保护的重要前提与基础。

传统村落不是孤立存在的物质营建工艺,它受到自然环境的影响,又反作用于其中,并和周围环境一同构成了复杂的生态系统。传统村落的保护不但要保护其有形外观,同时要注意它们所依赖的结构性生态环境,将保护概念延伸至以村落为中心的生态系统的整体保护。

南方水乡地区很多传统村落巧用地理环境进行防洪排涝,与周边环境结合紧密。由于水乡地区的防洪堤坝通常很难完全抵御洪水,甚至部分村落没有堤坝的防御,这时防洪的重任只能依靠村落自身选址解决。传统村落一般选址在地势较高的台地上，利用较高的地势来防洪，部分村落选址于基塘密布地区，利用水塘滞蓄雨洪。

而在保护实践中，多数传统村落的周边生态环境普遍得不到应有的重视。南方水乡地区的道路交通主要体现在与河流水系的密切联系上，道路交通建设更多地体现在与水系的和谐融合，以街巷为骨架，以水系为血脉，水网和街巷配合默契相依相存，形成了极具特色的"水街"网络系统，"小桥、流水、人家"一定程度上成为南方水乡地区传统村落的标志性特征。同时，种类丰富的船只既补充了陆路交通，还为水乡空间增添了情趣，成为水乡地区特有的一道亮丽风景线。然而随着时代的发展与社会变迁，原始的船只运输已逐渐被公路交通取代，水网河道的交通运输功能逐渐消退，很多曾用于船只通过的河道已因缺乏管理而逐渐堵塞。

第四节　基于生态性特征的生态适宜性技术的运用

属于农耕社会、代表农业文明的传统村落，其基础设施天然地与农业社会的生产及生活联系在一起。生活经验替代法规成为建造的依据，生动地反映了基础设施低廉的建设成本、简单易行的建造技术并对环境影响较小的生态适宜性技艺等特征。正如国际《乡土建筑遗产宪章》对乡土建筑的表述："看上去非正式，以实用为目的，同时富有情趣和美感"，显示出一种原生自然、符合环境的相对"随意"的建造形式。因而，传统村落的基础设施不仅会受到自然环境的强烈影响，而且多数村落并不需要那些在城镇才建造的"一劳永逸"的设施，而是往往在日常生活中需要经常性地维护与更替的基础设施。当传统村落周边自然环境发生巨变，或缺乏日常连续性的使用维护时，其基础设施的有效性与可持续性便大打折扣。由此，传统村落基础设施更易于受自然环境的影响而"老化"和失效，需要通过不间断的"动态"维护来维持其功能的正常使用。

被誉为"小都江堰"的贵州省安顺市鲍家屯村水利工程，则是充分利用当地的自然条件，由横坝、竖坝和龙口等组成，把大坝河分成两条河流及蜿蜒曲折的渠道，并采用"鱼嘴分水"、二级分水坝以及高低"龙口"等堤坝分流技术，方便地实现水流去向与流量的调节分配，不仅使不同高程的耕地均能得到充分的自流灌溉，还有效解决了村民的生活用水、污水净化和水力利用、防灾等问题。鲍家屯村水利设施结构简单实用，功能完备，以"最少的工程设施、极低的维护成本"以及持续沿用数百年的历史，诠释着乡土生态与可持续发展的用水理念，是中国古代乡村水利与农业文明的杰出典范。然而很多村落并不考虑村落实际情况，盲目建设在城镇才建造的"一劳永逸"的堤坝，造价高昂并不符合村落经济上的廉价可行，事实上除非特别需要，否则出于对传统村落的生态性保护，并不提倡修建大型堤坝。事实上，许多发达国家已在为曾经缺乏生态适宜性考量而修建的大型堤坝买单，正逐步将人工堤坝拆除以恢复河流的自我维护，还原村落的生态性。

因此，保持生态适宜性技艺与持续的简单维护是传统村落基础设施得以保护与传承的内在要求。这就使得我们在传统村落基础设施的保护实践中，不能简单地沿用城镇标准力图建造"一劳永逸"、造价高昂或强调"高新技术"的设施，也不应机械套用所谓的"通用"技术准则，而更应采用贴切村落实际、注重经济上的廉价可行、能够为村落所用的生态适宜性技艺，并遵循最小干预原则，尽量采用传统做法与工艺，防止"用力过猛"与过度修缮，以保持传统村落的原有特色。

例如，珠三角传统村落一般采用渗水性较强的下垫面排水设计，无论道路平面铺装、竖向设计及铺装、院落等均体现了对自然水循环的保护，没有人为地去阻断雨水的下渗。路面铺装直接在土壤上铺设石板、鹅卵石等材质，保证雨水经过路面上的缝隙渗透到土壤，保证了雨水自然循环的完整性。雨水在落地的同时最大限度地渗透到土壤中，减轻了排水沟渠的泄洪压力。但随着村民对传统道路进行的拓宽、改造等建造活动，往往罔顾既有的生态道路格局，这不仅大大降低了道路的渗水性，更破坏了原有的街巷空间尺度与传统风貌。

第五节　非遗传统村落保护的整体性分析

一、非物质文化遗产与传统村落的联系

非物质文化遗产与传统村落是相互依存、不可分割的整体。非物质文化遗产是传统村落的组成部分，传统村落的保护要以非物质文化遗产的保护为

基础。因此，本节将从分析中国非物质文化遗产保护现状出发，探讨非物质文化遗产的整体性保护原则，为后文对传统村落与非物质文化遗产保护的研究奠定基础。

经过多年的探索，我国建立起较为完善的非物质文化遗产保护制度。首先，构建起常规保护机制——四级名录体系、传承人认定机制和文化生态保护实验区命名机制。四级名录体系包括国家、省、市、县四级政府认定的非物质文化遗产名录。自公布的第一批"国家级非物质文化遗产名录"开始，我国已批准了三批国家级非物质文化遗产名录，各省、市、县也逐级批准公布了当地的非物质文化遗产名录，构成金字塔级的四级名录体系。对入选国家级非物质文化遗产名录的项目，我国采取中央财政拨款的形式资助项目的保护和传承。其余各级名录项目，也由当地政府予以财政资助。传承人认定机制是与四级名录体系相对应的保护举措。对应各级名录项目，由各级文化主管部门认定相应的传承人名单。我国目前已有国家级非物质文化遗产项目代表性传承人三批，全国各省市县也命名了本级的非物质文化遗产项目代表性传承人。文化生态保护实验区是突破非物质文化遗产名录项目单一保护路径，探索非物质文化遗产整体性保护的措施，以非物质文化遗产为核心，实现非物质文化遗产与其生存发展相依存的文化生态环境的整体保护。名录保护机制、传承人认定机制和文化生态保护实验区是非物质文化遗产保护循序渐进的三项措施，构成了我国非物质文化遗产的常规保护机制。

其次，构建起体系完善的保护机构。中国非物质文化遗产保护中心成立以来，各省市县相继成立了本地的非物质文化遗产保护中心或民族民间文化保护办公室，作为各级政府从事非物质文化遗产保护的专业机构。文化部"非物质文化遗产司"正式成立，成为我国政府对非物质文化遗产保护工作实施管理的最高行政主管部门，负责非物质文化遗产法律法规、保护措施的制订和监督实施以及项目申报、项目保护经费的论证和管理。此后，各级政府文化主管部门也成立相应的非物质文化遗产处（科），负责本地区的非物质文化遗产保护工作的管理。在对外工作中，我国被 UNESCO 批准设立二级机构"亚太地区非物质文化遗产国际培训中心"，负责我国国内和亚太地区的非物质文化遗产培训以及对外工作。完善的保护机构有利于非物质文化遗产保护工作的持续有效开展，也有利于培养稳定的人才队伍。

再次，有关非物质文化遗产保护的法律法规日臻完善。我国加入

UNESCO《保护非物质文化遗产公约》（以下简称《公约》）。自此，《公约》成为我国非物质文化遗产保护的指导性文件，但国内尚未出台有关的法律，而是以相继出台的行政法规作为工作指南，如《国务院加强文化遗产保护的通知》《国务院办公厅关于加强我国非物质文化遗产保护工作的意见》《国家级非物质文化遗产保护与管理暂行办法》等。此后，文化部根据各项工作的开展，出台相应的政策文件作为指导工作开展的指南，如《文化部关于加强国家级文化生态保护区建设的指导意见》《文化部关于加强非物质文化遗产生产性保护的指导性意见》等。第十一届全国人民代表大会常务委员会第十九次会议通过《中华人民共和国非物质文化遗产法》，标志着我国非物质文化遗产保护进入法治化时代。而后文化部与中共中央办公厅、国务院又相继出台了《文化部关于加强非物质文化遗产生产性保护的指导性意见》《关于进一步加强非物质文化遗产保护工作的意见》，通过对以上内容的梳理，可以清晰地看到我国在非物质文化遗产保护方面政策法规的逐步完善与发展历程。

最后，在保护方式方面，经过实践探索，我国总结出"抢救性保护、整体性保护和生产性保护"三种主要方式。抢救性保护，即对在当代社会逐渐失去生存与发展活力的濒危项目，及时进行调查、记录，建立档案、资料馆或数据库，收集相关实物资料，制作传承人口述史等。抢救性保护是非物质文化遗产的基础性保护措施，其中建立档案、数据库以及制作传承人口述史也是当前非物质文化遗产保护中普遍实施的方式。整体性保护是从文化生态保护的视角，将非物质文化遗产置于其发生的环境中，对其以及与之相关的物质环境进行综合保护。为了实践非物质文化遗产整体性保护，我国开始实施"文化生态保护实验区"建设。生产性保护，主要针对实践性和操作性较强的传统技艺、传统美术和传统医药类项目，通过为其创造发展平台，激发其参与市场经济的能力，促使其融入当代社会生活实践。

经过多年的实践，中国非物质文化遗产保护事业逐步走向成熟和完善。然而，这项空前规模的文化保护事业的发展不是一蹴而就的，时至今日，依然存在许多问题值得我们深思和探讨。首先，"重申报、轻保护"现象严重。在这几年申报各级非物质文化遗产名录的浪潮中，各地表现出极大的积极性。在申报国家级名录项目的同时，各省市县都建立了当地的名录，四级名录体系得以完善。但在申报之后，具体项目的保护措施却未能得到及时有效的落实，导致一些项目在进入名录体系之后，濒危状态依然未得到改善。

其次，在"传统"与"现代"的博弈中，"传统"依然式微。作为传统文化之精髓的非物质文化遗产，在现代文化大潮中，虽然其生存状态已经得到改善，但仍处于弱势。如：一些传统的习俗文化或逐渐消失，或被肆意歪曲以至失去原有的文化内涵；一些传统的技艺，在当代社会失去市场，机械工业化势不可挡，传统技艺逐渐沦为市场弱势群体；一些在当代社会仍有一定生存活力的技艺，也面临着被肆意修改以适应现代市场需求的境况；传统的表演艺术，也没能像现代艺术那样吸引年轻的观众群。这些状况，都使非物质文化遗产面临后继乏人的窘境，也是非物质文化遗产保护在未来急需解决的难题。

最后，在文化生态保护实验区和非物质文化遗产生产性保护示范基地建设中，虽然都以国家命名的形式给予权威认证，并出台政策保障，但在具体实践中，还有待探索更行之有效的保护和建设措施，以确保这些"保护名录"不流于形式。

二、中国非物质文化遗产的整体性保护原则

整体性保护是非物质文化遗产三大基本保护方式之一。整体性原则也是非物质文化遗产保护的重要原则之一。《非物质文化遗产概论》最早对"整体性"做了定义，即"要保护文化遗产所拥有的全部内容和形式，也包括传承人和生态环境。从整体上对非物质文化遗产加以关注并进行多方面的综合保护。"

在非物质文化遗产保护工作开展之初，就有学者提出非物质文化遗产的"整体性"保护原则。《非物质文化遗产及其保护的整体性原则》指出："世界非物质文化遗产保护的目的是以全方位、多层次和非简化的方式来反映并保存人类文化的多样性。它涉及整体性文化的各个方面，几乎包括了传统和民间文化的所有表现形式，而不仅仅是个别文化形式的有限综合。"如果不能从整体上对非物质的文化遗产加以关注并进行综合保护，如果仅仅以个别代表作的形式对已经认证的文化片段进行"圈护"，那就可能在保护个别文化片段的同时，漠视、忽略、遗弃或者伤害更多未被"圈护"的优秀文化遗产。保护非物质文化遗产的整体性原则不仅是就空间向度而言，也表现在时

间向度上。不应割裂某种文化传统与民众生活方式的关联，把某种文化传统固定在既有的时态上，遏制了它在新的生存时空下的新的发展。以上论述体现了三方面内容，第一，非物质文化遗产本身具有整体性，是一种综合的文化形态，而非孤立的单一的文化形式；第二，在保护实践中，要从整体上对非物质文化遗产进行综合保护，而非孤立保护某些文化片段；第三，非物质文化遗产的整体性包括空间向度和时间向度，既要看到文化的区域性，又要看到文化的历史性。

在我国非物质文化遗产保护实践中，人们也逐渐认识到"整体性"原则的重要性。非物质文化遗产名录申报制度，使人们看到的是单一的非物质文化遗产项目。这些非物质文化遗产项目呈现的是孤立的文化表现形式，或为一项技艺，或为一个剧目，或为一个传说，或为一首歌曲。在保护过程中，人们也从某个具体项目出发制订相应的保护措施，所保护和传承的内容为该项目本身。这种单一的保护模式，直接导致了文化的"碎片化"、"片段化"。这种保护方式，就如同将某一文化要素从历史长河中截流，使其成为文化海洋中的一块孤石。没有"文化背景"的非物质文化遗产在不断发展的传统文化历史河流中显得单薄无力，而这"文化背景"就是与非物质文化遗产相互依存的文化环境。而整体性保护，则是将文化要素置于其生存发展的文化环境之中，将这一文化要素视为环境整体的一部分，实施综合保护。这种保护模式，不再将文化要素孤立，不再使文化"碎片化"，也正是非物质文化遗产保护对维护其整体性的诉求。

文化生态保护实验区是我国非物质文化遗产由单一项目保护到整体性保护的初步探索。文化部命名了我国第一个文化生态保护实验区——闽南文化生态保护实验区。在闽南文化生态保护实验区的认定过程中，参与非物质文化遗产保护工作的专家，对非物质文化遗产与文化生态保护实验区的关系进行了论证，即文化生态保护实验区是以非物质文化遗产为核心，对区域内与之相关的物质遗产以及其生存发展的自然环境、经济环境和社会组织环境进行整体保护的特定区域。

从学理上看，文化生态保护实验区涉及三个关键词：非物质文化遗产、区域文化、文化生态。迄今为止，我国已命名了16个国家级文化生态保护实验区：黔东南民族文化生态保护区、客家文化（梅州）生态保护区、大理文化生态保护区、陕北文化生态保护区、晋中文化生态保护区、客家文化（赣南）生态保护区、铜鼓文化（河池）生态保护区、迪庆民族文化生态保护区、格萨尔文化（果洛）生态保护区、羌族文化生态保护区、闽南文化生态保护实验区、徽州文化生态保护实验区、热贡文化生态保护实验区、武陵山区（湘西）土家族苗族文化生态保护实验区、河洛文化生态保护实验区。

综上所述，对非物质文化遗产的整体性保护，即对非物质文化遗产及其生存发展的自然环境、经济环境和社会组织环境进行综合保护的模式。传统村落是构成中国传统社会结构的基本单位，也是集聚了众多非物质文化遗产，由自然、经济和社会组织环境共同构成的完整生态系统。将非物质文化遗产保护与传统村落的保护相结合，将是非物质文化遗产整体性保护的新途径。

三、文化生态保护实验区

文化生态保护实验区是为了实现非物质文化遗产的整体性保护，对特定区域内的非物质文化遗产及其赖以生存、发展的自然环境、经济环境和社会组织环境进行综合保护的实践。我国目前设立的 16 个国家级文化生态保护实验区，具有以下三个共同点：第一，非物质文化遗产较为集中；第二，区域文化特色鲜明，历史积淀深厚；第三，文化生态环境保存较为完整。从非物质文化遗产到区域文化，再到区域内文化生态环境，凸显了由点到面的保护路径。文化生态保护实验区通过以区域文化类型为范畴划定保护区域的方式，对非物质文化遗产进行整体保护，因此，其核心依然是非物质文化遗产。这是文化生态保护实验区同其他文化遗产区域性保护方式的本质区别。在保护措施上，文化生态保护实验区（以下简称"保护区"）具有以下共同点。

（一）在管理上

首先，政府发挥主导作用，由有关政府领导牵头，联合各相关部门组成领导机构；政府将保护区建设纳入当地经济社会发展规划和工作考核目标，并制订相关政策，实施基础设施建设；在文化行政部门设立日常工作机构负责具体工作。

其次，设立专家咨询机制，对保护区建设提供咨询和指导。最后，调动社会各方面力量参与保护区建设，突出社会公众的文化主体地位，鼓励民众参与非物质文化遗产项目的保护，调动学术研究机构、高等院校、企事业单位以及各社会组织参与保护区建设。

（二）在资金支持上

经过国家文化部门的论证审核，由中央财政拨付专项保护经费；保护区所在地政府将所需建设经费纳入本级财政预算，同时，通过政策引导等措施，鼓励个人、企业和社会组织对保护区建设予以资助，提倡多渠道吸纳社会资金投入。

（三）在保护内容上

对保护区内各级非物质文化遗产名录项目，针对不同项目的特点，采取不同的保护方式，制定相应的保护措施，建立非物质文化遗产档案和数据库；对保护区内各级非物质文化遗产名录项目代表性传承人进行认定，资助传承人招徒授艺、开展传习活动；保护与非物质文化遗产有关的物质遗存；修复和维护保护区内的自然生态环境。

（四）在保护方式上

在保护区内划定"重点区域"，对自然环境和传统文化生态保存较为完好的街道、社区、乡镇和村落进行整体保护；注重非物质文化遗产与物质遗产、自然环境以及人文环境之间的关联性，进行多种文化表现形式的综合保护；对濒危非物质文化遗产项目进行抢救性保护；对传统技艺类项目进行生产性保护；对民俗类项目进行整体性保护，促进集体传承；进行非物质文化遗产博物馆、展示馆、传习所等基础设施建设。

这些保护措施，是各地向文化部申报过程中，通过统一论证而制定。然而，因各实验区具体情况不同，各地在制定保护措施时，也有各自的特点。

闽南文化生态保护实验区，是我国首个国家级文化生态保护实验区，包括福建省的泉州、漳州和厦门三座城市。保护区以"闽南文化"分布和流传的区域为保护范围，突破了传统的行政区划，尊重文化发展规律。保护区建设注重"闽南文化"内涵及其文化生态的维护和修复。在保护方式上，福建省在保护区采取确定示范点和示范园区，由点到面对非物质文化遗产进行整体性保护。示范点是以非物质文化遗产项目或某一具体文化形式为核心而设立的较小范围的特定区域，如以传统音乐南音为核心的"南音保护示范点"、以端午习俗为核心的"端午习俗保护示范点"、以传统技艺为核心的"厦门漆线雕技艺示范点"以及以特定文化形态为核心的"长教古村落文化保护示范点""大地土楼群保护示范点""梧村街道厦门史迹与闽南讲古保护示范点"等。示范园是非物质文化遗产较为集中、文化生态保存较好或某一文化形态辐射范围较广的街道、社区、乡镇、村落等特定保护区域，如泉州古城区闽南文化保护示范园、清源山及其周边闽南文化生态保护示范园、安溪县茶文化保护示范园、鼓浪屿文化保护示范园、漳州历史街区保护示范园等。泉州、厦门和漳州三座城市在各自区域内开展保护区建设工作，对于跨行政区域的非物质文化遗产，三地通过建立联合型基地的形式进行协作保护。

文化生态保护实验区与历史文化名城（镇、村）、生态博物馆、民族文化生态村和传统村落保护有着相似之处，同时又各有不同的侧重点和建设模式。就相似之处来说，它们都以文化遗产历史环境整体保护和文化生态学等为理论基础，都注重对物质遗产与非物质遗产以及它们所处文化生态环境的整体保护，都以划定特殊区域的方式保护某一文化类型，都注重由点到面的保护路径，都注重与当地社会经济发展相协调和提高当地民众生活水平。

它们又有着明显的不同。从保护范围来说，历史文化名城（镇、村）以具有历史文化价值的城市、乡镇和村落为主要区域；生态博物馆以具有相似文化类型的社区为保护区域，这个区域可以是一个街道、一个村寨、一个小镇、一片村落群甚至一座城市；民族文化生态村是以少数民族村寨为保护单位；传统村落是以特色鲜明并具有较高历史文化价值的古老村落为保护单位；文化生态保护实验区则是以特定区域文化的衍射区域为保护范围，突破现有的行政区划。

从保护内容来说，历史文化名城（镇、村）以文物保护为主体，将非物质遗产纳入保护体系，注重文化遗产与历史环境的整体保护；生态博物馆以社区内建筑格局、整体风貌以及非物质形态的传统文化和生态环境为保护内容，试图整体再现该区域文化的发展轨迹；民族文化生态村以村寨中的物质的和非物质的民族文化为保护内容；传统村落以古村落中所有的物质遗存和非物质文化遗产以及村落整体环境为保护内容；而文化生态保护实验区则是以非物质文化遗产为核心，保护一切与保护区内非物质文化遗产有关的物质遗存以及文化生态环境。

从保护方式来说，它们都遵循整体性保护原则，但在具体实施过程中又各不相同。历史文化名城（镇、村）的保护结构为由点到面，并划出核心保护区和一般保护区；对于物质遗产，则以修复和维护为主。生态博物馆以关于本社区情况的资料信息中心为核心，原状地保护社区内所有被发现和记录的文化遗产。民族文化生态村以村落为单位，改善村落基础设施，在村落中建立文化活动中心、资料室、展示馆，强调发展当地经济、改善民生，是一种乡村建设模式。文化生态保护实验区，一方面针对具体文化遗产项目实施相应保护措施；另一方面确定核心区域，实施"点—线—面"循序渐进的整体保护路径。

总之，文化生态保护实验区是我国非物质文化遗产进入全面、深入保护阶段的新探索，也是对文化遗产整体性保护和文化生态保护的新实践。它既借鉴以往的经验，又有新的发展。经过这几年的实践探索，文化生态保护实验区的建设工作已逐步展开，但其成效仍有待时间检验。

第四章　传统村落及其文化概述

第一节　传统村落的形成与发展

从逻辑关系上来说，是先有村落，然后才有村落文化。要研究传统村落文化，先要了解传统村落。要了解传统村落，就先要追溯其历史，知晓其形成与发展。

传统村落的形成与发展，与农耕文明有着密不可分的关系。这里所说的农耕，意义较为广泛。在沿河、沿湖及沿海地区的一些村落，村落原住民主要通过渔业为生；而在山林地带，村落原住民则可以通过打猎获取一定量的食物。先民早期的渔猎生活，并没有在农耕文明的时代消失。不过，在农耕文明时代，渔猎活动主要获取的是肉类食物，而村落原住民所需要的粮食和蔬菜，仍旧需要通过农业种植才能得到。也就是说，在农耕为主的时代，渔猎活动并不占据生产活动的主流。即使是在沿海的渔村，原住民也通常会利用捕获的鱼类产品来换取富含淀粉的粮食，而这些粮食都源于农业耕作。农业耕作活动受季节的影响很大，从播种到收获，需要经历一个很长的周期。这就要求生产者必须固定在一个地方，对农作物进行长时间的管理。所以客观来看，正是因为出现了农业生产方式，先民的生活才能比较稳定地维系在一个地理空间里。随着人口的不断繁衍，先民需要的生产生活资料如房屋、食物、工具、耕地等也就越来越丰富，于是逐渐形成了早期的聚落形态。所以我们说，农耕生产方式的出现，是传统村落形成的主要原因。

农耕文明的出现与村落的形成，可以说是同时进行的。2004年，在湖南省道县的玉蟾岩，中美联合考古队发现了五枚炭化的稻谷。这是一种兼有野、粘、粳综合特征的特殊稻种，体现了从普通野生稻向栽培稻初期演化的原始性状，其年代距今1.4万~1.8万年。这是目前世界上发现最早的人工栽培稻标本。不过，目前还没有从玉蟾岩发现村落建筑遗址的存在。

如果考古发掘中既出现了农耕痕迹，又出现了建筑遗址，则完全可以将其当作原始村落存在的证据。事实上，对于这一点，也有大量的考古发掘材料可以证明。从空间上来看，这些远古村落的遗址遍及长江流域与黄河流域。只不过其时间要稍微晚于玉蟾岩遗址而已。

正如费孝通所认为的那样，在传统社会，"农户聚集在一个紧凑的居住区内，与其他相似的单位隔开相当一段距离，它是一个由各种形式的社会活动组成的群体，具有其特定的名称，而且是一个为人们所公认的事实上的社会单位"。简而言之，只要具备两个基本要素，我们就可以将其大致认定为村落。这两个基本要素是：其一，在一定的区域内，有能够进行自给自足生产的自然环境，包括土壤、雨水、光照等；其二，在此区域内有以农耕生产为主的原住民，他们能够在此长期定居和繁衍。

在历史发展的过程中，随着人口的增长与迁徙，许多聚落不断生成，且呈现出多种多样的形态。总体来说，聚落形态的演变并非沿着某一种聚落类型垂直发展，而是在不同时期表现出多种聚落类型。在漫长的历史长河中，由原始的聚集部落逐渐演化成村落，历经了曲折复杂的过程。

大体来看，村落可以分为两类：一是自发型的自然村落；二是制度型的行政村落。这两者各有其不同，也有着极其重要的联系。自发型的自然村落源远流长，自上可以追溯到人类早期的聚落生活，而且在后世一直都有延续；制度型的行政村落，曾在魏晋南北朝时期广泛存在，而到了唐代，唐令"在田野者为村"（杜佑：《通典》）①对村落进行明文规定以后，最终正式形成制度型村落。可以说，制度型村落是在自发型村落的基础上形成的，它发展到了一定程度，就会形成"邑"，即早期城市的雏形。

西汉之前的文献中没有"村"字。东汉许慎的《说文解字》中也没有收录"村"字。我们可以说，至少在东汉之前，尚没有村落是以"某某村"这种形式来命名的。但这并不意味着就不存在村落的聚居形式。通过检索文献，我们可以大致知道，在汉代以前，类似于今天的村落形态的、以农业生产为主的原住民，其聚居区中比较具有代表性的名称，大致有"聚""丘""庐"等。

"聚"是早期村落的一种形态。《说文解字》释"聚"曰："从不，取

---

① 杜佑，《通典·食货三·乡党》，载《通典》（北京：中华书局，1988 年），卷 3，第 61 页

声。邑落云聚。"又云："聚，会也。""聚"字本身就有汇集、聚拢之义。《史记·商君列传》记载："秦自雍徙都之。而令民父子兄弟同室内息者为禁。而集小乡邑聚为县，置令、丞，凡三十一县。"《史记·西南夷传》则云："自滇以北君长以什数，邛都最大。此皆魋结，耕田，有邑聚集小乡邑聚为县。"即小乡邑聚集成县城，这里的聚，显然是聚集、聚拢之义。又如《史记·五帝本纪》记载："一年而所居成聚，二年成邑，三年成都。"正义注曰："聚，在喻反，谓村落也。"清代段玉裁的《说文解字注》云："邑落，谓邑中村落。"很明显，这里的"聚"作名词，"聚落"即是村落的早期称呼。

从文字上来看，"聚"字带有松散和自然形成的意思。"聚落"即表示自然聚居。当这些自发形成的"聚"，被人为规划或纳入行政编制后，就可以演变为"邑"或"里"而称"聚邑""里聚"。就是说，最初的"聚"指的是在一定的地域空间里，先民自然集聚而成的群体性生产生活区域。只有当它发展到一定规模的时候，通过行政的方式得到官府的认可，才授予正式的"聚邑""里聚"的名分。很明显，从"聚"到"里聚"或"聚邑"，历经了一个由自然形成到国家政权认可的变化过程。

一些由"聚"演变而来的村落，在地名中还保留着"聚"的历史痕迹。《汉书》记载，宣帝初即位，议定卫太子谥号为戾太子，"以湖阌乡邪里聚为戾园"。这里的"邪里聚"即已称"里"，而且隶属于"湖阌乡"，其由"聚"整合为乡所属之"里聚"的演变脉络一目了然。而更多的由"聚"转化来的"里聚"，则会因为行政命名而丧失其"聚"的历史记忆，比如刘邦的籍贯是"沛丰邑中阳里"，颜师古注曰："沛者，本秦泗水郡之属县。丰者，沛之聚邑耳。"按此注，丰最早当是一个"聚"，秦时已升格为乡即"乡邑"。《史记》载，郦商乃高阳人，司马贞索隐云："高阳，聚名。"张守节正义曰："雍［州］丘西南聚邑人也。"即高阳原本是"聚"，经行政编组而为"聚邑"。丰邑也好，高阳也罢，都是从"聚"演化而来，但从地名上早已看不到"聚"的痕迹。颜之推的《颜氏家训》云："吾尝从齐主幸并州，自井隆关入上艾县，东数十里，有猎闾村。后百官受马粮在晋阳东百余里亢仇城侧。并不识二所本是何地，博求古今，皆未能晓。及检《字林》《韵集》，乃知猎闾是旧㣙余聚，亢仇旧是馘𩰚亭，悉属上艾。时太原王劭欲撰乡邑记注，因此二名闻之，大喜。"如颜氏所言，"猎闻是旧儳余聚"，正好是由"聚"演变发展成"村"的最好证据。

"丘"是早期村落的另一种形态。远古时期，人类由游牧生活向农耕生活过渡的过程中，逐渐由先前的巢居或穴居，选择丘陵作为居住和生活场所，这样既方便了饮水，又远离了水患，而附近的土地则可以用来开垦进行农耕生产。如《庄子·则阳》曰："何谓丘里之言，丘里者，合十姓百名而以为风俗也。"《墨子·辞过》曰："古之民未知为宫室时，就陵阜而居。"《孟子·尽心》云："得乎丘民为天子。"《淮南子·本经》云："积壤而丘处。"凡此所谓古之民就陵阜而居，所谓丘处，所谓丘民与丘里者，说的都是古人有居丘之俗。

《周礼》云："九夫为井，四井为邑，四邑为丘，四丘为甸，四甸为县，四县为都，以任地事，而令贡赋。凡税敛之事。"有人按此计算，1丘共有16井，144夫。周制1井土地是1方里，16井即16方里。当代学者通过对文献材料的分析，得出了这样的结论：周代上等之家7人3夫，下等之家5人2夫，那么1丘共有家庭48～72户，人口336～360口。这些"丘"不仅有大致稳定的家庭户数和人口数量，而且还要赋税，可见，丘跟后世所称的村落形态完全一致。

跟"聚"一样，"丘"实际上也历经了一个相当长的演变过程。丘的本义是一种自然形成高出地面的土穴。《说文解字》云："丘，土之高地，非人所为也。"又说："四方高，中央下为丘。"《玉篇》解释"丘"字："虚也，聚也。"早期的人类可能是为了防范水患而自然形成的群居聚落，后经演变成为官府认可的"四邑为丘，四丘为甸"的近似于村落的地方基层组织。

"庐"是早期村落的又一种重要形态。如《诗经·信南山》云："中田有庐，疆场有瓜。"郑玄笺云："中田，田中也，农人作庐焉，以便其田事。"孔颖达疏曰："古者宅在都邑，田于外野。农时则出而就田，须有庐舍，故言中田，谓农人于田中作庐，以便其田事。"《汉书·食货志》云："是以圣王域民，筑城郭以居之，制庐井以均之。"又曰："在野曰庐，在邑曰里。"注曰："庐各（格）在其田中，而里聚居也。"西周时期，实行"国野乡遂制"：王都地区包括都城与周围的郊地，统称为国，国人居住地分为六乡；六乡以外的田野称为遂，遂以外是卿大夫的采邑区，称作都鄙（中心据点为都，都外田土为鄙），遂与都鄙合称为野。由上可知，这里的居住在城郭中的"民"是指"国人"，这些"国人"中的"乡民"像其他统治者一样居住在城邑中，但农田在国都之外的郊地，由于田地离居住之地的城郭相距甚远，所以，"乡民"往往在田野中搭建"庐"，以便作为农忙时的临时住所，空闲时返回城邑中居住。可见，"庐"只是农人忙时的临时休息场所，但是，到了后来，农夫慢慢地向田野迁徙，临时居住的"庐"也就慢慢地成为聚居之地，并进而演化为村落。

还有一些村落称为"落""格"等。刘向《列女传》曰："一年成落，三年成聚。"《广雅》曰："落，谓村居也。"格，为汉人对村落的别称。《史记·酷吏列传》载："吏苛察，盗贼恶少年投垢购告言奸，置伯格长以牧司奸盗贼。"

裴骃集解引徐广曰："一作'落'，古'村落'字亦作'格'。街陌屯落皆设督长也。"司马贞索隐云："伯言阡陌，格言村落，言阡陌村落皆置长也。"

历史上，也有一些聚落的形成，最初是出于防御天灾人祸的需要。维护自身安全是人类和动物所共有的本能意识，不同的是，人类维护安全的方式远比其他动物要高明和复杂得多。早在远古时期，人类就开始修建各种设施，来抵御气候变化、动物侵袭或者其他部落的入侵。如湖南澧县八十垱遗址发掘简报载："彭头山文化时期，人们开始挖凿漆沟，并把土方就近夯筑城墙，而且规模不小，可见当时社会经济已有相当水平，人口数量较多，聚落已初具规模。八十垱遗址的发掘，证实了长江中游有沟有墙的聚落早在7500年前就已形成。"在陕西西安半坡遗址的考古中，发掘出来三条沟道：一条是环绕居住区周围的大围沟，另两条是在居住区中部的小沟。大围沟宽达6~8米，深达5~6米；小沟一般均有1.7米宽，1.9米深。距今约7000年的内蒙古赤峰市敖汉旗兴隆洼遗址，发掘其聚落遗址的围沟宽1.5~2米，深0.55~1米。可见，在远古时期，原始人类在居住区域开始以挖壕沟、筑城墙等方式来保护自己，繁衍生息。随着生产的发展，财富的增加，人类社会出现了阶级和分配不均衡，掠夺财富的战争也随之发生了。为了抵御其他部落的入侵，保护人身和财产的安全，早期人类开始有意识地夯筑城墙，于是就出现了早期的城堡。

"堡"是用土石等墙体围合人类聚居地以保护人类安全的设防聚居形态。"堡"早期写成"保"，指的是筑有城墙的"城堡"，《说文解字注》云：

"保,《集韵》《类篇》作'堡',俗字也。"《礼记·檀弓下》云:"公叔禺人遇负杖入保者息。"注云:"保,县邑小城。"《礼记·月令》云:"孟夏行秋令,则苦雨数来,五谷不滋,四鄙入保。"注云:"小城曰保。"又曰:"行冬令,则风寒不时,鹰隼蚤鸷,四鄙入保。"注云:"都邑之城曰保。"气候无常,"四鄙"之民无田事,于是进入"保"中休息。

自西汉末年、魏晋南北朝时期、唐末至五代十国等大分裂时期,各地豪强割据,战乱纷纷。此时,一些大家族为了自保而建起坚固堡垒,由此而形成的村落就更加多见了。《晋书》载:"徐嵩、胡空各聚众五千,据险筑堡以自固。"这时的"堡"具有重要的军事防御作用,但同时也可以进行生产生活,是一个生产生活区。而且,这种以"堡"作为防御性质的军事聚落,在后来的社会中并没有完全消失。比如,明朝成化年间,为抵抗蒙古的入侵,余子俊主持修筑的堡垒:"东起清水营,西抵花马池,延袤千七百七十里,凿崖筑墙,掘堑其下,连比不绝。每二三里置敌台崖寨备巡警。又于崖寨空处筑短墙……凡筑城堡十一,边墩十五,小墩七十八,崖寨八百十九,役军四万人,不三月而成。"(《明史》卷一百七十八)修筑的堡垒之多,蔚为大观,构筑了历史上一道奇异的景观。但是,随着外患的消除,这些防御性很强的军事堡垒也就失去了往昔的光芒。于是,大部分堡庄和墩台纷纷改制,大多转变为乡村聚落。清代乃至现在,有不少乡村聚落是由此发展而来的,如清代《朔州志》卷四载:"(朔州)初,官分州卫,地别民屯。自裁卫归州并为十一里,而其间依山傍水,野处穴居,耕而食,凿而饮者,有堡寨、村庄、窝会、沟坪,各因所居之地而名之,合计四百一十五村庄。"

"壁"是另一种重要的防御型军事堡垒。如《六韬·王翼》云:"修沟堑,治壁垒,以备守御。"《正字通》云:"壁,军垒。"可见,"壁"即指军事营垒。东汉末年到魏晋时期,天下纷乱,军阀豪强割据称雄或地主保家自守,常常建造堡垒,称为"堡""坞""壁"等。如《晋书·慕容隽》云:"张平跨有新兴、雁门、西河、太原、上党、上郡之地,垒壁三百余,胡晋十余万户。"到了和平时期,这些堡垒的军事功能已经慢慢消失,但是,它们的生产生活功能仍旧得以保留,于是堡垒也就慢慢地演化为普通的村落。现在山西一些村落在命名上还带有很明显的早期军事堡垒痕迹,如孝义市下堡镇下堡村,大同市天镇县南河堡乡南河堡村,运城市盐湖区小张坞村、曲沃县曲村镇下坞村,介休市龙凤镇的东宋壁村、西宋壁村、遐壁村、张壁村,等等，都可以见到这一历史影响。

此外，"屯""寨""坞""营""庄""铺"等首先也都是防御性较强的军事聚落。随着社会结构的改变，它们都像"堡""壁"一样历经了一个转换的过程，这些聚落最初主要的军事功能开始消失，而慢慢转变成纯粹的以生产生活为主的村落。

六朝时期，南方地区生成的不以"村"命名的聚落也有不少。侯旭东认为，南方多水，因此很多聚落都以"浦""沟""洲""渚"等命名。这些恰好能说明，前人在选择定居生活的时期，都是根据居住地的实际情形因地制宜来命名的。

值得注意的是，在魏晋南北朝时期，类似于"里""堡""坞""屯"等具有村落形态的名称虽然常见于典籍文献，但是直接以"村"命名的村落，其分布范围也在逐渐扩大。因为"村"的名称已经被普遍接受，所以到了唐代，中央政府明文规定所有野外聚落都统统称为"村"，这在杜佑的《通典》中有清楚的说明："大唐令：诸户以百户为里，五里为乡，四家为邻，五家为保。每里置正一人，若山谷险阻，地远人稀之处，听随便量置。掌按比户口，课植农桑，检查非违，催驱赋役。在邑者为坊，别置正一人，掌坊门管钥，督察奸非，并免其课役。在田野者为村，别置村正一人。其村满百家，增置一人，掌同坊正。其村居如（不）满十家者，隶入大村，不须别置村正。"这样，"在田野者为村"，与"在邑者为坊"相对称，在田野的百户称作村，并规定在百户为标准的村中，置村正一人，从事劝农、课税、救恤等活动。"村"作为村落称呼的明确记载在中国唐代的法令中被正式确定下来。与先前的自然村落比较，自此村落开始具有了较强的行政意义。

正如日本学者池田雄一所说，传统中国境内存在自然聚落的话，其名称一定是千差万别，上文所举不过是偶然保存下来的称呼而已，其中唯有"聚"流行许多地区，其余称呼或许只是个别地区通行的称呼，而更多的则已经消失在历史的尘埃中。先秦时期各种文献记载的地方行政组织所使用的名称颇多，很多应有具体的实际聚落名称的背景，可以窥见聚落名称多样性之一斑。

魏伯阳的《周易参同契》载："得长生，居仙村。"这大概是"村"字第一次出现在文献中。可以说，"村"字被创造出来，大概要到东汉后期。"村落"一词出现的时间更加晚了，最早可以追溯到《三国志·郑浑传》："入魏郡界，村落齐整如一。"《梁书·张弘策传》云："缘江至建康，凡几浦村落，军行宿次，立顿处所，弘策逆为图测，皆在目中。"日本学者宫川尚志在《六朝时代的村》一文中列举的《六朝村名拾遗表》，共有 81 个村名，他认为："在三国至隋的六朝时代，村已是普遍的聚落称呼。"就是说，最迟在三国甚至六朝时期，直接以"村"命名的"村落"已经开始盛行于世，并且已被世人普遍接受。

上文中我们从宏观的角度大致梳理了村落发展演变的历程。虽然"村落"一词直至三国时期才出现，但是，村落形态却可以追溯到上古时期原始人类"聚族而居"的聚落形态，历经了数千年的复杂曲折的变化，出现过数十个相近的称谓，但是，大体来说，村落的主要功能基本上没有发生根本性的变化，正如有的学者所指出的那样："无论这些行政单元如何变动，作为自然聚落单元的村落却没有根本性的变化——自龙山文化时代聚落分化后的乡村聚落，到汉代的聚，再到魏晋隋唐的名目多样的丘和村等，无论是聚落的格局、功能，还是聚落的居民构成，都未发生根本性的变化。"

第二节　传统村落文化的特征

在生产生活的过程中，村落原住民不断地积累相关的经验，并出于各种生产生活目的而创造文化，如耕种以谋生、建房以居住、交流以相处等，日积月累，不断发展。概而言之，所谓传统村落文化，即是指在传统农耕社会中，村落原住民在群居的基础上进行的系列生产生活的过程中形成的一切物质文化和非物质文化的总和，是传统村落的原住民所创造、传承的一切有形的和无形的文化形态。

有形的文化被创造出来之后，离开人类活动仍旧可以存在相当长的历史。它的消失与否，完全取决于物质载体的物理属性。有形的文化形态，大多体现在传统建筑、工艺美术等可视可触的物质产品中，这一点很容易为人所接受。

相对来说，无形的文化，则完全以人的生产生活为载体，依赖人而存在，只要人消失了，这种文化也随即消失。无形的文化包含了非常丰富的内容。比如，端午吃粽子和中秋吃月饼，体现的是传统村落的民俗文化；清明扫墓体现出来的是传统村落的宗族文化；过年时的祭祖祭天体现了传统村落的祭祀文化；春天播种，夏天除草，秋天收获，冬天收藏体现的是传统村落的生产文化。村落中的家法族规与乡规民约更是体现了传统村落的礼仪文化，如明代大儒王阳明的《南赣乡约》云："故今特为乡约，以协和尔民。自今凡尔等同约之民，皆宜孝尔父母，敬尔兄长，教训尔子孙，和顺尔乡里。死丧相助，患难相恤，善相劝勉，恶相告诫，息讼罢争，讲信修睦。务为良善之民，共成仁厚之俗。"该乡约中详细规定了村落原住民的行为规范：孝敬父母、尊重长辈、和睦乡邻、戒恶行善、忠厚仁义等。原住民正是秉承着这些行为规范代代相传，生生不息，积淀成深厚的村落文化。

传统村落文化不仅内容丰富，而且在不断变化发展。传统村落文化伴随农耕社会的形成而产生，经历了一个漫长而复杂的过程。在远古时期，人类面临的主要任务是如何适应大自然，如何从大自然中获取人类所需的生活资源，此时的村落文化主要表现为人与自然的关系；进入阶级社会之后，人们在处理好人与自然的关系的同时，也把更多的时间和精力用来考虑如何处理人与人之间、人与社会之间的关系，并且，慢慢地演绎形成了一套符合村落治理的"乡规民约"的管理模式。源远流长、博大精深的传统村落文化，不仅为传统村落的发展提供了丰富的精神滋养，而且也为中华民族的进步做出了独特的贡献。

传统村落文化呈现出鲜明的个性特征，主要表现在以下四个方面。

一、活态性特征

"活态性"是传统村落文化最突出的特征之一。所谓"活态性"，是指传统村落文化更多的是以口耳相传的方式传承，具有一种独特的生命力。它延续上千年而依然发挥着固有的功能，至今仍旧影响着传统村落原住民的生产生活，如村落的古井依然清可见底，为原住民生活饮用水提供方便；人工改造的池塘依旧保持着蓄水灌溉的功用；祠堂、古塔等建筑虽然改变了原始功能，但在原住民心中依然是神圣之所，意义未泯；祖宗的灵位依旧被子孙后代立在神龛上面，恭敬地供奉着，维系着一个家族的人心；街道古巷里村落历史的足迹，仍旧清晰可辨；方言依然是村落中交流的主要语言；各种历史、故事、戏曲、传说等，依然在原住民之间口耳相传。所以，传统村落文化被誉为中国传统文化的"活化石"，传统村落则是承载与展示这一独特文化的

"博物馆"。

费孝通说："祖先们在这地方混熟了，他们的经验也必然就是子孙们所会得到的经验。时间的悠久是从谱系上说的，从每个人可能得到的经验说，却是同一方式的反复重演。同一戏台上演着同一的戏，这个班子里演员所需要记得的，也只有一套戏文。他们个别的经验，就等于世代的经验。经验无须不断累积，只需老是保存。"又说："当一个人碰着生活上的问题时，他必然能在一个比他年长的人那里问得到解决这问题的有效办法，因为大家在同一环境里，走同一道路，他先走，你后走；后走的所踏的是先走的人的脚印，口口相传，不会有遗漏。"费孝通揭示出了传统村落中一个很重要的文化现象，就是经验对于村落原住民而言意义重大。在传统村落中，世世代代累积的经验就是很重要的村落文化。而这种经验的累积，大部分都是通过口传和不断重复践行的方式传承下来的。

简而言之，我们在现存的传统村落中，穿越时空的隧道，依然能感受到数百年甚至上千年前的原住民的生活形态。我们可以认为，村落文化是动态的，也是语言的。在传统村落中，村落原住民既是文化的创造者，又是文化的传承者和践行者。传统村落文化不仅表现为"知"，更鲜明地突出"行"；"知"规范"行"，"行"实践"知"。知行合一的活态性，正是传统村落文化的突出表现。传统村落中这种"活态"文化，显示出了强大的生命力，成为中华民族文化中最具有生命力的文化。因而，研究和保护好这种"活态"的文化，意义十分重大。在现代工业化和城镇化的进程中，绝大多数传统村落都面临着极其严峻的形势。如何保持传统村落文化的"活态"范式，已经成为当前重要的研究课题。

二、血缘性特征

村落文化的初期形态，最早可以追溯到远古时期的部落生活时代。在不断发展的历程中，不论传统村落文化的形态历经了多少变迁，它的血缘性特征一直都没有发生根本性的改变。

在农耕文明的早期，人类的生产能力极为低下，个体只有依靠群体的力量才能生存下去。最初维系群体关系的力量，主要是血缘。马克思说："血缘关系是相互扶持的强有力的因素。"恩格斯指出："一定历史时代和一定地区内的人们生活于其下的社会制度，受两种生产的制约：一方面受劳动的发展阶段的制约，另一方面受家庭的发展阶段的制约。劳动愈不发展，劳动产品的数量、社会的财富愈受限制，社会制度就愈在较大程度上受血族关系的支配。"人类最早的群体生活方式，形成了以血缘关系为纽带的氏族。摩尔根在谈到部落联盟建立条件时说："氏族所体现的亲属感情，各氏族的同宗关系，以及他们的方言仍能相互理解，这三者为联盟提供了重要的因素。"在远古时期的部落内，血缘关系可以说是最根本的关系。比如，A 部落的人的生活圈子集中于 A 部落，他很难在 B 部落找到立足的空间，因为他与 B 部落没有血缘关系。

在远古时期的部落社会，先民为了生存而自发形成了以血缘为基础的群体关系；到了西周，血缘关系进一步引申出以家族为主的宗法制。有学者指出，这一变革"不仅没有采取过破坏氏族的改革，反而经过'维新'，把旧的氏族机关和氏族制度大量移用到阶级社会中，这就不能不给血缘关系的保存留下很大余地"。在传统村落中，血缘关系高于其他一切社会关系。血缘关系首先是以"家"的形式体现，扩大一点则形成了"族"的观念。对于"族"的含义，东汉班固的《白虎通义》有着详细的解释："族者，凑也，聚也。谓恩爱相流凑也。上凑高族，下至玄孙。一家有吉，百家聚之，合而为亲。生相亲爱，死相哀痛。有会聚之道，故谓之族。"一个家族长期居住在同一个地方，只要没有发生大的天灾人祸，可以延续数十代而不迁徙。于是，在长期的生产生活的过程中，就慢慢地形成"聚族而居"的以家族宗法制为中心的社会结构。

家族宗法制是中国古代社会独特的社会结构。原始社会中以婚姻和血缘关系组合而成的家族制度，在阶级社会中则发展成了维护剥削阶级世袭特权的家族宗法制。殷代奴隶制在血缘关系基础上形成种族奴隶制国家，周代"封诸侯、建同姓"进一步把家族宗法组织作为奴隶制国家的组织形态。封建制取代了奴隶制之后，家族宗法制的社会组织并没有改变，原来适应奴隶制的家族宗法制又继续适应着封建制。战国秦汉以来的乡、里、聚、邑、连、闾组织或伍、什编制，以及里正、父老、廷椽、啬夫等基层属吏，仍然代表着社会上广泛存在的家族宗法制组织的统治。历代皇朝不断更迭，家族宗法制却基本上以不变应万变。尽管形式上和部分的质有所演变，但其社会细胞的内核基本没有发生动摇。直到近代民主革命之前，家族宗法制仍旧在中国社会结构中起到了重要的维系作用。中国农耕社会的生产方式、社会组织、精神文化等，无不受到家族宗法制的制约和影响。血缘关系也因此一直在传统村落中起着不可替代的作用，并因此形成了以父系血缘为基础的家族宗法制和亲属关系。费孝通说："我们的格局……好像把一块石头丢在水面上所发生的一圈圈推出去的波纹。每个人都是他社会影响所推出去的圈子的中心。被圈子的波纹所推及的就发生联系。每个人在某一时间某一地点所动用的圈子是不一定相同的。"费孝通在这里深刻地指出了中国传统社会中以血缘为中心所形成的"这种丢石头形成同心圆波纹的性质"的差序结构，在传统社会中，这种结构发挥了重要的作用。

"聚族而居"的生活方式，凸显了村落文化的血缘性。经济越不发达的村落，这种血源性特征就越强烈。除了汉族地区，少数民族地区村落更为明显，直到今天仍旧如此。如云南基诺族村寨，一般包括数个具有血亲或姻亲关系的父系大家族；傈僳族的村落组成分三种形式，一是以一个氏族内的一个大家族为单独组成；二是由同一氏族内的两个或多个大家族联合组成；三是由几个不同氏族的家族混合组成；在傣族中，有时一个村寨就属于一个家族，有时是一个村寨由几个家族和一些零星户组成；黔、湘、桂三省毗连地带的侗族村寨以房族组织为细胞，一个村寨由同姓或异姓的几个房族组成。

三、地域性特征

中国幅员辽阔，南方和北方纬度差别相当大，气候不同，因而，传统村落文化呈现出鲜明的地方特色。所谓"十里不同风，百里不同俗"，正是这种地域性特征很好的说明。村落文化往往与所在的环境息息相关，不同的地域有不同的地形、海拔、土质、水流、气候等影响因素，作物的生长发育与土壤、水质、气温、气压、湿度、植被等都有密切的关系。所以，地域不同，不仅影响村落的形成，而且也会形成不一样的文化。俗话说，"一方水土养一方人"，也可以说，一方水土滋生一方文化。比如，天井是传统村落建筑中常见的一种形式。在我国南方的村落，天井一般南北方向开口狭窄，东西方向狭长，这样不仅为建筑提供充足的自然采光，同时也可以让强烈的太阳光不能直接射透天井，在天井的庇护下，夏日人们可以在这里纳凉；而在北方的村落，天井的南北方向开口比较大，方便阳光照进来，成为人们冬日晒太阳的理想场所。这样，同样是天井，由于南北地域的不同，直接导致了天井不同的结构样式。

不同的地域生产不同的建筑材料，因而村落原住民常常因地制宜，选择当地的材料构建各种房屋。比如，产石地区多石构，产木地区用木构，产竹地区搭竹楼，植被不多而土地坚硬的地区则建窑洞。即使是使用了同一种材料的建筑，也会由于气候的不同而形成不同的结构。如都是使用竹木材料，南方地区由于多雨潮湿，多采用干栏式结构；北方地区因为干燥，则多采用抬梁式结构。

不同的传统村落，原住民的饮食口味也有明显的不同，通常所说的"南甜、北咸、东辣、西酸"，就大致反映出不同地方的人们在饮食习俗方面的不同。在大城市中，也许不太容易感受到这一特征，但是在村落中，饮食文化的地域性则尤为明显。

地域性是传统村落文化在空间上所显示出来的特征。它突出地反映了传统村落文化的多样性。因而，我们在认识研究传统村落文化时，不能不结合地域性特征来加以考虑，否则，很容易抹杀村落文化的个性，而这也就意味着忽略了村落文化的多样性和丰富性。

四、封闭性特征

传统农业生产的自给自足性强，无须与外部社会进行物质的交换，从而导致了村落成为一个比较独立的半封闭型的鸡犬相闻而不相往来的"小国寡民"的社会。村落的封闭性主要表现为生产的封闭性和生活的封闭性。

马克思论述法国农民的时候说："小农人数众多，他们的生活条件相同，但是彼此间并没有发生多种多样的关系。他们的生产方式不是使他们互相交往，而是使他们互相隔离，这种隔离状态由于法国的交通不便和农民的贫困而更为加强了。他们进行生产的地盘，即小块土地，不容许在耕作时进行分工、应用科学，因而也就没有多种多样的发展，没有各种不同的才能，没有丰富的社会关系。每一户农户差不多都是自给自足的，都是直接生产自己的大部分消费品，因而他们取得生活资料多半是靠与自然交换，而不是靠与社会交往。一小块土地，一个农民和一个家庭；旁边是另一小块土地，另一个农民和另一个家庭。一批这样的单位就形成一个村子……广大群众，便是由一些同名数相加形成的，好像一袋马铃薯是由袋中的一个个马铃薯所集成的那样。"马克思的"马铃薯之喻"反映了小农社会独立、封闭的生产关系。其实，这种封闭的生产关系，也同样存在于中国传统村落社会。只要拥有可供生产的土地，村落原住民完全可以不与外界交通、交流或者交易，就完全能生存下去。类似于世外桃源的传说，是农业时代特有的文化现象。

向土地求生是传统村落原住民最直接最简单的谋生方式，他们的生产对象就是土地，土地是他们的命根子。由于过去土地有限，生产力低下，村落原住民要谋生，必须在土地上花费大量的精力，以致他们没有更多的时间和精力从事多样性的生产。因而，在人口不断增加而土地相对不变的前提下，只有不断地在同一块土地上付出更多的时间和精力，才能获得更多的物质资料。并且，对土地付出的劳力越多，村落原住民对土地的依附就越紧密。他们只能年复一年、日复一日地在土地上谋生，甚至完全会被土地所围住。费孝通继续指出："据说凡是从这个农业老家里迁移到四围边地上去的子弟，也老是很忠实地守着这直接向土里去讨生活的传统。向土地里求生的生产理念已经深入村落原住民的骨髓，以至于他们不管是迁徙到最适宜于放牧的草原，还是地处极寒地带的西伯利亚，第一个理念就是向土地上播撒农作物的种子。在村落原住民的脑海里，似乎只要有土地，他们就会播种；似乎只有在土地里播种生产，他们才觉得踏实可靠。他们的生产观念完全被局限在土地上了。"

在传统村落社会，村落原住民在土地上播种，依靠土地谋生，生活所需也基本上由自己生产。正如毛泽东指出的那样："几千年来都是个体经济，一家一户就是一个生产单位。"在传统村落社会中，从生产到消费，是一条完整的封闭的生产生活链。这种建立在以家庭为单位的自给自足基础之上的生产方式，没有分工，没有对他人的依赖，本质上是封闭的。再者，在一个相对平和的村落社会中，每个家庭都可以自食其力，平时的生产生活中不需要他人的帮助，只在偶然的和临时的状态中（如婚丧活动）才会求助于他人。与外界的依赖性不强，于是更加深了这种封闭性。

生产的封闭性，导致了生活的封闭性。最主要的表现是人口流动性较小。费孝通指出："乡土社会是安土重迁的，生于斯、长于斯、死于斯的社会。不但是人口流动很小，而且人们所取给资源的土地也很少变动。"在传统社会，在一个村落中出生的人，如果他不通过读书入仕的方式走出乡野，或者没有行走四方的经商能力，其生活基本上就会局限于这个村落，长大、结婚、生子、变老，一直到死去。当村落原住民大多固守家园时，人口的流动性就小了。少数人即使外出，到老了的时候也始终有一种叶落归根的观念。即使客死他乡，千里万里，也要把尸体搬运回乡，葬在故土。所以，只要没有发生大的饥荒或者战乱，同一个姓氏的家族可以固守在一个村落中一代一代地生活下去。生活上的这种自食其力，客观上封闭了村落原住民的思想。

而且，生产的脆弱性则从根本上限制了小农扩大生活交往的条件，并容易使得原住民产生保守的心理而排斥外在世界。这是因为，交换往往对劳动效率较高的生产者有利。不直接从事生活资料生产的人，他们在参与交换方面，积极性就高，需求就旺盛。劳动效率较低的人，不愿意拿辛勤劳作所获得的生活资料来参与交换，事实上也没有多余的劳动产品用来交换。他们总是需要将劳动产品最大限度地用来满足自我以及家庭的需求。只是在迫不得已时，才会拿出自己生产的其他多余而且有限的产品，参与到交易行为中来。

费孝通指出："乡土社会的生活是富于地方性的。地方性是指他们活动范围有地域上的限制，在区域间接触少，生活隔离，各自保持着孤立的社会圈子。"从生产的角度来说，村落与村落之间的接触本来就不多，不仅很难有产品交换的发生，而且其他相关信息的传播也是相当有限的。在传统中国，几乎每一个村落都拥有一个相对完整的生产生活系统，除了基本的徭役、兵役和诉讼之外，村落几乎很少与外部世界发生直接接触。正如《颜氏家训·治家》所说的："生民之本，要当稼穑而食，桑麻以衣。蔬果之畜，园场之所产；鸡豚之善，塒圈之所生。爰及栋宇器械，樵苏脂烛，莫非种植之物也。至能守其业者，闭门而为生之具以足，但家无盐井耳。"所以我们说，在传统社会，村落基本上处于一个相对独立的、半封闭的状态。

第三节 中国传统村落文化的功能

传统村落文化和社会规范深深根植于村落原住民的集体心理，约束和规范着他们的行为，进而维持着和谐的生产和生活秩序。这些优良的传统文化之所以能够延续至今，无不得益于村落的存在，而诚实守信、守望互助、尊老爱幼等许多优秀的村落文化传统更是构建和谐社会的必要条件。中华民族是一个崇敬祖先的民族。传统村落的生活核心是宗族祠堂，往往成为连接家族血脉、传承族群文化的重要载体，是广大华侨、港澳台同胞寻根问祖的归属地。可见，如果这些传统村落完全消失，将在很大程度上削弱中华民族的凝聚力。

传统村落大多依山而建，傍水而成，是当时依据当地的地势因地制宜建成的群居生活之所。它与自然环境完好地融合在一起。村落之形成，体现了村落原住民征服自然和利用自然并顺应自然，再到融合自然的智慧。很多传统村落都与周边的自然要素巧妙融合，在空间布局以及与自然环境的相处上往往构思巧妙，经历很长时期的传承，包含人类与自然和谐相处的历史智慧，成为村落原住民理想的聚居地。将传统文人的文房四宝观念融于自然山水之中来规划村落的布局，既有利于农业生产活动，又寄托着先人耕读传家等文化观念。

整体来看，中国传统村落文化的功能主要表现为两个方面：一方面，它能够维护社会稳定，化解社会矛盾；另一方面，它在一定程度上维系了人和自然的和谐关系。

一、维护社会稳定，化解社会矛盾

传统社会的官僚体系决定了传统村落自身必须承担管理责任。一般认为，在传统中国，国家官僚体系基本上只是延伸到县一级为止，所谓"皇权不下县"；县级以下的事务多由地方大族或乡绅等地方精英作为中介来替代朝廷完成管理，所谓"县下唯宗族，宗族皆自治，自治靠伦理，伦理造乡绅"。著名家族史专家 W. 古德说："在帝国统治下，行政机构的管理还没有渗透到乡村一级，而宗族特有的势力却维护着乡村的安定和秩序。"费孝通直接提出了双轨政治的说法："中央所派遣的官员到知县为止，不再下去了。自上而下的单轨只筑到县衙门就停了，并不到每家人家大门前或大门之内的。"又说："第一，中国传统政治结构是有着中央集权和地方自治的两层。第二，中央所做的事实极有限的，地方上的公益不受中央的干涉，由自治团体管理。第三，表面上，我们只看见自上而下的政治轨道执行政府命令，但是事实上，一到政令和人民接触时，在差人和乡约的特殊机构中，转入了自下而上的政治轨道，这轨道并不在政府之内，但是其效力却很大的，就是中国政治中极重要的人物——绅士。绅士可以从一切社会关系：亲戚、同乡、同年等等，把压力透到上层，一直可以到皇帝本人。"费孝通以县为界将中国传统政治结构划分为两个层次：县级及以上和县级以下。这种"双轨政治"体制的出现，实际上形成了两套管理模式。县级及以上，由朝廷委任官吏直接管理；而县级以下的广大村落，朝廷基本上很少直接介入。传统村落形成了一套既有的地方自治的管理模式。这种地方自治的管理模式源远流长，体系完备。有学者认为："在中国，三代之始虽无地方自治之名，然确实有地方自治之实，自隋朝中叶以降，直到清代，国家实行郡县制，政权只延于州县，乡绅阶层成为乡村社会的主导性力量。"就是说，村落的自治管理可以追溯到上古三代时期，那时虽无自治之名，但实际上已经开始行使自治之权；同时，又历经隋唐并延续至清代，可见，村落的自治管理模式源远流长，数千年不绝。村落的这种管理模式不仅符合村落的实际需求，而且呈现出了强大的生命力。

传统中国是一个家国同构的社会，家是缩小的国，国是放大的家，家国一体，二者表现虽形式不同，但实质上殊途同归。国家政体建立在由家而族、由族而国的基础之上。家庭构成了社会的基本单位，在传统村落社会，村落原住民首先面对的不是官府而是家族的权威，家族的稳定成为社会稳定的基本前提。家法族规虽不是国家法律，但并非独立于法律之外的体系，在一定程度上说，是国家法律的一种有益的补充。前文所列举的湘南永兴板梁的刘氏族谱，就有类似的内容。此外，《武陵熊氏四修族谱》卷首之《宗归十则》云："家乘原同国法，家法章足国宪。况国法远，家法近，家法森严，自有以助国法所不及。"胡曤《横冈胡氏支谱》卷下《家规序》云："国重国法，所以惩刁顽；家尚家规，实以儆败类。固以见国、家之一致，而知非有歧道也。"《永定邵氏年谱》卷首《祠规六条》云："立宗原以佐治。"从这些家法族规中可以看出，家法族规基本上没有违背国家法律，相反，大多自觉或不自觉地参照国家法律而制定，很明显，是国家法在村落社会中的延伸。清代冯桂芬的《校邠庐抗议·复宗法议》记载："宗法者，佐国家，养民教民之原本也。""牧令所不能治者，宗子能治之"，这是因为"牧令远而宗子近也"；"父兄所不能教者，宗子能教之"，这是因为"父兄多以宽而宗子可从严也"，宗子凭借家法族规可以"弥平乎牧令、父兄之隙者也"。以清末冯桂芬为代表的思想家也清醒地认识到了，宗法制不仅不违背国家法，族中尊长凭借家法族规能有效地解决族内的各种事端，在一定程度上还有辅佐国家管理之功。基于此，家法族规确实发挥了补充国法的作用。

从历史上看，家法族规虽非国家的有关立法者或立法机构所订立，然而，自成文的家法族规问世以来，这些规范的订立几乎始终得到官府的认可，它们的实施也基本上得到了官府的支持。

很多家法族规还得到过地方官甚至帝王的直接审批，并由官府出示颁行。在宋代，范仲淹订立的《义庄规矩》及其后裔续订的规矩等，都得到宋朝皇帝的直接批准。在明代，已有相当数量的家法族规都得到过官府的批准。特别是清代后期，不少宗族都将新订立的家法族规上呈给地方官，请求地方官员出示颁布。如宣统二年，汉阳朱氏在订立《汉阳朱氏宗谱》之后就向汉阳县令"禀请告示"。该县令即发布告示，在他的批复之后开列该族家规的全文，命令朱姓阖族人等"务各恪遵后开家规，毋得违背"。

以血缘关系为基础的家族宗法制在传统村落中影响深远，以地缘关系为基础的乡规民约同样源远流长。如果说家法族规主要适应于拥有同一血缘关系的家族甚至于独姓村，那么乡规民约订立的基础往往是以地缘关系为基础的多姓村。在传统中国，从数量看，独姓村相对比较少，多姓村是传统村落社会的主流，所以，乡规民约在村落中应该更具有"法律"性。

传统村落内部的自治，主要通过乡规民约的方式来管理。所谓乡规民约就是指村落原住民共同商量、共同制定且每个人都必须遵守和执行的行为规范。不论其称为"乡约""乡规"，还是"村规民约"，都是我们所讨论的乡规民约的范畴。目前可见到的最早的成文的乡规民约可以追溯到北宋时期，但是，并不是说直到北宋时期才开始采取乡规民约的管理模式。"村规民约"的起源，可以追溯到人类社会以地缘关系为纽带的异姓杂居村落形成之时。在这个阶段，"异姓家族之间因同居一村而产生于彼此之间的彼此关系的日益复杂，客观上要求有一种超越家族规范的社区公共规范出来协调各家族之间乃至个体之间的社会关系，以弥补以血缘关系为基础的家庭内部行为规范——家法族规对家族之间社会关系调整之不足"。乡规民约不仅覆盖面广，同时，和家法族规一样，历史悠久，源远流长。

宋代吕大钧《吕氏乡约》包含四条大纲：德业相劝，过失相规，礼俗相交，患难相恤。每一条大纲下都有细则。"过失相规"中，将十一种行为定为过失，如酗博斗讼、行为逾违、行不恭逊、言不忠信等。"礼俗相交"下，则有造请拜揖、请召迎送、庆吊赠遗的内容。"患难相恤"下规定了在水火、盗贼、疾病、贫乏等情况下，大家应互相帮助。《吕氏乡约》的内容非常丰富，重心在于引导、劝告、督促村落原住民的言行，提倡生活中相互合作帮助，劝诫性乡规民约的特征相当明显。《吕氏乡约》颁行后，成为此后历代乡约尤其是明清各个时候、各个地方乡约关系和乡约制度的模板。

宗法族规和乡规民约对族人和原住民的职业、婚姻、信仰、娱乐、社交各方面的规范，让人懂得并遵守人伦道德和国家法令，成为顺民，如若有违反，先施以家法，所谓"为政于家"，而且相当有效，以至出现了"国法不如家法"的民间谚语。宗族对与其成员有联系的人也要考察，不许族人"窝藏匪类"，不准结盟会党，不得妖言惑众，不许张贴匿名信，否则将族人及与其结交的人一并扭送官府。在这种情况下，就会让心术不正、游手好闲的子弟无机可乘，从而消除一些不稳定的社会因素。只有家法族规都无法管制的顽劣之徒或者大奸大恶之辈，才将他们送官究治。如此双管齐下，宗族、官府双方合作，能够使许多社会问题消弭于未形成之前。

传统村落中的宗法族规和村规民约不仅有维护家族和村落稳定的功能，同时，也能在一定程度上化解各种矛盾冲突。首先，它能化解族内的纠纷。家族犹如一个小社会，各种家族矛盾、民事纠纷颇为复杂。《盘古高氏贵六公房谱·盘古新七公家训》规定："聚族而居，偶有嫌隙，即当禀白族正，公辨是非。勿得蓄怒构怨，建讼公庭。若因人有隙，从中嗾使，是为小人之尤。违者，重惩不贷。"盘古高氏的这一族规应该说是很有代表性的，在家族内部，尽管都是自己的血亲，但是也会不可避免地产生一定的矛盾冲突。家族内部能够及时秉公处理，不仅能消除化解矛盾，使彼此释怀，而且能增进家族内部的团结。其次，调整族际与村落之间的矛盾。家族与家族之间，村落与村落之间，会由于利益冲突而形成矛盾冲突，此时，需要"延请族党委曲调停于和息"。这体现了传统村落社会以和为宗旨的生活方式。光绪十四年，广西西林岑氏家族规定："若与他姓有争，除事情重大始禀官公断。倘止户婚田土闲气小忿，无论屈在本族，屈在他姓，亦以延请族党委曲调停于和息。"（《西林岑氏族谱》）家法族规借助其血缘关系，通过教化的方式，在一定程度上化解了社会纠纷，协调了各种社会关系，使社会矛盾在一定程度上有所缓和，稳定了社会秩序。

二、维系人与自然的和谐关系

中国传统社会是乡土社会，靠种地谋生的村落原住民最明白泥土的珍贵，甚至视土地为生命。所以，村落原住民作为农业劳动者，他们顺应自然规律，并利用自然规律来进行农业活动，从中获取生活物资。当生态遭到破坏时，以村落为单位的农民对自然环境的修复做了很多贡献，比如丘陵区的农民通过植树造林、坡改梯、沟道治理等水土保持工程措施减少了地表径流，提高了土壤涵养水分的能力，从而起到了保土、保水、保肥的作用。村落的存在对生态环境修复极为有利。生态环境的稳定，又能更好地服务于村落原住民的农业生产及日常生活。

大自然创造了多样性的生命体，多样性的生物是维持良好生态环境的重要构成。生物多样性理论认为，自然界中各个物种之间、生物与周围环境之间都存在十分密切的联系。生物链长而且复杂，生物链上的一些生物有可能就是与农业生产密切相关的。各种生产场所诸如田地、森林、草场、湖泊等，都生活着各种各样的生物，这些生物与周围环境之间紧密联系。实质上，村落原住民长期在土地上耕作种植、培育物种的实践，可以理解为他们培育多样性生命的过程。从这个角度上而言，农业有利于某类特殊生物种群的保育与维护。村落是农业生产的重要载体。如果没有村落，农业的安全就难以保障，进而许多生物赖以生存的场所也就不复存在，有些生物的生存将会面临威胁，生物链条也将断裂。因此，从这一点来讲，村落的生态系统对生物多样性保持具有重要的作用。

传统村落文化是中华民族的文化起点和精神信仰，具有独特的民族特色和文化特征。在产生众多的行为准则的同时，也有众多的禁忌，这些禁忌在一定程度上促进了传统村落的生态保护，调整了人与自然界的关系，使村落原住民去适应、利用与保护自然，让自然为自己服务。如土家族村落中，砍伐古树或者在清明和立夏时使用耕牛，都是禁忌；侗族村落中，原住民认为万物有灵，尤其禁止伤害蛇、青蛙以及鸟类；等等。这些观念在客观上都有助于生态环境的保护，维持自然界的生态平衡。村落原住民对于自然资源的利用遵循适度原则，符合今天意义上的可持续发展观。

在中国传统村落，原住民是整个生态平衡里的一环。在这个生态系统里，人和土在不断循环。养育人的食物取之于土，其排泄之物作为肥料还之于土。因为大部分地区实行土葬，所以一个人的一生终结以后，又回到土地。就这样一代又一代，周而复始。靠着这个自然循环，中国人在这块土地上生活了上万年。在中国的村落中，农业生产并没有和土地对立，而是相互依存相互生长。在中国的土地上，长期以来生产了多少粮食，养育了多少人，谁也无法估计。但是，可以肯定的是，只要中国的村落还在，那么这块土地就将源源不断地生产粮食，继续养育着世世代代的中国人。

第四节　传统村落文化的研究方法

传统村落的群居模式，可以追溯到农耕社会初期的部落生活时期。从这种意义上说，传统村落是中华民族绵延最深的根，传统村落文化当然也就是中华民族的根文化。追根溯源，才能清楚中华文化的来龙去脉；固本强根，才能使中华文化发扬光大。因而，研究传统村落文化就是在研究中华民族文化的根。这无疑是传承和保护中华传统文化的基本前提。

人类进入阶级社会以后，生活聚集区的形态便有了城邑与村落的区别。不管朝代如何更替，村落中的原住民仍然秉承着先民的口耳相传的经验而进行生产，以维持生活。在这个传承方式中，传统村落文化以一种独有的"活态"的方式一直延续了下来，数千年不绝，显示出了一种强大的生命力，成为中华文化不可替代的文化形态。如果借用美国学者芮德菲尔德的"大传统"和"小传统"的观点来看，很显然，传统村落文化属于"小传统"范围，它是自发地萌发出来的，然后在它诞生的那些乡村社区的群众的生活里摸爬滚打，挣扎着持续下去。也许这种"小传统"文化不如"善于思考的人们创造出的大传统"文化那样深刻和精致，但是，它拥有的朴素而又实用的特征，却哺育了数千年以来为数众多的群体。可见，这种"小传统"的村落文化和"大传统"精英文化一样，都是中华传统文化的重要组成部分。正如冯骥才所说的那样："我们的民族文化有很多优良的传统。一半在我们的经典里、典籍里，还有一半活生生地承载于我们美好的风俗里。"这一"美好的风俗"，在今天的社会中，绝大部分都保留在传统村落文化中。因而，要研究和传承中华传统文化，就应该大力深入地对传统村落文化进行研究。

任何一门学科都有自身的特征，这种特征往往决定了在研究该学科时所要运用的一系列方法。传统村落文化的复杂性显示，仅用其中一种或几种研究方法，根本无法达到研究所要求的目标。因此，在研究方法上，应该更加多样化。最主要的，我们应该看到，村落文化研究不是某一个传统学科的研究的专利。在学科分工高度碎片化的当代高等院校，应该整合多个学科，对中国传统村落文化展开充分研究。根据传统村落文化自身的特征，常用的研究方法主要有调查研究法、历史研究法和对比研究法等。

一、调查研究法

城市中知识精英的文化大多保存在典籍里，典籍是研究知识精英文化的重要依托；与之不同的是，在传统社会中，由于村落原住民很少受过教育，几乎不识字，他们在生产生活中所积累的经验、形成的思想和各种行为大多未曾通过文字的方式记录下来，因而，村落文化基本上都蕴藏在村落日常的生产生活中，并且通过口耳相传的方式在村落中流传，所以，要研究传统村落文化，和一些只需要书斋研究的人文社会学科的学术规则显然不同，必须深入村落进行调查，正如毛主席所说的："没有调查，就没有发言权。"要观察和体验村落原住民的生产生活，这种生产生活只凭臆测是不可想象的。可以说，调查研究法是研究传统村落文化的必不可少的重要方法之一。

初到一个地方，人生地不熟，彼此都不了解，要想做好调查，其实并不容易，所以，调查者需要想办法和原住民搞好关系，消除原住民的疑虑，让原住民能够接受并容纳自己，确保调查活动的顺利进行。一般而言，调查研究法通常采用参与观察、访谈、抽样、问卷等方式进行。

（一）参与观察法

参与观察是指观察者长时间参与到村落的日常和非日常的活动中，以获取第一手资料的方法。观察者一定是全身心投入到村落的社会活动之中，以当事人的角度观察并理解诸文化事项及其行动的意义，梳理其整个的文化脉络，并加以诠释。想要真正意义上融入村落的生产与生活，对此，一般认为应该具备三个方面的条件：其一，学习并基本掌握当地的语言，从而能随意地与当地人进行交流；其二，在观察地居住的时间较长，一般为一年或者更长的时间，从而有机会参与当地人因季节周期变化的不同而产生的生产生活的相关活动、仪式、节庆等；其三，与当地人一样生活，跟当地人建立起密切关系，真正了解他们的文化。只有这样，才能得到第一手的资料。

（二）访谈法

在田野调查中，除了通过参与观察获取相关资料外，访谈法也是经常使用的方式。所谓访谈法就是向原住民提问咨询或与之交谈来获取有关信息。理论上说，村落中任何人都可以成为咨询的对象，但实际上并非每一个人都能成为观察者所需的关键人。詹姆斯·斯普拉德利认为，一位合适的咨询人选至少要满足五个条件才较为理想：第一，对自己的文化完全濡化；第二，眼下的完全参与；第三，是调查者所不熟悉的文化中的人；第四，有兴趣和有足够的时间；第五，非分析性，即能用他们自己的语言进行描述或根据本土视角提出对事件的分析和解释。被咨询的人必须对村落的生产生活非常熟悉，并且得有一定的文化知识，能够较好地将信息表达出来。一位可靠的被咨询的人往往能够带来很多意外的惊喜，通过他们不仅可以获得很多可靠的信息，而且还能减少很多不必要的麻烦。访谈可以分为两种，一种是正式访谈，一种是非正式访谈。正式访谈往往是事先设定一定量的问题向被咨询的人提问，被咨询的人如实回答，以获取信息。它通常是在观察者的筹划和设计下，系统地、有针对性通过访问收集信息与资料，收效甚大。它的不足之处就是咨询人事先未能想到的事项容易被忽略。所以，通常需要结合非正式访谈来达到目的，即事先并不设定问题。有些信息就是观察者通过与原住民的闲聊中无意获得的。不过，由于非正式的访谈较为随意，所以获取的信息也非常有限。事实上，研究者在村落进行访谈调查时，要注意将两种访谈方式结合使用。

（三）抽样法

所谓抽样法，就是指通过一定方法从村落中选择一部分人作为调查对象的方法。这种调查法往往是由于村落比较大，人口比较多，成分比较复杂，观察者不可能在有限的时间内对村落的各个方面进行全方位的访谈，为了节省时间，提高效率，观察者多采纳这种研究方法。运用抽样法调查时，被选择抽查的对象很关键，这些人应该很有代表性，而不能随意。比如要调查该村的受教育程度，既要调查老年人，同时也要调查年轻人；既要调查男人，又要调查女人。所以，在实际调查中，我们应该注意样本分层的标准，只有调查对象具有较强的代表性时，调查所获得的资料才更能反映问题。

（四）问卷法

问卷是研究者按照一定目的编制的，对于被调查的回答，研究者可以不提供任何答案，也可以提供备选的答案，还可以对答案的选择规定某种要求。研究者根据被调查者对问题的回答进行统计分析，以达到相应的目的。如果要从传统村落的整体上来研究，对一个两个村落的直接调查显然是不够的，必须进行跨区域大面积的调查，而人的时间和精力有限，不可能深入每一个村落，因而，设计一定量的问题进行问卷调查，也是一种很有效的研究方法。这个调查法的关键是如何制定合理的问卷内容。问卷法的优点是：标准化程度高、收效快；问卷法能在短时间内调查很多研究对象，取得大量的资料，能对资料进行数量化处理，经济省时。问卷法主要缺点是：被调查者由于各种原因（如自我防卫、理解和记忆错误等）可能对问题做出虚假或错误的回答；在许多场合对于这种回答要想加以确证又几乎是不可能的。因此，要搞好问卷设计并对取得的结果做出合理的解释，必须具备丰富的心理学知识和敏锐的洞察力。

所以，调查研究法的运用并非一成不变，而是灵活多变，调查者要根据自己调查的实际情况来运用。或访谈法，或抽样法，或多管齐下，都是尽可能深入村落生活，找到第一手的真实可信的资料。

二、历史研究法

我们都知道，任何文化都有一个发生发展的演变过程，从而形成历史。通过利用历史资料，按照历史发展的顺序对过去事件进行研究的方法，就是历史研究法。运用历史研究法不仅可以帮助我们认清事物发展的来龙去脉，而且还可以依此来把握事物的走向，从而认识现在，预知未来。

中国村落的起源可以追溯到远古农耕社会的部落时代。它一直延续至今，传承了数千年，可谓源远流长，具有厚重的历史文化背景。我们需要从历史发展的角度来研究传统村落文化的变迁，而历史研究法便是重要的研究方式。具体来看，历史研究法又包含了文献整理和口述历史两个主要类型。

前面所述，传统村落文化有很大一部分都与生活相关，基本上都蕴含在村落原住民的日常生产生活之中。在传世文献中，几乎没有一部记载传统村落文化的专门典籍，当然，没有专门典籍，也并不意味着就没有任何典籍记载传统村落文化的相关内容。其实，在一些地方志、族谱、笔记、公函、书信、札记、野史、游记、传记、出土文物中，对于当时当地的传统村落都有或多或少的记载与描述。这些都是我们研究传统村落文化不可或缺的重要文献史料。我们都知道，收集文献史料虽然只是基础层次的工作，但是文献史料却是历史研究的出发点和依据。文献搜集是获取事实资料的基本方法，文献搜集得是否全面、系统、真实，在很大程度上决定着历史研究可能达到的水平。文献搜集、整理和逻辑加工的能力是历史研究者最基本的功力。一般来说，文献史料按照其来源的不同可以分为两个类型：第一手资料和第二手资料。第一手资料是第一次关于要研究的事件或经历的描述，它包括原始档、真正参加者或直接观察者的报告等。第二手资料是对事件或经历至少处理过一次的资料，它包括各类参考书、他人传抄的记事、传闻等各类出版物等。研究者必须确定哪些是第一手资料，哪些是第二手资料，只要有可能，要尽量使用第一手资料。历史分析要搜集大量文献资料，这里面真伪难辨。研究者就要善于鉴别史料，要把握基本的辑佚、校勘、训诂的方法，同时也要建立起批评的态度。史料必须首先服从于外在批评即史料文献的有效程度，例如，文献在哪里产生的，什么时候产生的，谁记录的，只有在回答了这些问题的基础上，才能保证文献的真实可靠。其次还必须服从于内在批评即文献内容的意义、精确度和可信程度，这涉及作者的风格、技巧以及大量文献的相互参照。内在批评和外在批评对于确定史料来源的真实可信性与可用性是十分必要的。通俗地讲，如果材料来源不真实，就不能用。由于传统村落文化几乎没有专门典籍，所以，我们要研究与历史相关的传统村落文化，就需要像一个侦探一样在典籍的海洋中进行打捞线索，而且还要鉴别文献史料的真伪。

每一个传统村落，都有一部自己的发展史。尽管大多数村落都没有专门的文献记载，无法厘清村落发展的历程，但是，口述历史就可以补充文献不足的缺陷。口述历史是一种以人为本的研究方法。口述历史所记录的，是由个人亲述的生活和经验；透过深入访谈，可以获得尚未被发掘的历史故事，或为传统历史文献遗忘的段落。因而，口述历史获得的资料，往往都是在文献史料中难以寻获的珍贵材料。它正好填补了文献史料的不足，拓展了研究人员的视野，开拓了新的研究方式。传统村落文化即是村落中的生活文化，往往通过村落原住民口耳相传的方式代代相传而不绝。传统村落的历史，就保存在村落原住民的生活中、记忆里，需要研究者去努力挖掘，所以，研究者可以寻找一些有代表性的人来叙述村落历史上发生的相关故事。这种口述历史有助于研究者构拟村落的形成、发展、变化的历程。当然，口述历史所获得的往往都是村落中片面的信息，有时候观点和讲述的事实可能会有所不同，甚至可能会有矛盾，这同样需要研究者进行甄别与分析。

三、对比研究法

所谓对比研究法，是把一组具有一定相似因素的不同性质物体或对象，安排在一起，进行对照比较，通过综合比较它们在构造方面的差异或者在性质方面的不同，从而得出种种结论。

中国东西南北中的地形气候相差很大，各个地方的村落各有不同，这就为研究村落文化提供了对比的契机。

比如汉民族村落与少数民族村落之间的对比研究，南方村落与北方村落之间的对比研究，近代村落与古代村落之间的对比研究，独姓村落与多姓村落之间的对比研究，等等。这样，从不同民族、不同地方、不同历史时期等多方面进行对比研究，就能认识到不同时期、不同地区、不同民族村落文化各自的个性特征，从而凸显传统村落文化的差异性，也就是反映出传统村落文化所具有的多样性和丰富性的特征。

费孝通认为："社会调查就得从看到不同社会的事实加以比较，追问个为什么，从理论上去思索找出个道理来。如果不作比较，就不容易发现这些问题，也就不容易进一步研究了。"接着，费孝通举例说："江村给人的第一个印象，就是当地的房屋的开间布局不但与小城镇的不同，而且与其他地方农村的也不一样。江村的房子，一进门就是一大间二三十平方米的堂屋；左邻右舍，户户相连，堂屋里的动静隔壁都听得见。人们把这种房子叫'开放式'的。我们家乡小城镇的房子，每家都由高墙隔开，可以说是'封闭式'的。"这样，费孝通把江村和自己家乡两地房屋的开间布局进行比较，就发现了问题，并且，他沿着这个问题进行挖掘，很快就找出了答案：不同的房屋结构式样与不同的社会关系和生产关系有关——江村因为家家户户要养蚕，住宅也就是生产场所，所以需要那么大的堂屋；小城镇里过去住的大多是地主豪绅，他们自然要垒起高墙自卫。通过这样的对比，往往容易发现问题，而且，细心的观察者如果能沿着问题深挖下去，往往会有意想不到的收获。

第五章 传统村落保护与发展

第一节 传统村落保护与发展的核心问题

一、传统与现代的冲突

随着全球化和信息化的快速发展，外部强势文化不断对传统村落地区弱势文化产生冲击，当地居民特别是大量农民工进城后，不仅增加了经济收入，更带来了城市现代建筑和文化的观念。随着外部文化对农村的影响越来越大，乡土文化被人们下意识地视为可以遗弃的对象。从历史进程看，进入近代社会以来，社会的发展过程是传统不断被削弱、地位不断衰退的过程，是现代化不断成为主流的过程。

目前传统村落的生存正遭受到现代化的巨大挑战。传统村落的居民普遍愿意追求现代化的生活。一般人看来，现代化首先代表着生活。条件的先进、便利、舒适、体面等。在有经济实力的前提下，越来越多的中青年农民坚决地选择了到城镇购房定居，离开祖祖辈辈生活的村庄，而一般老年村民和部分中青年村民则坚定地选择固守自己习惯了的村落生活；在面对是保留传统民居还是建造具有现代设施的新房时，一般村民都会选择住进新房。

百姓对改变落后生活环境的要求愈来愈强烈，传统村落内或红砖或水泥的新建房屋屡有出现，主要展现村落风貌的石头路面被覆盖了一层厚厚的水泥，生活垃圾随意堆放，污水肆意横流，管线密麻分布，现代化生活正在蚕食着传统村落。

村落外形和设施可以急剧变迁，但是乡村情感、村落历史、个人生活史、长久以来习惯了的村落生活方式等在村民心中不愿舍弃、难以忘怀，而且从文化遗产角度看是应该予以珍藏、保护和传承的。而传统的农具、民居、礼俗、仪式等是传统村落文化的可见载体，被村民当作有助于留住村庄记忆的文化遗产予以保护。村庄记忆的中断将是村落文化传统断裂的一种体现和标志。

在这种情况下，既不能简单地采取激进措施比如集体迁居并村以急速彻底消灭村落，也不宜为保持传统文化遗产而阻止村民追求现代化生活。传统村落走向现代化是不可阻挡、不可逆转的大趋势。在农村人口占据很大比例、传统文化已遭到毁坏的我国，农村如何走现代化的道路目前还没有比较完善的为各方信服的方案。在对传统村落的保护与发展中，必须处理好现代化与传统文化、传统生活方式、传统精神之间的关系：一方面，现代化为提高传统村落中居民的生活水平有重要的意义；另一方面，传统村落中形成的情感联系、生活习俗、生活经验仍然对人的生存发展以及社会的和谐进步发挥着积极的作用。现代化进入乡村并不一定就意味着乡村的消亡，相反地，应该在现代化过程中探寻一种为传统村落保护与发展服务的更好形式。

二、城市与乡村的矛盾

计划经济时期集中农村资源推进城市工业化，在很大程度上阻隔了我国城乡经济一体化进程。改革开放后，实行城乡分离的工业化模式，农产品生产、流通和加工没有形成有机联系，农民难以分享农产品的加工增值收益；乡镇企业在治理体制上独立于行业治理之外，既无所不包，又自成体系；农村"离土不离乡"的工业化和城市工业化并行发展和过度竞争，使得农村工业在市场供求格局发生变化和国内市场与国际市场对接后，发展空间受到明显制约，吸纳农村剩余劳动力的能力减弱，直接和间接地影响到农民分享工业化的成果。改革开放四十多年来，我国农村面貌发生了翻天覆地的变化，但是，城乡发展水平的差距和城乡居民收入水平的差距，却明显拉大了；农业处于相对薄弱环节的情况没有发生根本改变；多年来出现了农村的劳动力、土地、资金三大要素都大量流失的困难局面。

在城乡发展不协调的背景下，"人往高处走"必然导致"空心村"的存在。从根本上破解城乡收入差距拉大的途径尚未找到，"空心村"现象为此给出了一个注脚。乡村在与城市的竞争中一直处于十分弱势的地位，使得传统村落很难维持自身的发展。

没有经济统筹作为基础，仅靠上层建筑和公共管理层面的统筹，不可能实现农村经济与现代经济的接轨，"改变农业弱势产业地位是解决空心村的治本之道"。

长远地看，推进城镇化，让农村人口进城，是历史发展的必然趋势。但是，城市化应该是一个长期的过程。很明显，村落不会终结、农民不会消亡，仅靠中心村、中心镇和农民社区，绝对容纳不了中国农民。现在应该避免在单一的经济拉力下进行的快速城市化，进而导致乡村的快速衰落，对珍贵的传统村落造成无可挽回的破坏。

三、保护与发展的矛盾

村落的减少是中国乡村工业化、城镇化的必然趋势，但也要看到这一过程中的盲目性、无规划或规划的不科学问题。传统村落保留了大量各具特色的民居建筑，承载了厚重的中国农耕文明和乡土文化。中国乡土文化的基本特征其实就是村落文化在地域特色上的概括和提炼。保护传统村落和村落文化，就是保护中国乡土文化、保护农耕文明、保护农民的乡土田园、保护农村经济社会可持续发展的珍贵资源。随着经济发展和城市化的快速推进，以GDP、经济发展为导向的开发建设成为整个社会尤其是地方政府的重中之重，在这种开发的热潮中，传统村落也就逐渐成为无人问津的对象，事实上，不仅是农村地区的传统村落面临着衰落、消失的命运，即便是城市当中，一些古迹与名胜，也往往不得不让位于开发与建设。城市中的古迹与名胜尚且如此，农村的传统村落也就可想而知了。

但是这种保护与发展的矛盾并不是不可避免的，认为传统村落的保护就是让传统村落一直保持原有状态，避免任何人为的改变，这种保护观念是片面的，也是不符合实际的。实际上，村落的保护与发展完全可以做到两全其美，在这方面，希腊、法国、意大利等西方国家在城市历史街区保护中采取的一些方法能给我们积极的启示。比如他们在不改变街区历史格局、尺度和建筑外墙的历史真实的前提下，改造内部的使用功能，甚至重新调整内部结构，使历史街区内的生活质量大大提高。民居不是文物古迹，保护方式应该不同，需要研究与尝试。传统村落的保护与发展不但不矛盾，反而可以和谐统一，互为动力。其原则是，尊重历史和创造性发展缺一不可。传统村落保护利用要与改变贫困落后面貌相结合。既要高度重视乡土建筑的抢救性保护，又要关注群众民生，合理安排保护利用项目；既要科学整治村落格局风貌及其自然生态环境，又要加强村庄基础设施建设、发掘研究遗产价值和合理整治环境。只有充分发掘、研究好传统村落的历史文化与自然遗产、才能作为资源利用，才能在合理开发中发挥其历史文化价值和自然景观价值。传统村落开发利用是有效保护的具体途径。合理开发利用传统村落既要整治传统村落格局风貌及其周边环境，又要保护乡土建筑等文化遗产，更要传承乡土民俗文化等非物质文化遗产，在此基础上进行科学有序的开发利用，发展乡村文化休闲旅游，让城市居民和旅游者参与其中。

第二节　传统村落保护与发展的主要因素

一、理念认识

长期以来，很多地方对传统村落的稀缺性和不可再生性认识不足、许多传统村落的格局风貌、生态环境不断遭受破坏，一些民间民俗文化濒临消亡，不少传统技能和民间艺术后继乏人，面临失传危险。

对传统村落的保护与发展首先需要充分认识传统村落保护发展的重要意义。中华民族传统文化的根基在农村，传统村落是浓缩的乡村历史文化遗产，是承载和体现中华民族传统文明的重要载体。传统村落一旦损毁与消失，就会失去农耕文明与乡村文化的根基，摧毁华夏文明传承的重要载体，势必造成中华民族优秀历史文化的断裂。

其次，要充分认识传统村落保护发展的紧迫性。传统村落经受了历代战乱、自然灾害的破坏，如今面临着工业化、城镇化和现代化的冲击。近年来，随着经济社会的快速发展与乡村社会的急剧变迁，一些传承数千年的承载农耕文明的传统村落正在加速衰落、消失，加强对传统村落的保护与发展十分迫切，时不我待。

另外，要认识到传统村落的保护与发展在提升村落经济价值中的现实意义。传统村落记载并延续着各地独具特色的历史文化遗产，不仅能为我们展示古代乡村生活的印记，更能从中探索古代人与自然和谐发展的文化渊源。

传统村落是发展乡村旅游、创新农村农业发展道路的基础，具有重要的现实与长远意义。

二、法规制度

传统村落保护在我国兴起较晚，有关的法规制度建设相对滞后；传统村落概念范围不明确；《文物保护法》《国家历史文化名城名镇名村保护条例》没有对传统村落作出保护要求与规定；各地的地方性保护法规都具有明显的局限性和地域性。传统村落保护对象既包括物质与非物质文化遗产，又包含自然景观与生态环境，再加上各地情况差别很大，保护对象较为复杂且有交叉，有关的研究工作基础相对薄弱，较难制订统一的保护标准和规范。

目前"中国传统村落"的评选是一个良好的契机，应该抓住这个机会，明确传统村落保护的原则与方向，制订相应的法规制度，将传统村落保护纳入城镇化、城乡统筹、文化发展总体规划中管理。一方面，各级传统村落必须编制保护发展规划。规划要确定保护对象及其保护措施，划定保护范围和控制区，明确控制要求；安排村庄基础设施和公共服务设施建设和整治项目；明确传统要素资源利用方式；提出传承发展传统生产生活的措施。另一方面，应尽快出台传统村落保护法规，完善保护管理体制，创新制度设计安排，强化对传统村落遗产的有效保护利用。加强科学管理，分级保护。对不同价值的传统村落、乡土建筑制订详细的保护档案，及时采取相应的保护措施。重点抢救发掘传统村落非物质文化遗产，加强发掘、研究、展示、传承、利用，建立保护数据库，利用微机建档，方便查询。发动全民参与传统村落保护管理，建立"政府主导、民众主体、媒体监督、社会参与"的传统村落保护新机制，把传统村落保护纳入科学化、规范化、法制化的轨道。

三、管理因素

在我国，村镇建设规划由住房和城乡建设部管理，物质文化遗产由国家文物局管理，非物质文化遗产由文化部管理。传统村落具有物质和非物质文化遗产及自然遗产，应该说三部门都该管，但至今没有一个明确的部门专门负责传统村落的管理，有的地方政府为追求政绩而急功近利，急于搞"千村一面"的形象工程，随意推倒重建或盲目大拆大建，甚至按照城市模式大搞

"村庄建设城镇化"。有的大搞村容整治，修建马路，对于历史文物或历史建筑周边区域的建筑形式和建筑高度控制不力，造成村落传统空间格局遭到破坏，地方特色风貌逐步丧失，使一些乡土建筑原有的生态环境、历史风貌格局被肢解、破坏，甚至建筑本体也难逃被拆毁或迁移的命运：如何协调政府各级管理部门的管理职责，重视传统村落的保护与发展，并且在实际操作中通力合作，各司其职，做好传统村落的保护工作，是传统村落保护发展的重要环节。

首先，各级政府应建立"保护责任追究制"，将传统村落保护纳入政绩考核。端正发展理念，确立保护传统村落就是发展文化生产力、增强文化软实力的新理念，将保护列入重要日程。

此外，针对传统村落的管理问题，应该在县市级政府专门建立传统村落保护领导小组。由领导小组负责该县市范围内的传统村落保护利用的协调指导工作，并作为考核政绩的重要内容。职能部门分别负责对传统村落的保护、修缮、利用、管理工作，定期研究政策措施，协调解决问题。另外，各级人大、政协应尽快组织专家检查团进行巡回督察，切实解决传统村落保护利用过程中存在的问题，并对以后如何加强保护利用提出政策性、规范性、可操作的意见和措施，确保传统村落保护与发展的"双赢"。

四、资金因素

在现行制度下，地方政府与开发公司对投资维修的积极性普遍不高。许多乡土建筑的维修费用要高于新建筑，现行政策规定文保专项资金不能补贴私人产权的建筑，使乡土建筑无法及时维修保护，只能"任其毁损"。

长期以来，各级财政用于文化遗产保护的资金主要投资在城区文化遗产，"欠债"于农村传统村落，造成众多传统村落乡土建筑缺乏保护经费而得不到保护和修缮。近年来，虽然各地对文化遗产的保护越来越重视，专项经费也逐年增多，但面对体量大的传统村落来说仍是杯水车薪。

在如何解决传统村落保护资金的问题上，地方政府应采取多层次、多种方式筹集传统村落保护利用基金。一是采取市场化运作方式，由政府牵头，理顺关系，通过土地、房屋产权的置换或租赁等方式，鼓励、吸纳多种资本参与传统村落乡土建筑的保护与利用；二是建立政府奖励制度，对传统村落、乡土建筑保护的优秀项目和有突出贡献的个人给予奖励，发挥财政资金的引导促进作用；三是建立"传统村落保护基金会"，向社会、企业募集资金用于传统村落的保护利用，加大传统村落的保护利用力度；四是旅游企业的地税收入应适当返还为保护经费，形成以"名镇名村旅游收入来保养名镇名村"的良性运作机制。

另外，在如何解决传统村落私人产权的保护上，应该鼓励扶助村民依靠自身力量"自保"，即通过增强文化自觉，村民在文物部门指导下自己负责乡土建筑的维修、管理和使用，政府给予适当补助维修经费。

五、技术因素

长期以来，由于乡土建筑市场的"萎缩"，建造、修缮乡土建筑的民间工匠早已纷纷改行，熟知乡土建筑的形制样式和特色工艺的工匠已经后继无人。近年来，由高校培养的相关专业人才极少，具备专业技能的木工泥工奇缺，严重制约了传统村落乡土建筑保护工作的正常开展。加之有关部门缺乏对乡土建筑保护维修的技术指导和政策扶持，仅凭农民自身力量难以做好乡土建筑保护与维修工作。如果缺少了传统的建造、修缮技艺，传统村落的保护就无从谈起，即使重新修缮，也无法复原传统村落的原本风貌，因此技术因素也是传统村落保护与发展中的关键一点。

抓紧民间艺术传承人的申报和认定，建立传统村落保护志愿者队伍，加紧传统村落保护法规政策的制订与宣传。打破行业垄断，调整现行文物古建筑维修资质资格准入制度，对建于乡土、传承于乡土、遗存于乡土的传统村落建筑的维修保护，要充分利用传统民间建筑营造的维修工艺与技术力量，制定出适用于地方传统村落维修的工艺技术标准与维修质量控制体制，解决受保护传统村落原住民"看着房子烂，没有资质不准修、没有资格不能修"的难题。另一方面，举办传统村落保护的专业培训，加强技术和管理人才队伍的培养，为传统村落保护发展提供充足的人才储备。

第三节 传统村落保护与发展的总体思路

传统村落保护与发展的总体思路为：以人为体，整体保护，增强传统村落保护动力与发展活力。

一、传统村落保护与发展的主要目标

传统村落的保护与发展，其核心问题是正确处理保护与利用的关系：保护与发展传统村落，要坚持"规划先行、统筹指导，整体保护、兼顾发展，活态传承、合理利用，政府主导、村民主体"的原则。传统村落保护与发展的主要目标是纠正目前的无序和盲目建设，禁止大拆大建；鼓励社会力量参与，建立政府推动、社会参与的协同保护发展机制。建立村民主体机制、在制订保护发展规划、实施保护利用等项目时应充分尊重村民意愿。

保护发展传统村落的任务是：不断完善传统村落调查；建立国家和地方的传统村落名录；建立保护发展管理制度和技术支撑体系；制定保护发展政策措施；培养保护发展人才队伍；开展宣传教育和培训。

具体目标有如下三个方面。

（一）传统资源得到有效保护与传承

村落自然环境、整体格局风貌、传统建筑、历史环境要素等得到科学保护，传统文化得到有效保护与传承，村落的地域、民族、文化特色得到彰显。传统村落保护应保持文化遗产的真实性、完整性和可持续性，尊重传统建筑风貌，不改变传统建筑形式，对确定保护的濒危建筑物、构筑物应及时抢救修缮，对于影响传统村落整体风貌的建筑应予以整治。尊重传统选址格局及与周边景观环境的依存关系，注重整体保护，禁止各类破坏活动和行为，已构成破坏的，应予以恢复。尊重村民作为文化遗产所有者的主体地位，鼓励村民按照传统习惯开展乡社文化活动，并保护与之相关的空间场所、物质载体以及生产生活资料。因重大原因确需迁并的传统村落，须经省级住房与城乡建设、文化、财政部门同意，并报中央三部门备案。

（二）人居环境得到明显改善

村落的水、电、路、通信等基础设施基本完善，积极引导村民开展传统建筑节能改造和功能提升，改善居住条件，提高人居环境品质。正确处理传统村落保护和村民改善生活意愿之间的关系，在符合保护规划要求的前提下，优先安排传统村落的基础设施和公共服务设施建设项目，积极引导居民开展传统建筑节能改造和功能提升，改善居住条件，提高人居环境品质。

（三）发展能力得到提升

村落形成特色产业；村民人均收入稳步增长，生活质量不断提高，民生状况进一步改善，自我发展能力进一步增强，形成保护与发展的良性循环。正确处理传统村落保护和发展之间的关系，深入挖掘和发挥传统文化遗产资源价值，在延续传统生产生活方式的基础上，适度发展特色产业，增加村民收入。正确处理保护与利用之间的关系，针对不同类型的资源提出合理的利用方式和措施，纠正无序和盲目建设，禁止大拆大建。

二、保护与发展的关系

传统村落的保护与发展不但不应矛盾，反而可以和谐统一，互为动力。其原则是：尊重历史和创造性发展，缺一不可。规划应在严格保护村落传统资源的基础上，采取切实可行的措施，积极发挥各项传统资源的价值，提升村落的发展能力，使人居环境得到明显改善，村民生活品质得到明显提高，从而形成村落保护与发展的良性循环。

传统村落保护利用要与改变贫困落后面貌相结合。既要高度重视乡土建筑的抢救保护，又要热切关注群众民生，合理安排保护利用项目；既要科学整治村落格局风貌及其自然生态环境，又要加强村庄基础设施建设。

传统村落必须处理好保护与发展的关系。在传统村落中，这二者更应该兼顾并举，不能有所偏废。首先，传统村落的村落环境、空间形态、建筑以及非物质文化遗产都具有极大的价值，必须坚决进行保护，尤其是那些历史文化意义重大的物质或非物质遗产，更是必须尽全力去抢救和保护。"保护"指采取措施，确保传统村落的生命力，包括传统村落各个方面的确认、立档、研究、保存、保护、宣传、弘扬、传承（主要通过正规和非正规教育）和振兴。但是另一方面，当代村落生产和生活都要现代化，村落里的人有享受现代文明和科技成果的权利。传统村落的发展不仅体现在物质生活层面，同样也体现在精神生活和文化层面，各个群体和团体随着其所处环境、与自然界的相互关系和历史条件的变化不断使代代相传的传统村落文化得到传承与发展，同时让生活在传统村落中的村民具有一种认同感和历史感，从而促进文化多样性和人类的创造力。

有效保护传统村落必须发掘研究遗产和合理整治环境。只有充分发掘、研究好传统村落的历史文化与自然遗产，才能作为资源利用，才能在合理开发中发挥其历史文化价值和自然景观价值。传统村落是我国文化遗产信息量最大的最后一块阵地，具有独特的历史价值、文化价值，具有科学"史考"的研究价值、科普价值，具有"史鉴"的学术价值、教育价值，具有"史貌"的审美价值、欣赏价值，具有发展旅游的经济价值，具有中华民族的独特精神内涵。只有意识到传统村落的价值，并通过各种手段保护好传统村落这一重要载体，才能对传统村落的各种价值进行合理利用。而如果没有摆正传统村落的位置，在传统村落中大拆大建，那么随后的合理利用也就失去了根基。

传统村落合理利用是有效保护的具体途径。合理利用既要整治传统村落格局风貌等自然遗产，又要保护乡土建筑等文化遗产，更要传承乡土民俗文化等非物质文化遗产，在此基础上进行科学有序的合理利用，发展乡村文化休闲旅游，让城市居民和旅游者参与其中。传统村落的保护绝对不是简单地听之任之，放任不管。相反地，传统村落的保护必须与传统村落的发展结合起来。只有传统村落找到了能支撑自身生存发展的经济动力，传统村落中的居民生活有了保障，生活水平得到提高，传统村落才能得到延续，否则只能逐渐走向衰落和死亡。

第四节　传统村落的保护框架与发展思路

一、传统村落的保护框架

在传统村落的保护中，首先，制订完善的保护规划，对传统村落保护涉及的各个方面进行统一的梳理和指导；其次，应该注意坚持"整体保护"和"活态传承"的保护原则；同时，应该在保护实践中充分动员各方的力量，建立多方参与的服务组织，如奥地利的 LEADER、法国的村委会，制定出协商式的工作方式和工作规程，让保护工作能够顺利有序地进行下去。

（一）规划先行，统筹指导

传统村落的保护是一个复杂的工程，涉及各个方面的问题，在对传统村落实施保护的时候一定要坚持"规划先行，统筹指导"，合理地制定解决理念、法规、管理、资金、技术等方面问题的措施，使得历史文化遗产能够得到有效的保护，解决传统村落的破败衰落、人口外迁的问题，维护传统村落空间格局的同时，能够通过现有的技术提高村民的生活水平。

对传统村落的保护规划应该首先明确保护的内容，保护的要素主要包括自然环境、人文环境以及物质文化遗存。自然环境包括山体、水体、农田、坡地、植被等；人文环境包括居民的社会生活、历史风俗、文化传统等；物质文化遗存包括文物保护单位、历史保护建筑以及其他有特色的建筑遗址等。

制订传统村落的保护规划应该从实际出发，划定不同的层次，分级进行保护。一般情况下传统村落的保护规划应该分核心保护区、风貌协调区和建设控制区进行分级保护。对于核心保护区，应该严格保护传统村落的历史原真性，维护传统村落风貌的完整性，要确保在核心保护区范围内的建筑物、空间格局和环境不受破坏。对于核心保护区范围内的建设活动应该严格控制，主要以维修、整理、修复和内部更新为主，外观造型、体量、色彩、高度都应该符合相应的规定。对于区内不符合传统风貌特色的建筑物和构筑物应该拆除。对于风貌协调区和建设控制区的保护要求应该相应放宽，允许适当的建设活动和开发行为，在不影响核心保护区的情况下，合理利用传统村落的自然资源和人文资源，以发挥其经济价值。保护应该针对不同的对象而有所不同，采取原物保护、原貌保护、风貌保护、（传统村落）整体保护与活态传承和功能创新等综合方法，实现物质文化形态与非物质文化形态保护相结合，点、线、面保护相结合，建筑、桥、雕饰与水环境、巷道、古街区、民俗、文化保护协调统一。

（二）整体保护

根据住房和城乡建设部制定印发的《传统村落保护发展规划编制基本要求（试行）》，传统村落应进行整体保护，将村落及与其有重要视觉、文化关联的区域整体划为保护区加以保护；村域范围内的其他传统资源亦应划定相应的保护区；要针对不同范围的保护要求制定相应的保护管理规定。传统村落作为一种不可多得的历史文化遗存，是一个有机的整体，既有自然景观，又有人文景观，众多民居建筑不是孤立的，而是被联系在传统村落格局之中；既有物质环境，又有活跃于这一环境之中的社会生活和民俗民风；是不同时期在特定的地理位置上，由不同的个体创造的和谐统一体。因此，传统村落的任何保护性举措和利用性举措都必须坚持整体保护原则，而不是单纯对某些个体进行保护。

首先，要对传统村落进行整体保护，就是要尽量保持传统村落的历史原真性与统一性。传统村落的所有历史遗存都是在特定的环境下生存的，因此，在保护传统村落的时候必须注意不能对这种历史环境造成过多的影响。有时适当的更新也是必需的，但要注意有机更新，即在不破坏原有氛围的前提下有选择、有步骤地修旧如旧，或新旧协调。当古建筑的初始形式有特殊的历史意义，而缺失部分在总体上只占很小分量时，可以修复缺损。对传统村落的典型建筑，如祠堂、著名商人的宅第、书院等，也可以部分修复，重要的已毁坏的标志性建筑可以依旧样重建。但要有测量的精确性，建筑的立墙、启窗、作顶、挑台应与原有建筑一致。在青瓦、漏花、木饰、石阶、栏杆、脊饰等细微的选择上也应当精益求精，以使修复部分与其余部分整体上协调，以保持民居的历史可读性。有关部门应制订严格的保护规划，户主按照规划进行合理维修的，政府应给以适当补贴，反之则应处以罚款。

其次，对传统村落的整体保护，要注重营造传统村落的独特文化气质风貌，通过强调传统村落的系统性、有机性和整体性，塑造各具特色的村落文化氛围。传统村落的保护涉及的内容很广，现状复杂，传统村落的文化遗产既包括物质文化遗产，又包括非物质文化遗产，同时这些遗产又是深深植根于这个传统村落形成的特定文化生态环境中的。整体保护要求针对文物、街区、古村落总体格局的地域历史特征，采取从点到面到区域整体分层保护的原则。因此，对传统村落的保护不能仅仅注重物质层面的修复和保护，更应该注重对文化和社会生活环境的维护。应该为传统村落创造良好的生存大环境，让传统村落的周边环境也体现出与传统村落历史文化相协调的整体风貌，形成系统展示传统村落历史文化风貌的整体历史文化环境。

另外，整体保护原则要求设立文化遗产生态保护区。死水养不出活鱼，要让一池水都活起来，就不能仅仅只是对某一个非物质文化遗产项目或者某一处古建筑进行保护，而是让文化遗产生存的环境变成一池活水，体现出"活态传承"的原则。文化遗产的形成，是历史、地理、经济、人文等综合环境造成的。例如，南音、梨园戏、泉州提线木偶之所以产生于泉州，是泉州总体的文化生态所形成的结果，要保护好这些非物质文化遗产项目，就需要在泉州文化生态保护区的整体生态中进行，在当地群众生产生活的过程当中进行保护传承。文化生态保护区的设立，就是要让文化遗产项目在文化生态保护的大环境中得到整体性保护。

（三）活态传承

活态传承，即在遗产生成发展的环境当中进行保护和传承，在人民群众生产生活过程当中进行传承与发展，而不是以现代科技手段对文化遗产进行"博物馆"式的保护，用文字、音像、视频等记录非物质文化遗产项目的方式。活态传承能达到遗产保护的终极目的，尤其是对非物质文化遗产的保护方面，活态传承这种保护方式显得尤其重要。

首先，活态传承思想体现了对人的重视。在过去的遗产保护中，往往重视对文物、历史建筑等的保护，而忽视了在人们的生活中代代相传的文化遗产。活态传承的原则是要求对非物质文化遗产项目代表性传承人以及掌握传统村落建设技艺的传统工匠，应该给予足够的重视与扶持。非物质文化遗产的载体是传承人，传统村落的建设方法是传统村落延续的重要基因，所以无论是英雄史诗、民间传说的讲述者，还是技艺精湛的工艺美术大师，无论是礼仪节庆的组织者、实施者，还是口传身授出神入化的表演艺术家，没有他们，就没有文化遗产的传承。对于他们，国家不仅要给予荣誉，也应给予资金扶持，更需要帮助他们传授弟子，使得这些技艺的传承人能够将技艺一代代流传下去，让数千年积累的文化传统继续保留下去。

其次，活态传承提出对非物质文化遗产进行生产性保护。我们今天衣食住行当中的许多部分，都蕴含着非物质文化遗产的内容，这些内容依然拥有强大的生命力。对这些项目进行生产性保护，就是在符合保护规律的前提下，通过生产，使它们能够更好地传承与发展。一方面，通过生产性保护，使得这些非物质文化遗产项目能够在市场环境中生存，获得经济效益，从而调动从业人员的积极性，并吸引更多的人才进行这一项目的学习与传承；另一方面，通过生产，让这些非物质文化遗产项目的产品走进千家万户，成为人民大众日常生活中的一部分，让非物质文化遗产扎根民间。这样，非物质文化遗产的传承发展才能建立良性循环，成为具有造血功能的完整系统，实现活态传承。

最后，活态传承要求将文化遗产与人民的生活融为一体，而不是完完全全地保留以往的风俗习惯。今天的世界飞速发展，许多新科技、新观念层出不穷，这些新的创造既萌生于传统当中，又不断积淀成为新的传统。不容否认，由于生产生活方式的改变，有一些非物质文化遗产项目已经不适应今天的社会生活环境。从前生活在高山之巅的民族要从山脚下背水，一边走一边唱，成为这个民族的生活习俗。然而当自来水引到家中，再不需要下山背水，自然不必为了保存这项习俗而非要下山背水，但或许可以作为一项民俗活动来演示，告诉后代曾经有过的历史风俗。我们今天保护非物质文化遗产，不是为了强行保存已经过时的风俗习惯或传统技艺，而是尊重我们的历史，尊重我们祖先的创造，尊重社会历史的自然发展规律，让这些非物质文化遗产活在当下，并从中寻找持续发展与创新的灵感和力量。

（四）政府主导，多方参与

政府应该充分发挥传统村落保护中的主导作用，处理好传统村落的保护与发展的关系，理顺各方关系，动员多方力量参与到传统村落的保护和利用中来，发动全民参与传统村落的保护管理，建立"政府主导、村民主体、社会参与"的传统村落保护机制，使传统村落保护更加规范化。尝试建立多方协作的工作方式和工作规程，成立如奥地利的 LEADER 和法国村委会类似的专门对传统村落的保护与发展负责的组织机构，让传统村落的保护更加规范化和常态化。

另一方面，要充分发挥村民在传统村落保护中的作用。鼓励"村民自保，村集体筹资保护"等形式，由政府主导，鼓励帮助村民依靠自身的力量对传统村落进行保护，在文物、建设部门指导下对乡土建筑进行维修、管理和使用，政府应该为这种"自保"行为提供适当的资金和技术支持。同时发动村民对乡土建筑的破坏、损毁行为进行监督，规范乡土建筑的使用、管理、开放、展示行为。如果村民确实没有能力对自身居住的房屋进行符合要求的修缮，应该由负责传统村落保护的组织机构出面，或者将产权进行转移，或者由村集体补贴，或者垫资抢修乡土建筑。

总之，应该动员多方面的力量，参与到传统村落的保护中来。

二、传统村落的发展思路

传统村落的保护必须与传统村落的发展结合起来，只有传统村落找到了能支撑自身生存发展的经济动力，传统村落中的居民生活有了保障，生活水平得到提高，传统村落才能得到延续，否则只能逐渐走向衰落和死亡。因此，必须把传统村落"人居环境得到明显改善"和"发展能力得到提升"作为发展的重要方向。从提供基础设施、公共服务、社会保障等一系列措施来提高村民的收入水平和生活质量。

（一）基础设施向传统村落延伸和公共服务均等化

近年来农村公共服务事业发展取得了长足进步，但也还存在一些普遍性问题。在城乡二元结构的大背景下，国家财政对农村公共服务的投入一直较少，造成城乡之间基础设施水平和公共服务能力存在巨大的差别。目前农村公共服务体系尚不健全，政府提供的公共服务数量有限，质量不高，难以满足村民要求。农村公共投资不足造成农村经济发展的滞后，也是促使空心村出现的原因。传统村落的基础设施水平低下，公共服务缺乏，会直接导致村落缺乏吸引力，导致人口的流失和村落的衰败。因此，要解决传统村落的衰落问题，一定要改善目前传统村落中的基础设施和公共服务。

首先，加强传统村落的基础设施建设，应该在已有的基础上、继续加大投资力度，扩大实施规模，充实建设内容。一是加大以小型水利设施为重点的农田基本建设力度。传统村落的核心是农耕文明，发展现代农业，提高农业质量和规模效应都应该把农田建设摆在首位。二是加大农村公路建设力度，目前传统村落由于交通条件的限制，不管是文化旅游资源还是自然生态资源都无法得到更好的开发。提高传统村落交通基础设施的建设水平是进行传统村落开发的前提。三是加大传统村落供水工程建设力度，尤其是高砷、苦咸、污染水及血吸虫病区的饮水安全问题，应该重点关注。四是加大传统村落的能源建设力度，现在农村实用的能源普遍还是煤炭、秸秆等污染严重的材料，对村落的环境造成很大污染，而且能源效率较低，通过普及供电、供气设施，推广沼气、秸秆气化等清洁能源，能使传统村落的生活环境和生活质量得到大幅度提高。

其次，应该注意加强传统村落公共服务的提供。一方面，传统村落与其他农村地区一样，需要在农村基本公共服务上投入更多的财力、人力、物力，例如农村义务教育，目前农村普遍教育硬件条件长期得不到改善，校舍面积不达标，教学设施落后，教师队伍不稳定，农村基层教育供给能力严重不足，仍然需要加大投入力度。另外农村的预防保健和基本医疗服务等公共卫生服

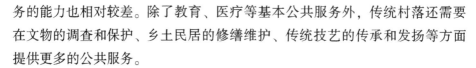
务的能力也相对较差。除了教育、医疗等基本公共服务外，传统村落还需要在文物的调查和保护、乡土民居的修缮维护、传统技艺的传承和发扬等方面提供更多的公共服务。

（二）传统村落保护与发展的政府和社会服务体系

要提供基础设施建设和公共服务，关键是要形成以传统村落保护与发展为目标的政府和社会服务体系。各级政府部门应该对传统村落的保护与发展给予高度的重视，对传统村落的建设和维护活动，规划、文物、建设等部门应该制定相应的保护措施和规范。在条件合适的县市级政府，建立传统村落保护领导小组，由领导小组负责传统村落保护与发展的协调指导工作，督促各职能部门分别负责对传统村落的保护、利用、管理工作，研究传统村落保护的政策措施，并解决实施过程中遇到的问题。

另一方面，应该积极促进政府向社会力量购买服务，为传统村落的保护与发展提供人力、物力的支持。例如传统村落的修整和维护，可以通过协商，按照一定的方式和程序，交由具备能力的社会力量承担，并由政府根据服务数量和质量向其支付费用。政府向社会力量购买服务，一则能够减轻政府的负担，二则能够融入更多的理念、方法，共同为传统村落的保护与发展贡献力量。

（三）社会保障体系的城乡全覆盖

长期以来我国通过户口制度，人为把居民分成两种：城市户口和农村户口，并为此设计了两套完全不同的社会制度，在社会保障方面尤其如此。很多社会保障制度的内容，都主要是针对拥有城市户口的居民，而广大的农业户口居民则被游离在制度之外。同样生活在农村社区，相对来说，那些拥有城市户口的农村居民在养老、医疗、最低生活保障及其他福利方面都更具有优势。只有在子女教育方面，农村户口的居民更可能得到国家的照顾。

目前我国农村社会保障体系尚不健全，远远滞后于社会经济的发展，不能满足人们的需要。在农村社区中，能够享受到一定程度社会保障的居民很少，就连享受比例最高的医疗保险都是如此。而对个人、家庭和社会影响最为深远的养老保险，农村居民能够享受到的还不到总数的10%。至于社会保障体系中的其他内容，农村居民享受到的那就更低了。

农村地区社会保障的缺失，也是导致传统居民纷纷选择进城务工，形成大量"空心村"的原因。确保空心村"土著"的基本生活保障，加快发展学有所教、劳有所得、病有所医、老有所养、住有所居的全覆盖的社会保障体系，是解决传统村落衰败问题的关键举措。

探索建立农村养老保险制度。全面推进新型农村合作医疗制度建设，完善城乡居民最低生活保障制度，逐步提高保障水平。在实际工作中，要结合传统村落的实际情况，加快传统村落社会保障体系建设步伐。

稳步提高农村社会保障支出在财政总支出中的比重，让广大农民切实从农村社会保障制度中享受到更多实惠：要打破城乡分治的制度设计和政策框架，改变目前财政对农村社会保障扶持偏少的现状，在农村首先建立健全以养老保险、医疗保险和最低生活保障为主的社会保障线，实现农民老有所养、病有所医、基本生活有保障的目标。为此，除了建立健全的以大病统筹为主的新型合作医疗制度和医疗救助制度外，还要积极推进农村最低生活保障制度和农村养老保险制度建设。

（四）传统村落居民收入水平提升

传统村落保护利用必须以民为本，调动农民积极性，尊重村民自治的权利。通过利用传统村落的自然人文资源进行开发获取利益，应该确保传统村落的开发成果能够惠及全体村民、为社会所共享。只有传统村落能够为当地居民带来经济利益，能够使居民收入水平不断提升，传统村落才能实现不断发展，免于衰落的命运。

地方政府应充分尊重传统村落原住民的知情权、自治权、参与经营权、决策权和监督权，不应以各种形式取代村民行使权利，尤其不能一味想着开发和旅游，把传统村落变成纯粹的赚钱工具。必须把传统村落居民收入水平的提升作为传统村落开发的首要目标，而不应该仅仅为了满足政绩的需要或者招商引资的需要，只有居民收入水平的提升，才更能够调动村民保护传统村落的积极性。广大农民是传统村落保护的重要力量，只有农民群众认识到保护传统村落的意义以及与其切身利益的关系，才会促使全体村民参与传统村落保护与利用。

传统村落保护要注重村民经济和文化利益。把注重增加村民的经济利益和尊重维护村民习俗的文化权益作为保护利用的出发点和落脚点，确保村民在保护利用中获取收益，让合理利用的成果惠及全体村民，实现社会共享。

（五）传统村落居民生活质量改善

随着社会的发展，人民的生活质量有了明显改善，这也要求传统村落中的居民生活水平要与时俱进，不能总是停留在过去，否则就会被淘汰：因此，传统村落的发展要与提高村落居民的生活质量结合起来。

传统村落不同于其他古文化遗址，也不是一个单纯的博物馆，而是一个鲜活地处于变动中的有机体。传统村落人文旅游资源显然不只是它的民居建筑，其传统日用品及相关实物工具、民俗文化、传统食品加工方法、民族服饰、传统手工艺品也是不可多得的资源，应及时进行抢救性保护。但是在保护的同时，不能影响传统村落居民生活质量的提高。离开了传统村落居民的活动，传统村落的特色和生命力也就无所依附了。但生活在其中的居民，同时又是生活在现时代的人们，他们有提高生活质量的要求，有向城里人生活看齐的愿望。社会制度的根本变革和生活方式的改变，决定了简单要求传统村落居住者放弃对新生活的追求是不现实的，不考虑他们的这一生活需求，传统村落的保护是不可能得到当地人的支持的。

因此，在不影响传统村落风貌的情况下，应该对传统村落中的生活环境、基础设施进行整治更新，让传统村落的村民也能够享受现代生活方式为生活带来的舒适和便捷。在对传统村落进行保护的时候，应该考虑在传统村落居住的村民的改善意愿，在保护传统村落文化遗产的真实性和完整性的前提下，满足他们改善生活质量的愿望。

第六章　遗产价值导向的
传统村落保护理论

第一节　传统村落的遗产价值

一、遗产价值的分类

遗产价值分类是遗产价值评价的前提。在没有对遗产价值进行分类的情况下，在遗产价值评价中常常会出现两种问题：某一类遗产价值占绝对主导，忽视其他类型的价值。如有些遗产价值评价中经济价值较为主导，在之后的遗产保护中重视能使经济价值最大化的旅游开发，反而忽视了其最基本的遗产价值——历史价值的保护；所有的遗产价值被视为"黑箱"，都被合并为"重要性"，不同类型遗产价值混淆，无法进行排序和优先，导致遗产保护缺乏针对性。遗产价值分类一方面可以使评价主体（不同利益相关群体）在共同的语境下通过不同方式去理解、讨论和评价遗产价值，另一方面可以引导评价主体针对不同遗产价值选择不同的评价方法。

（一）历史学和文化学视角的分类

很早之前，就有一些人对我们今天称为"遗产"的对象非常欣赏，遗产开始被视为历史的见证和审美的对象，其历史价值和艺术价值开始受到关注。在此基础上对其进行的干预，被称为"修复"，其中风格式修复和反修复（保护）则被西方学者普遍认为是遗产保护理论的源头。19世纪30年代，风格式修复最早由法国考古学家迪德伦和梅里美所提出，它是一种基于严谨的考古学研究、倡导"最小干预"的保守式修复理念。但是在之后的一段时间内，随着考古学家们对中世纪建筑认知的演进、建筑师和工匠技术水准的提升以及建筑方法的改善，以法国建筑学家勒·杜克为代表的西方学者开始深入思考和界定遗产价值的概念和内涵，并试图在此基础上再次定义"修复"的作用。风格式修复理念相对激进，认为遗产价值主要在于艺术价值，认为历史建筑的遗产价值来自建筑场所精神中的、可能是从未存在过的、被构思时的"原初"状态，但是时间所带来的各种破损和遮盖会改变遗产的这种"原初"状态。"修复"的目的是将遗产恢复到它的"原初"状态，而不是一般意义上的保存、修缮或重建。

19世纪50年代，针对"风格式修复"开始出现一波批判浪潮——"反修复"，它由公众影响力较大的英国艺术家约翰·罗斯金所领衔，这一批判浪潮在指责那些修复建筑师们破坏文化遗产的历史原真性的同时，推崇对遗产的防护、保护和维护。"反修复"理念极力强调遗产的历史价值的重要性，这一理念为之后更多保护哲学的建立奠定了一定的理论基础。罗斯金的经典著作《建筑的七盏明灯》中这样强调了史实性的重要意义："一个真正的古迹，而非它的现代仿制品，才是一个国家真正的遗产，才是历史古迹。"总的来说，与"风格式修复"理念相比，"反修复"理念相对保守，认为遗产价值主要在于其历史价值，而"修复"是因为对遗产的错误认知而导致的对其毁灭性破坏，应逐渐为"保护"所替代。正是以"反修复"理念为源头，现代遗产保护理论才得以诞生并逐渐完善，并得到学者们的普遍接受和认同。

20世纪初，维也纳艺术史学家 Alois Riegl 试图通过遗产价值理论阐释遗产保护，并首次对遗产价值进行了分类，这可以说是现代遗产保护领域一直影响至今的基础性理论创新。他将遗产价值分为两类：第一是纪念价值，是指遗产作为"古物"的重要意义，事实上对古物价值的欣赏对于公众来说是一种天性，并不需要对其进行特别的教育。第二是当代使用价值，包括"艺术价值"和"新物价值"，前者是指我们所能感知的遗产所具有的艺术品质；后者指的是艺术作品"从未被改变的"表象和特征，这些表征会提升遗产在民众心中所被赋予的价值。20世纪30年代第一届历史古迹建筑师及技师国际会议（The First International Congress of Architects and Technicians of Historic Monuments）通过的《关于历史古迹修复的雅典宪章》中进一步提出历史古迹具有历史、艺术和科学（考古）价值。而在20世纪60年代的《威尼斯宪章》中则提出历史古迹的遗产价值在于"能从中找出一种独特的文明、一种有意义的发展或一个历史事件见证……不仅适用于伟大的艺术品，还适用于随时光流逝而获得文化意义的过去一些较为朴实的艺术品"，明确地指出了遗产价值包含文化价值、历史价值、艺术价值、科学价值等，遗产价值类型已经较为宽泛。

20世纪70年代，UNESCO的《保护世界文化和自然遗产公约》站在全世界和全人类的高度去理解遗产价值，即"历史、艺术或科学角度具有突出的普遍价值"，"突出的普遍价值指罕见的、超越了国家界限的、对全人类的现在和未来均具有普遍的重要意义的文化或自然价值"。自世界遗产委员会的《实施〈世界遗产公约〉的操作指南》20世纪70年代首次确立了列入《世界遗产名录》的世界文化遗产的6条标准以来，已经历经了几十个版本的修订。总的来说，该标准在将世界遗产视为促进文化多样性的工具的前提下，强调遗产所具有的历史、艺术、科学、文化、精神价值等。20世纪70年代，ICOMOS澳大利亚国家委员会的《巴拉宪章》提出"保护的目标是保护该场所的文化重要性，保护是有效管理文化重要性场所的重要组成部分"，它将文化重要性与"文化遗产意义"和"文化遗产价值"视为相同的含义，并将其定义为"对过去、现在和将来的人们具有美学、历史、科学、社会和精神价值"。可见，在基于人类学、文化学的角度对遗产价值进行重新思考的背景下，遗产价值的类型开始从历史价值向文化价值扩展。

遗产的社会价值在国际社会目前也已经得到普遍接受。20世纪90年代世界遗产委员会首次提出关于世界遗产保护的4C全球战略，即Creditability（建立可信的世界遗产名录）、Conservation（加强对遗产的保护）、Capacity Building（进行世界遗产管理和保护的能力建设）、Communication（促进遗产各利益相关方的沟通）。后又增加了Community（社区参与）。世界遗产保护全球战略从4C到5C的转变，体现了遗产保护本身的社会性和社会参与遗产保护的普遍要求。英国遗产处的官方文件《保护原则、政策和引导：历史环境的可持续管理》明确将遗产价值分为证物、历史、美学和社会价值，并提出遗产的社会价值来源于现在对过去事件的共鸣，是通过与遗产相关的不同群体和社区之间的持续互动的历史过程所得到的社区认同、地方依恋等。

（二）引入经济学视角的分类

脱离出传统的历史学和文化学视角，一些学者在对支撑遗产保护的已有的研究和知识进行重新思考的情况下，开始从经济学视角考虑遗产价值，并衍生出新的遗产价值类型——经济价值，有关遗产经济价值的相关研究主要关注哪些遗产价值可以被合理地用价格来反映，哪些因素决定遗产保护的资源分配决策。布鲁诺·弗雷（Bruno. S. Frey）则基于经济学视角，认为政府和各个部门所实施的遗产保护，会产生可以被用于其他目的的机会成本（如人力、物力投入等），为了理性地决策保护资金的使用，应该进行经济价值的评价。在这一认识下，他将遗产价值分为货币、选择、存在、遗赠、声望和教育价值6类。赞凯蒂（Zancheti）等则将遗产价值分为文化价值和社会经济价值两大类，而文化价值又包括认同、美学、技术以及稀有价值4小类，社会经济价值则包括经济、功能、教育以及政治价值4小类。

20世纪90年代，英国遗产处的官方文件《保持历史环境：未来的新视角》对遗产价值的分类相对全面和均衡，其将遗产价值分为6类，分别为文化、教育和学术、经济、资源、娱乐、美学价值。Mason（2002）在归纳前人的分类的基础上，将遗产价值分为社会文化价值和经济价值两大类，其中社会文化价值细分为历史、文化、社会、精神以及美学价值5小类，经济价值细分为使用价值和非使用价值两小类。社会文化价值的子分类并不是完全分离的，其存在着大量的重叠；而经济价值的子分类，则趋向于分离和独立。他认为这一分类只是构建了一个共同的起点，应针对不同的遗产保护情况对其进行修改。

国内也基于不同视角对遗产价值进行了分类和阐释。认为遗产具有共同的文化价值，包括美学、精神、历史、社会学、人类学和符号价值等，并在此基础上派生出经济价值；将遗产价值分为存在价值（内在价值）和使用价值（外在价值），前者是主导价值，考虑的是遗产保护的等级以及社会效益，后者是附属价值，考虑的是遗产利用的门槛以及经济收益；将遗产价值分为本底价值、直接应用价值和间接衍生价值3类，其中本底价值包括科学、历史文化和美学等价值，直接应用价值包括科学研究、教育启智、旅游休闲、山水审美、实物产出等价值，间接衍生价值包括产业发展、社会促进等价值。

1. 社会文化价值

（1）历史价值

历史价值是遗产概念的根基。遗产最基本的性质和意义就是它可以与过去建立联系。历史价值可以由多种方式获得：遗产的年代、与人或事件的联系、珍贵性或独特性、工艺品质、可能的档案和文件等。

（2）文化/符号价值

文化价值是遗产概念的一部分。遗产都具有文化价值。文化/符号价值指的是与遗产相关的又不是历史意义的那些共享的意义。

（3）社会价值

遗产的社会价值促进社会联系、网络和其他关系，与遗产的核心历史价值的关联不大。遗产地的社会价值可能包括社会活动聚集地的使用，并不直接利用历史价值，但是与公共空间的品质相关。社会价值还包括遗产价值的"场所依赖"，指的是社会融合、社区认同，或者社会群体从他们家园的特殊遗产和环境特征中所获取的归属感等。

（4）美学价值

美学价值被广泛认为是社会文化价值的一种类型。美学指的是遗产的视觉品质。美学价值很大一部分来自人类感觉，是社会文化价值中最个体化的一种。

2. 经济价值

（1）使用（市场）价值

使用价值就是市场价值最容易被赋予一个价格的价值。物质遗产的使用价值指的是从中产生的、在已有市场中可交易和可标价的商品和服务。

（2）非使用（非市场）价值

经济学领域将非使用价值描述为从遗产的公共产品特征产生的价值。这些特征具有非竞争性和非排他性。这一价值常常被细分为存在价值、选择价值和遗赠价值。

纵观不同学者和组织对遗产价值已有的分类，主要是基于历史文化角度的社会文化价值和基于经济角度的经济价值。事实上，这两大类价值之间有着紧密的联系，也存在大量的重叠，经济本身就是一种显性的文化，经济难以从文化中剥离，所以这样的分类会显得站不住脚。但是基于不同的概念框架和方法论的社会文化价值和经济价值的分类，之所以被广为接受，是因为它们对于理解同一范围的遗产价值是两种可选择的方式，为遗产价值的评价带来了便利。

然而，近年来人们对遗产的多重价值的理解，在某种程度上源于这一认知，即遗产保护会产生文化、经济、政治和社会结果，这一认知导致了遗产价值的"工具化"现象日益凸显。20 世纪 70 年代以来，世界各国政府和公共部门普遍开始提供资金支持遗产保护。在前述认知下，政府开始要求这些被支持的遗产保护项目必须影响当地的经济、社会、政治等的发展，对遗产

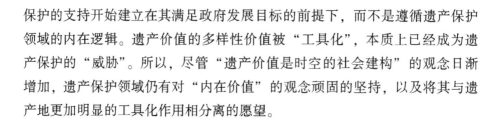

保护的支持开始建立在其满足政府发展目标的前提下，而不是遵循遗产保护领域的内在逻辑。遗产价值的多样性价值被"工具化"，本质上已经成为遗产保护的"威胁"。所以，尽管"遗产价值是时空的社会建构"的观念日渐增加，遗产保护领域仍有对"内在价值"的观念顽固的坚持，以及将其与遗产地更加明显的工具化作用相分离的愿望。

二、传统村落的遗产价值分析

对于传统村落的遗产价值分类，国内已有部分学者进行了相关研究。《西塘宣言》指出，传统村落有经济、文化、历史、旅游、欣赏价值。传统村落"代表着特定环境中和谐的人类聚居空间，有着悠久的历史，承载着璀璨的地域文化"，其遗产价值主要包括历史和文化价值。传统村落的存在有其自身发展的规律，应该从农业生产、生态、文化与社会等角度认识和理解其存在价值，主要包括农业生产价值、耕地保护与利用价值、生态价值、社会文化价值。传统村落与历史文化村落和古村落内涵基本一致，其遗产价值主要包括文化、科学、艺术和旅游价值。传统村落的保护和利用价值这一概念，包括历史、文化、艺术、科学、旅游和开发利用价值，这一研究旨在为传统村落的保护与开发提供依据。

当前遗产保护领域普遍认为，遗产是从历史和文化角度外在施加了特殊意义的载体，即现阶段从历史和文化角度来建构遗产的历史、文化和社会价值仍然是最为重要的。结合已有学者认为应该从历史和文化的角度分析传统村落遗产价值，主要包括历史文化价值和社会价值。

传统村落的历史文化价值主要有：一是传统村落见证着特定地域乡村聚落的形成和演变。传统村落始建年代久远，经历了不同朝代的更迭兴替，承载着丰富厚重的历史信息。在中国传统的"天、地、人"文化以及特定地域文化的影响下，我国不同地区的传统村落在村落选址、空间格局、传统风貌、传统建筑等方面呈现出不同的特点。二是传统村落记录着不同时期且具有典型地域特色的传统建筑文化。传统村落保存有相当数量、不同类型的传统建筑以及历史环境要素，如祠堂、民居、庙宇、驿道、渡口、石磨、古树、古井、古墓或者古遗址。三是传统村落传承着具有典型地域文化精髓的非物质文化遗产。

传统村落的社会价值主要有：一是传统村落承载着农村的生产生活。传统村落是特定地域内农民世世代代生产生活的场所，目前仍以农业人口居住生活和从事农业生产为主。二是传统村落维系着村民的精神家园。传统村落是基于血缘和地缘关系自然形成的农村社区，在村民与传统村落的长期互动过程中，村民会形成强烈的社区认同和地方依恋。

第二节　传统村落遗产价值评价理论框架

一、遗产价值评价的理论框架和相关方法

（一）遗产价值评价的理论框架

通过对遗产价值分类和评价相关文献的回顾，本节从评价目的、评价内容、评价方法和评价机制四个方面归纳了遗产价值评价的理论框架。

1. 评价目的

有效理解遗产，支撑保护决策。遗产价值评价基于以下假设：第一是遗产保护被理解为一个社会文化活动，而不是简单的技术实践；第二是对遗产本身的特征和对遗产保护的社会、文化、经济、行政等背景的理解同样重要；第三是遗产价值评价是理解遗产本身特征和遗产保护背景的有效方式。遗产价值评价作为遗产保护的重要环节，其重要程度已经得到广泛的认可。遗产价值评价旨在为遗产保护决策提供完整和准确的信息，它在很大程度上影响着遗产保护的决策。

2. 评价内容

社会文化价值和经济价值。已有的遗产分类将遗产价值主要分为社会文化价值和经济价值。社会文化价值是从历史学、文化学视角所建构的遗产的意义，该价值依附于物体、建筑或场所，它对于人们或社会群体的意义来自年代、美观、艺术性以及与重要的人物、事件的联系等，主要包括历史价值、文化价值、社会价值、精神价值和美学价值等。经济价值是从经济学视角所建构的遗产的意义，将遗产理解为一种公共物品，反映的是集体决策，包括使用价值、非使用价值。社会文化价值和经济价值的很多内容重叠，区别在于它们基于不同的学科去构建价值并用不同的分析方法去评价。而更具包容

性的遗产价值评价和不同价值的整合，会指引更好的、更可持续的遗产保护。具体到一项遗产价值评价，所评价的遗产价值的类型的选择则来自对遗产背景的分析，包括地理和物质环境、历史格局、社会进程以及保护发展等。

3. 评价方法

定性方法和定量方法相结合。遗产价值评价由一系列独立而又紧密相关的部分组成，一般可以分为三个部分：识别问题所涉及的遗产价值类型，引出和阐述以及排序和优先这些不同的、时常会冲突的遗产价值。其中"引出和阐述"部分，根据研究问题确立的遗产价值类型，需要选取和使用相关的评价方法去引出和阐述不同的遗产价值。没有单一的学科和方法可以对遗产的社会文化价值和经济价值进行全面而又有效的评价，因此在任何一个全面的遗产价值评价中，需要依据遗产价值类型整合使用来自人类学、文化学、民族志学、经济学等不同学科的定性和定量方法。两种方法试图衡量同样的遗产价值，但是它们来自不同的认识论，基于不同的视角，使用不同的工具和话语，产生不同的评价结果，很难在同一尺度上衡量和比较。尽管它们被看作是矛盾的范式，但是它们所产生的信息常常是互相补充的。

4. 评价机制

"自上而下"与"自下而上"相结合。"自上而下"的评价机制，建立在"历史和艺术价值相对于其他类型的遗产价值是优先的"这一基于历史学、艺术学或考古学的观念之上，主要是单一学科的专家基于遗产的历史和艺术方面的特征对其"文化重要性"进行识别和阐述。而遗产价值天生具有多样性，源于不同的利益相关者，蕴含着不同而又时常冲突的利益的解决方法，因此应由不同的利益相关者识别出不同的遗产价值，"自上而下"的评价机制却忽视了这一点。"自下而上"的评价机制，通过既定的遗产价值类型的有效指引，促使专家、公民、社区、政府等遗产保护的利益相关群体在共同的语境下，有效地表达、讨论和比较各方所构建的遗产价值。

（二）社会文化价值的评价方法

社会文化价值的评价主要以定性方法为主，因为一些遗产价值（如精神价值）天生就难以比较或衡量，定性方法对于遗产价值的性质及其相互作用的研究有着先天的优势，在遗产保护领域已经成为不可缺少的方法。其具体包括专家分析、民族志、一手调查和历史叙事、绘图、文献搜索、数据描述等。

专家分析是遗产价值评价的最传统和重要的方法之一，主要是来自人文专业领域的专家学者们运用相对标准的方法去记录和分析遗产：包括理解遗产的演变和使用、识别原始的要素和材料、帮助解释艺术家或创作者的"初始意图"、找出遗产的内在要素（设计、材料构成等）和外在要素（环境、人类干预等）与已有变化的联系等。但是通过这一方法得到的评价结果常常局限于专业内部，忽视了其他利益相关者的意见，与现阶段所倡导的广泛的公众参与存在一定的对立。因此，专家分析法目前也已经试图与其他评价方法相融合，意在从其他利益相关者那里获取相关价值评价信息。

人类学领域的民族志也被用于遗产价值评价活动中，主要通过包括公众会议、人物访谈、小组讨论、口述历史等各类信息收集活动，描述和记录文化特征，典型案例是遗产价值评价项目美国国家公园服务中的快速民族志评价程序的应用。

一手调查和历史叙事在遗产保护领域的运用主要是由另一个遗产保护重要的推动力量——社会历史学家，在第一手调查的基础上，通过故事的建构记录描述和解释与历史价值相关的社会现象。

绘图是遗产保护领域进行遗产价值评价的传统方法，从事遗产保护研究和实践的人文领域的专家、建筑师、规划师常常使用这一方法图示信息，主要通过将数据在地图上标注的方式来记录信息。除了专家，绘图法也可以由社区成员和其他非专业人士使用，如感知地图的绘制等。而GIS技术的引入显著提升了绘图法在遗产保护领域的作用。

文献搜索是一种不容忽视的快速获取遗产保护相关信息的便利方法，这一方法旨在提供具有时效性的、广泛可得的在线文献目录和信息索取资源。

数据描述作为最简单的定量研究方法被广泛用于定性学科，这也从侧面说明了定量和定性研究方法的认识论本质上是无法完全分离的。目前较为普遍的数据描述方式是内容分析和人口统计分析，采用图表等方式对遗产地现状进行分析。

（三）经济价值的评价方法

经济价值的评价主要以定量方法为主，其产生的结果更容易比较，所以常常被政策制定者使用。具体包括显示偏好法和陈述偏好法等。

显示偏好法主要是对已经市场化的遗产物质实体及其相关服务进行数据化的描述和分析，包括经济影响研究、特征价格法、出行成本法。经济影响研究因为运用简单而广受欢迎，它旨在分析遗产项目投资所产生的有形的经济收益，以确立遗产投资的部分使用价值和外部性，但是这一方法由于忽视了遗产投资的机会成本而受到质疑。特征价格法用于衡量遗产反映在相关市场交易中的非使用价值。出行成本法通过与遗产使用和消费相关的出行开支衡量遗产的价值，这一方法只能衡量可以转化为个人出行决策的那部分遗产价值。

陈述偏好法是通过调查人们在假想市场中的假设的选择来分析价值判断，包括条件价值法和选择模型等。条件价值法通过个体在假想市场中愿意支付的价格去衡量遗产的总价值，但是并不细分这一价值，通过对个体估价和决策的整合得到总结果。这一方法因为能使遗产价值从定性向定量转化而开始得到更加广泛的使用。选择模型通过参与者对不同类型的遗产价值的回应，衡量与遗产的不同特征相联系的遗产价值类型。这一方法因为能够细分不同类型的遗产价值，所以才能成为遗产价值评价的潜在方法，但是对于那些无形的、难以用价格衡量的价值（如精神价值）仍然难以衡量。

二、传统村落遗产价值评价的理论框架构建

作为一类文化遗产，传统村落遗产价值评价的重要性已经得到广泛的认可，住建部发布的《传统村落保护发展规划编制基本要求（试行）》对此也进行了强调，该文件指出应通过对一定区域范围（地理区域、文化区域、民族区域）内传统村落特点的分析和比较进行历史、科学、艺术、社会等价值的评价。对传统村落的遗产价值的评价，国内已有部分学者和组织进行了相关研究，主要是通过指标体系的建立进行定量评价。从历史久远程度、保护完整程度、乡土建筑特征、自然环境协调和传统文化传承五个方面建立指标体系，并通过分级赋值和价值指数对案例传统村落进行分类。基于专家评判角度，从物质文化遗产和非物质文化遗产两个方面建立了由 3 个层次、15 项指标所构成的历史文化村镇保护的评价体系；并通过对价值特色和保护措施的整合对原有体系进行了修正，而且新评价体系更为强调直接测度、定量评价和实际可操作性。由历史文化遗产（包括物质文化遗产和非物质文化遗产）、

村镇概况（包括自然地理、经济社会、公共设施）和居民保护意向（包括认知度、支持度、满意度）三大部分组成历史文化村镇基础数据框架，并建立了指标体系。住建部、文化部、国家文物局和财政部共同发布的《传统村落评价认定指标体系（试行)》，从传统建筑、选址格局和非物质文化遗产三个方面建立指标体系，以此对国家和地方政府所认定的具有遗产价值的传统村落进行"评优"。

本书在对传统村落遗产价值进行分析的基础上，基于遗产价值评价理论框架和相关方法，构建了传统村落遗产价值评价的理论框架。

（一）评价目的

理解传统村落，指导保护实践。通过有理论支撑又切实可行的传统村落遗产价值评价，一方面能使与其保护相关的利益主体对传统村落及其保护背景有着更为全面和有效的理解，另一方面能够对有遗产价值的传统村落进行选择和归类，并以此为基础采取不同的保护方式对其进行有侧重的保护。

（二）评价内容

历史文化价值和社会价值。本书从历史和文化的角度，将传统村落遗产价值分为历史文化价值和社会价值：历史文化价值主要包括对乡村聚落形成和演进的见证、对地域建筑文化的记录、对地域非物质文化的传承；社会价值主要包括对农村生产生活的承载、对村民精神家园的维系。

（三）评价方法

定性方法为主，定量方法为辅。由于定性方法对遗产的社会文化价值的评价有着定量方法所不具备的先天优势，所以在对传统村落的历史文化价值和社会价值进行评价时，仍需要以定性方法为主，主要包括专家分析、民族志、田野调查、历史叙事、文献研究等。而定量方法在对传统村落进行比较和归类时几乎是必不可少的，主要包括数据描述和指标体系等。

（四）评价机制

"自上而下"和"自下而上"相结合。"自上而下"的评价机制，主要是由建筑学、历史学、考古学、人类学等学科的专家对传统村落的历史文化价值进行识别和阐述。而"自下而上"的评价机制则由与传统村落保护相关的政府、专家、村民等多方利益相关群体参与，从历史和文化的角度，对其历史文化价值和社会价值进行阐述、讨论和比较，与其相关的内容是遗产价值评价结论形成的关键。

第三节　遗产价值导向的传统村落保护的理论框架

一、国际遗产保护政策中的传统村落保护

国际遗产保护政策体系中目前并没有直接针对"传统村落"这一特定遗产类型的政策文件，但是目前已经受到遗产保护领域广泛认可的国际宪章、宣言等政策文件中已有不少与"传统村落"相关的遗产类型，如"历史古迹""建筑群""历史地区""乡土建筑遗产""历史性城市景观"等。这些丰富而又多元的遗产概念以及与之相关的保护的认识论和方法论对于传统村落保护理论框架的建立具有极为重要的借鉴意义。

（一）作为"历史古迹"的传统村落

被称为 20 世纪前半叶关于遗产保护领域争论的里程碑式的文件——国际古迹遗址理事会于 20 世纪 60 年代颁布的《关于古迹遗址保护和修复的国际宪章》即《威尼斯宪章》，主要关注历史古迹及其所包含的"环境"的物质实体原真性的保护。这一文件认为历史古迹"不仅包括建筑单体，还包括能见证一种独特的文明、一种有意义的发展和一个历史事件的城市或乡村环境"，这一定义对"乡村环境"的提及可以被视为国际政策中最早对传统村落保护的涉及。

该文件针对历史古迹的建筑功能、建筑布局、建筑装饰、传统环境的主体和颜色关系等提出了几点保护措施：第一，注重日常维护，用途以社会公用为主；第二，杜绝任何可能会导致周围环境中的建筑主体和颜色关系产生变化的建设活动；第三，历史古迹的功能改变要以不改变建筑布局和装饰为前提；第四，一般情况下不可全部或局部搬迁历史古迹，包括其中的雕塑、绘画或装饰品，只有在不移动无法保存的情况下方可移动；第五，历史古迹的修复必须先进行考古学、历史学等专业研究，尊重原始材料，依据确凿文献，任何不可避免的改变都要有所区别和标注；第六，历史古迹和遗址应该专门对其进行保护管理，并确保以合适的形式进行展示。由于该文件起草时

间较为久远，起草者主要是修复师和艺术史学家，所以它所提出的保护措施仍然局限于建筑学视角，对于传统村落保护虽有一定的借鉴意义，但是却是极其有限的。

（二）作为"建筑群"的传统村落

20 世纪 70 年代联合国教科文组织的《保护世界文化和自然遗产公约》（简称《世界遗产公约》）一直被视为遗产保护领域的关键性突破，主要原因有如下三点：第一是探讨了近百年的遗产保护的基本原则（原真性和完整性）第一次正式出现在国际性的政策文件中；第二是原本分属于自然和文化遗产领域的保护原则得到整合；第三是在保护和管理具有"突出的普遍价值"的古迹遗址方面建立了一个国际层面的责任体系。按照公约对文化遗产类型的划分，传统村落属于其中的"建筑群"一类，即"其建筑、类型或地理位置在历史、艺术或科学方面具有突出的普遍价值的单个或结合的建筑物"，这一划分沿用至今。目前已有 30 多处传统村落被列入《世界遗产名录》，我国仅有西递村、宏村和开平村 3 处。

该公约体现了国际社会对文化和自然遗产在国际和国家层面的保护管理的关注，尤其强调一个国家政府对其所属的文化遗产的评定、保护、展示和传承等方面所应承担的责任：第一是制订政策时应考虑到遗产在社会生活方面所起的作用，并将遗产工作纳入更为综合的计划中；第二是应设立专门负责遗产保护、保存和展示的机构；第三是发展与遗产保护相关的科学研究，并在实践中探索具体保护方法；第四是采取适当的法律、技术、行政和财政措施去评定、保护、保存、展示和恢复遗产。总的来说，这一公约虽没有为传统村落保护带来概念上的突破，但公约中关于遗产的类型划分和保护管理的方法论的陈述，却对传统村落保护实践产生了较为直接的影响。

（三）作为"历史地区"的传统村落

"历史地区"的概念是由联合国教科文组织于 20 世纪 70 年代在《关于历史地区的保护及其当代作用的建议》（即《内罗毕建议》)中首次提出，即"包含考古和古生物遗址的任何建筑群、结构和空旷地，它们构成城乡环境中的人类居住地，从考古、建筑、史前史、历史、艺术和社会文化的角度看，其凝聚力和价值已得到认可"。根据这一定义，传统村落同样属于其中一种类型的"历史地区"。该文件提出，历史地区不仅在现代生活中生动地见证着过去，而且在时间和空间两个维度中体现着人类文化的多样性；历史地区及其周围环境应该被看作是有机互联的统一体；历史地区的空间环境特色需要采取新的行动进行保护；应该将遗产保护与文化复兴、社区发展相结合，以维护历史地区的传统社会结构和功能；应该采取行政、法律、技术、经济和社会等方面的措施去保护历史地区及其周围环境，并制定公共政策去保障国家、地区和地方政府能够实施这些措施。另外，该文件还特别提出应对具有历史意义的农村社区中社会、经济、环境的所有变化进行管控。总的来说，该文件对"历史地区及其周围环境"保护的共识体现了其对保护规划的作用的高度信任以及对公共资金容量过于乐观的观念。尽管如此，它所阐述的保护理论对传统村落保护仍然有重要的借鉴意义。

（四）作为"乡土建筑遗产"的传统村落

为了弥补《威尼斯宪章》对城市以外地区的建筑遗产的忽视，20世纪90年代，国际古迹遗址理事会制定了《关于乡土建筑遗产的宪章》。该宪章明确指出"乡土建筑遗产"的概念和内涵，认为乡土建筑遗产应该具备以下特征：体现了某个社区共同的建筑方式；具备可识别性的地域特征；具备一致的建筑风格、形式、外观、功能；是对传统建筑设计和建造技术的非正式的传承；是在一定的环境、社会和功能限制下的产物；是对传统的建造技术和工艺的合理运用。

乡土建筑遗产保护的原则和方法主要有以下几点：第一是应深入理解乡土建筑遗产转变和发展，并尊重其所在社区已形成的文化特征；第二是应尊重乡土建筑、建筑群村落文化价值和传统特色；第三是其乡土性的保护依赖于对地域特色明显的建筑群和村落整体的保护；第四是乡土性不仅体现在物质实体中，也在于认知以及利用它们的方法，以及由它们所引起的关于传统的联想中，因此与乡土性有关的传统建筑技术应该被保存，并传承给下一代；第五是应尊重和维护场所的完整性，进行保护干预时须考虑乡土建筑遗产和物质文化景观的联系以及乡土建筑之间的关系；第六是为了满足当前的生产生活需求而对乡土建筑进行改造以及再利用时，应尊重其原有的建筑结构、形态和风貌的完整性。

"乡土建筑遗产"可以说是基于建筑学视角对传统村落的理解，其保护重点在于乡土建筑以及建筑群，对其所在村落的周边环境、空间格局、传统风貌、生活方式等要素的传承关注较为欠缺，但是它的保护原则和方法对传统村落中的传统建筑的保护来说是值得借鉴的。

（五）作为"历史性城市景观"的传统村落

21世纪以来，联合国教科文组织和国际古迹遗址理事会等国际遗产保护组织为应对全球化、城镇化和现代化所带来的新挑战，对现代遗产保护的范式展开了新一轮的探讨并寻求改进，并由此产生了"历史性城市景观"的概念以及保护方法。"世界遗产与当代建筑"国际会议的成果《维也纳保护历史性城市景观备忘录》中首次提出了"历史性城市景观"这一概念，之后在联合国教科文组织的《关于历史性城市景观的建议书》中对该定义进一步完善和修正，即"文化和自然价值及属性在历史上层层积淀而产生的城市区域"。"历史性城市景观"脱胎于特定空间内在不同时间已有的各种社会表现形式和发展过程，它的决定因素主要包括"土地使用模式、空间组织、视觉关系、地形地貌以及技术性基础设施的各个部分"。"历史性城市景观"超出了之前的"历史古迹""建筑群""历史地区""乡土建筑遗产"等遗产类型的概念的范畴，它是在可持续发展战略目标下提出的一种对城市遗产进行认知、评估、保护和管理的全面而又综合的方法，该方法旨在通过对遗产的自然和社会的持续变化的管理协调遗产的过去、现在和未来。

历史性城市景观的保护原则和方法主要有以下几点：第一是城市的传统包括功能用途、社会结构、经济发展和政治环境，应对它们进行合理的认知和管理；第二是历史城市的城市规划以及相关管理政策的制订要围绕遗产保护展开，不能破坏其真实性和完整性；第三是对遗产地历史、文化和建筑的深入认知对于保护框架的形成至关重要；第四是慎重考虑任何一个干预决策，应依据对历史和文化要素的关注程度来选择适当的策略；第五是对"历史性城市景观"的结构性干预应基于对其遗产价值和意义的调查分析，物质和功能性干预则是在不损害其结构与形式特征所表现出的遗产价值的前提下，对其进行用途调整；第六是应通过恰当的干预措施来延续传统文化，杜绝任何形式的伪历史设计；第七是决策者、开发商、规划师、建筑师、文保工作者和其他利益相关者之间应通过协商共同保护遗产。"历史性城市景观"的保护方法强调保护管理的重要性，提出为了应对当今和未来的种种挑战，应从短期和长期两个时间维度建立协调保护与可持续性的管理机制。

虽然"历史性城市景观"的概念和方法仍在不间断地探讨和更新之中，但是它反映了遗产保护理论和实践在近 20 年内受到全球化、城镇化、现代化冲击所产生的变化，这些变化主要来自对当前的保护实践看待角度的转换：以更宽泛的视角看待遗产，更多地考虑遗产的社会和经济作用，重新评价遗产价值对当今社会的贡献，通过对改变的管控应对未来发展。总的来说，"历史性城市景观"的概念及方法为新时期我国传统村落保护的理论框架的构建及保护过程的重构提供了新的视角，具有重大的借鉴意义。

二、遗产价值导向的传统村落保护的理论框架构建

通过对传统村落遗产价值的分析，以及对国际遗产保护政策中与传统村落相关的遗产类型的保护方法论的回顾和借鉴，本书构建了遗产价值导向的传统村落保护的理论框架。

（一）目标：维护传统村落的遗产价值

传统村落的遗产价值是遗产价值导向的传统村落保护的理论框架的核心内容和基本目标，主要包括历史文化价值和社会价值。传统村落的历史文化价值主要有：第一是传统村落见证着特定地域乡村聚落的形成和演变；第二是传统村落记录着不同时期且具有典型地域特色的传统建筑文化；第三是传统村落传承着具有典型地域文化精髓的非物质文化遗产。传统村落的社会价值主要有：一是传统村落承载着农村的生产生活；二是传统村落维系着村民的精神家园。

（二）原则：真实性、完整性和可持续性

真实性、完整性和可持续性是传统村落保护的基本原则和核心要求。自20 世纪 60 年代，遗产保护领域开始出现真实性这一概念以来，直到今天它的意义已经不再局限于原木的字面意思。国际古迹遗址理事会通过的《威尼斯宪章》中"真实性"首次以概念形式明确出现，指出"真实而完整地传承文化遗产是我们的职责"，并试图将其应用到实践层面。该文件虽然没有对"真实性"进行明确的定义，但是却提出遗产的真实性应该在四个要素中有所体现，即外形、材料、技术和环境。然而，欧洲文化背景下的"真实性"原则，在亚洲、非洲等其他文化背景国家的遗产保护实践中却难以得到遵循，因而广受质疑。20 世纪 90 年代联合国教科文组织通过的《关于真实性的奈

良文件》在赞同"真实性"原则在以往的遗产保护实践中所起到的不可替代的作用的前提下，指出文化差异的存在使得真实性难以在不同地区拥有共同的评价标准。尽管如此，其在历经多次修改后提出了检验文化遗产真实性的基本要素，包括：外形和设计；材料和物质；用途和功能；传统、技术和管理体系；区位和环境；语言和其他形式的非物质遗产；精神和感受；其他内因和外因。

事实上，完整性是"原真性"在某些特定方面的表现。这一概念亦是在《威尼斯宪章》中得以首次提出，旨在通过对周边环境的缓冲来维护历史古迹的遗产价值，为"完整性"内涵的进一步深化指明了方向。国际古迹遗址理事会（ICOMOS）欧洲委员会20世纪70年代发布的《关于建筑遗产的欧洲宪章》对建筑遗产保护提出了"完整性保护的原则，不仅要保护纪念性建筑，还应保护次要建筑群及其自然环境和人工环境。国际古迹遗址理事会的《西安宣言》提出应保护遗产的周边环境及与之相关的全部历史、经济、社会、精神、风俗以及文化行为。

"完整性"原则意味着对物质和非物质、过去与未来、人造与自然等多方面遗产要素的综合考虑。"完整性"是用来衡量文化遗产及其特征的整体性和无缺憾性的重要标准，主要包括："所有能体现出其突出的普遍价值的要素；足够规模的面积，以确保代表所有能体现遗产价值的特征和过程；受到发展所带来的负面影响或缺乏维护。"

长期占据主流地位的非可持续性的文化遗产保护始终围绕保护"真实"进行探讨，直到20世纪末"可持续性"概念的引入，保护"意义"才逐渐为人所重视。保护领域以及其他领域通往未来的关键是可持续性，布伦特兰提出的可持续发展的概念指的是一种既满足当前需要又不损害子孙后代满足他们需要的能力的发展，这与保护文化遗产将尽可能多的意义传承给后人的目标不谋而合。《维也纳保护历史性城市景观备忘录》首次提出了"可持续性保护"，认为历史性城市景观"应综合考虑当代建筑、城市可持续发展和景观完整性之间的关系"。《绍兴宣言》提出应该"把遗产保护纳入可持续发展规划和实践进程"。"可持续性"概念开始让人们思考为"谁"而保护，还将原本极有可能会被忽略但针对性却很强的一个因素，即未来的使用者，引入保护实践并加以考虑。而遗产保护的保护主体也更为多元，包括与保护对象相关的所有利益相关者（包括未来的子孙后代），任何一项保护决策都需要通过利益相关者之间共同协商来达成。

真实性和完整性原则下的传统村落保护，注重"真实"的保护，主要通过对其历史文化价值的物质和非物质承载要素的"真实"的维护来实现，更多地取决于专业人士的理性分析。传统村落历史文化价值的物质承载要素主要是其物质空间环境，包括周边环境、空间格局、传统风貌、传统建筑、历史环境要素等，非物质承载要素主要是其非物质文化遗产等。可持续原则下的传统村落保护，注重"意义"的保护，主要通过对其社会价值的物质和非物质承载要素的"意义"的提升来实现，更多地来自利益相关者的价值判断。传统村落社会价值的物质承载要素主要与农村生产生活相关，包括村庄环境、住房条件、基础设施和公共服务设施等，非物质承载要素主要与村民精神情感相关，包括社区认同、地方依恋等。真实性、完整性和可持续性原则下的传统村落保护，是在专家、政府、村民等传统村落的利益相关者对其遗产价值进行理性分析和价值判断的基础上，维护传统村落"历史文化价值"承载要素的"真实"和提升"社会价值"承载要素的"意义"。在保护中对利益相关者尽量满足多元需求、避免利益冲突，倡导以正面效应最大化、负面效应最小化为目标的协商式保护。

（三）关注点：传统村落的持续变化

通过与传统村落相关的国际遗产保护政策的变迁可以看出，国际社会的遗产保护的保护理念已经从被动地保护遗产本体转为更多地认可社会、经济、文化进程对于维护遗产价值的重要作用并试图对这些持续变化进行管控，保护手段也不再是采取单一的技术工具对物质空间环境进行维护，而是使用多样化的制度手段对空间、社会、经济、文化的持续变化进行管控。作为活态文化遗产的传统村落，如何有效地协调其遗产保护与社会经济发展的关系是其新时期保护实践中所要解决的最大问题。为了能将传统村落的遗产保护与其社会经济发展有效而又紧密地结合，除了一如既往地关注其空间环境的维护之外，传统村落的功能用途、社会经济发展的持续变化也是传统村落保护中需要重点关注的部分，应该试图去理解和管控。

（四）保护管理：建立协调传统村落保护与发展的长效机制

传统村落的保护管理应以最大程度地维护遗产价值为目标，通过公众参与、法规、规划、资金、监管等制度工具建立有效协调传统村落保护与发展的长效机制。其中，一是公众参与。保护过程需要组织保护专家、各级政府、村两委、村民、旅游公司等利益相关者的共同参与，通过利益相关者的认知来归纳和阐述传统村落的遗产价值。并以此为基础，勾勒出保护与发展愿景，进一步确定具体目标，并就传统村落的遗产保护和可持续发展的近期行动形成共识。二是法规制度。充分考虑传统村落所在地区的实际情况，以传统村落遗产价值维护和管理为目标制定相关的法律法规。三是规划制度。充分考虑传统村落的遗产价值，以真实性、完整性和可持续性为原则，充分考虑传统村落的历史文化价值和社会价值，对传统村落的空间环境、功能用途、社会经济发展的持续变化的管控做出技术规定和政策指引。四是资金制度。除了国际机构和各级政府设立并下拨的保护专项资金，传统村落所在的社区应积极探索源自传统文化并能持续收益的创新发展模式，还应多方拓展相关的社会融资渠道。五是监管制度。根据传统村落保护的有关法律法规，进一步制定能够有效维护传统村落遗产价值的监管措施及其政策保障。

第四节 传统村落发展内涵及动力

一、传统村落发展内涵

村落的发展是永恒的，它永远处于一个动态的变革之中，这种变革或急或缓，但新与旧、传统与更新、发展与保护的矛盾始终存在于传统村落之中。保护与发展有着辩证统一的哲学关系。首先，保护是本，保护是发展的出发点与落脚点。只有传统村落的空间实体和人文环境得到有效保护，并在保护的前提下合理发展，传统村落的发展才具有实际价值。其次，发展是实现保护的途径，也是保护的最终目标。保护不是静态片断，也不是切片式的社会生活，发展是必然规律，只有合理的发展方能使保护具有现实意义，正确的保护也才能真正促进地方的发展和人的发展。保护与发展的关系，保护不是目的，发展才是目的，当地老百姓拥有适应时代的良好人居环境永远是目的。我们保护传统村落的最终目标就是让其能够在现代社会继续发展下去，让其所代表的传统文化在现代文明的冲击下传承下去。因此，我们不能为了保护而保护，应该对传统村落加以合理利用，使其在现代社会中体现自身的活力，

更好地传承下去。

（一）经济发展

经济发展是传统村落保护的物质基础和首要任务，为广大农村提供物质保障，是传统村落风貌保护、文化传承的基础支撑。它不仅包括农业生产，而且应包括工业、服务业等传统村落非农产业生产经营活动。

大量的传统村落分布在贫困地区，经济发展落后，村民收入低。目前，我国很大部分传统村落的生产方式比较落后，农业现代化程度比较低，还有相当一部分传统村落处于传统的耕作阶段。一些传统村落，除了农业，就没有别的产业，产业结构单一，经济水平落后。另一方面，支撑我国传统村落生产发展的基础设施、科学技术条件、装备条件和产业发展环境还相当不足。主要表现为：耕地资源短缺；农业科研人才、资金缺乏；农业机械化程度不高；农产品转化商品的力度不够；市场信息网络化和服务体系建设滞后。由于落后的经济水平，很多传统村落的物质文化遗产衰败，保护修缮不够；劳动力大量输出，传统文化无人继承；村民生活贫困，文化自信心不足，文化保护意识薄弱。

农业是传统村落的经济基础，经济发展首先指的是农业科学化和现代化，此外也要拓宽传统村落产业领域，在保护传统村落物质文化遗产不被破坏的前提下，适当发展工业、服务业。具体的做法包括：一是依靠技术进步和推广优势产业带动建设，注重农产品特色化、品质优质化；二是借鉴农业结构优化升级的成功案例，结合本地产业结构现状，加大农业结构优化升级的力度，提高农业的产量；三是大力发展林业、牧业、副业、渔业等相关产业，拓宽传统村落的产业领域，包括农产品加工产业、生物能产业等；四是根据传统村落旅游资源的独特性与历史性，适当开发特色旅游产品，发展传统村落的旅游业；五是加大对传统村落的建设力度，增加人力、物力、财力的投入，同时借鉴国外先进的管理理念，建立基础设施经营管理的新体制；六是提高传统村落居民的科技文化素质与致富能力，为经济发展提供强有力的科技、人才保障。

（二）政治民主

政治民主是发展传统村落的重要内容，是建设传统村落的政治保证。政治民主旨在引导广大村民发挥主体作用，树立广大村民的主人翁意识，是调动村民积极性、实现民主管理的动力与源泉。

传统村落是人与自然和谐共处的产物，当地村民是传统村落保护的重要力量，是传统文化传承的核心主体。通过村民的自治，才能最大程度地保留传统村落的真实性和原真性。

目前，我国村民自治作为一种治理制度已经得到了普及和推广，但在制度的设置上仍显得粗略，在可操作性上仍太过形式化，在行为模式和制裁手段的规范上仍过于空泛。很多传统村落存在村干部权力过大，取代村民行使村务的管理权与决策权，使得传统村落的保护管理也成了空头支票。即使实行保护措施，很多保护、开发的项目也成了村干部和开发商谋取利益的工具。

因此，在传统村落发展过程中，一方面要巩固村民自治制度，健全管理制度体系；另一方面要提高村民的主体意识，规范村民自治行为，充分发挥村民自我管理、自我教育、自我服务的功能，使传统村落真正成为村民自己的社区。此外，还要提高政府政务的公开度，确保管理的民主性，政府与村民良好互动，共同推进传统村落的保护和发展。

（三）社会和谐

社会和谐是发展传统村落的社会需求，是传统村落健康发展的保障，主要内容是统筹城乡社会的发展，保障传统村落居民的社会权益，大力发展农村公共事业，促进传统村落社会的和谐发展。这就要求在加快农村经济发展的同时，提高农村教育、文化、医疗、社会保障等社会事业发展的速度，保障村民的合法权益，满足村民的迫切需要。

当前，我国传统村落的公共事业滞后、保障体系很不健全。以社会保障体系为例，我国农村居民的社会保障体系主要包括农村养老保险、失业保险、医疗保险和五保户制度，随着新农村建设的开展，农村集体力量越来越弱，五保户制度已经名存实亡，养老保险和合作医疗保险制度近几年才开始在传统村落开展，时间不长，力度不够，缺少全面的执行细则，没有形成健全的体系。在很多传统村落就业、养老保障体系建设更是没有落实。

要实现传统村落社会和谐的目标，必须加强传统村落公共事业的建设，主要内容包括：一是逐步提高传统村落的基本公共服务水平，尤其要提高传统村落的义务教育和基本医疗服务水平，这关系到村民的科教文化素质和身体素质的培养；二是繁荣传统村落公共文化事业，建立完善的传统村落社会保障体系，不断加大扶贫开发力度，保障村民病有所医，老有所养；三是继续改善传统村落人居环境，将传统村落的公共资源用于村庄建设，加快缩小城乡社会事业的差距，缩小城乡公共资源分配的差距。

（四）文化存续

文化存续是指传承和发展传统村落的文化，是发展传统村落的精神基础，是传统村落保护与发展的主要内容。传统村落的民俗文化是该地区祖祖辈辈传承下来的，是宝贵的非物质文化遗产，具有很强的历史性和地方性。不同的传统村落拥有不同的风俗文化，传统民俗文化的保护方式也各有千秋。在进行文化存续建设时，要因地制宜，因时制宜，有效地保护、传承传统村落的民俗文化。

随着社会经济的发展、生活方式的改变、外来文化的入侵，传统的民俗文化正在逐渐消失。一方面，民俗文化在现代化、工业化的冲击下，无人传承而日渐萎缩；另一方面，出于经济利益，部分地区对民俗文化资源实行掠夺式开发而使其遭受到严重破坏，失去了历史原真性。此外，传统的陋习在一些传统村落还广泛存在。一些传统村落居民攀比修古墓、建新墓，甚至还出现豪华的活人墓。这都不符合传统村落"文化存续"的要求。针对民俗文化的传承与发展，当务之急是要保证其得到传承，这要求发掘民俗资源内涵，加大文化创新制作，结合现代元素时又不失其中的传统基因，吸引更多年轻人参与其中。要在保护的前提下利用，在利用中注意保护，不能只图眼前短期的经济利益，而掠夺性地对这些宝贵的资源加以破坏。

每个传统村落都有自己特色的民俗文化，在文化的传承过程中要去其糟粕取其精华。一些宝贵的非物质文化遗产，是民族的灵魂，我们务必保留本质，宣扬精神。要成立专门保护研究小组，根据各地的民俗文化，成立不同的保护组织，保护一些有代表性的民俗文化和特殊的风俗习惯，让这些非物质文化遗产顺利地传承下去。政府和企业在开发传统村落旅游资源时，要保留典型的、具有代表性的村落文化遗产，保护和利用这些重要的非物质文化遗产，既可以成为旅游资源，也可以起到传承的效果。要增加保护资金，培养传承人，尽量减少商业性开发，增加原真性利用。

（五）生态保育

生态保育是传统村落发展的环境要求，是传统村落可持续发展的生态保障。传统村落的生态环境是指以区域自然景观和土地利用格局为背景，以农村聚落景观为核心的景观环境综合体。生态保育是指从人居环境的整治、活动的塑造、农村景观素材的保护和开发等方面着手，保护村落社会—经济—自然复合生态系统，为村民创造一个优美、宜人的人居环境和持续、稳定的生态系统，实现人与自然、人与人、自然系统内部各子系统之间的和谐发展。

一方面，由于我国广大农村生活硬件设施不完善，加上农民的不良生活习惯，固体垃圾和水质污染严重。如大部分农村垃圾都是随地堆放，不少偏远的农村仍在使用露天粪缸，粪便未经真正的无害化处理而直接排放到河里和田里。这对土壤环境、水资源都会造成很大危害，同时还存在传播疾病的危险隐患。另一方面，随着传统村落非农产业的发展，工业、服务业污染问题越来越严重，亟待解决。非农产业产生的废物与农业相比，有量大、集中排放的特点，通常很难用一般的方法处理，会对环境造成很大的威胁。

因此，传统村落的生态保育要求在城乡一体化、产业可持续发展和生态环境综合治理的背景下，综合利用传统村落资源，建设舒适的人居环境和优美的村落景观，保护传统村落的生态系统，达到传统村落社会、经济、文化、生态环境四位一体协调发展。主要可以通过如下几方面进行：一是制定传统村落生态环境保育、发展的战略与指标体系。相比我国城市，传统村落生态保护这一领域的系统性研究相对滞后，缺乏对生态保育相关内容的考虑，如村落环境的生态性、村民废弃物再循环利用、传统村落能源节约利用、传统村落景观保护和维护等。二是根据传统村落资源与能源禀赋和利用的实际情况，适当开发当地的资源与能源，优化能源与资源的利用结构，提高传统村落资源、能源的利用率。三是根据传统村落的经济条件与生产力发展水平，在不破坏当地生态系统的前提下，合理发展地方产业，严格控制传统村落地区的污染问题。四是构建传统村落人居环境和景观建设的规划与实施体系。全面分析和综合评价传统村落人居环境和景观自然要素及基础设施，充分考虑传统村落社会经济的发展战略与人口问题，对规划实施后的环境影响进行客观的评价。

（六）生活改善

生活改善是传统村落发展的核心目标和基本要求，是指增加村民收入、改善村落人居环境、提高生活水平和生活质量、缩小城乡差距，是传统村落建设和发展的重要目标和具体表现，是给村民"看得见""摸得着"的实惠。

一直以来，广大农村的人居环境令人很不满意。"露天厕、漏雨屋、泥水街、鸡鸭院"是对广大农村生活居住环境的真实展现、形象描述。目前绝大部分传统村落普遍存在如下现象：交通条件差，一些偏远的村落近几年才开始通公路，交通不便严重影响了村民的出行；村民的房舍居住条件差，很多住宅年久失修、残损破旧、不抵风雨、不具备基本居住条件；基础设施不完善，农村安全饮水、用电以及清洁能源等存在严重不足。而另一方面，作为历史文化标志物的传统村落，它的保护与开发对村落的基础设施建设有一定的影响，如古建筑的保护不利于村落的整体规划，历史风貌的控制不利于村落的现代化发展。

这就要求我们统筹实施传统村落的保护与发展，科学整治村落人居环境。在建设中尽可能协调保护村落周边环境风貌，恢复传统村落布局精妙合理、村落与自然融为一体的格局肌理和景观风貌。坚持传统村落保护与改善村民居住条件并重。具体来说，一方面，要对直接关系村民切身利益的各类生产、生活问题加大解决力度，切实完善基础设施，改善居住条件，美化村容村貌，使传统村落的建设与管理符合我国新农村建设的要求；另一方面，传统村落的建设和发展要基于原真性保护，根据当地的实际情况，保证村落独特的历史风貌、空间布局、建筑形式不被破坏。

二、传统村落发展动力研究

发展动力机制是指推动区域发展所必需的动力及其作用机理，以及维持和改善这种作用机理的各种经济关系、组织制度等构成的不同作用力要素的系统总和。随着改革开放的深入和经济的发展，推进区域发展的国家经济强制因素逐渐减少，市场因素不断增加。正如周一星指出，改革开放后，我国区域发展的推动主体由一元逐步向多元转变。目前，区域发展已形成政策引导、产业推进、比较利益驱动、制度变迁促进相结合的综合动力机制。

（一）区域发展理论

1. 部门理论——产业升级

部门理论，又叫区域发展阶段理论，由美国区域经济学 家埃德加·胡佛（Hoover M. Edgar）与约瑟夫·费雪（Joseph L. Fisher）根据大多数欧洲国家区域发展的历史进程而总结出来的。部门理论所揭示的是在技术变化条件下区域结构变化的一般规律，强调产业结构对区域发展的影响。部门理论认为，任何地区的发展都存在着"标准阶段次序"，可以表述为下列几个过程：第一，自给自足经济阶段。这是区域经济发展的初期阶段，表现为：区域产业几乎全为农业，区域人口绝大部分为农业人口，经济活动均随农业资源呈均匀分布。第二，乡村工业崛起阶段，这一阶段第二阶层的人口开始出现，他们进行着简单的手工业生产，为当地农民服务。由于乡村工业的原料、市场和劳动力来源于农业区域，所以手工业分布与基本阶层农业人口分布直接相关。第三，农业生产结构转换阶段。随着区际贸易的日益发展，区域也开始趋向于从原来粗放型农业向集约型农业转变，如种植水果、生产日用农产品和发展蔬菜农场等。第四，工业化阶段。区域开始谋求工业化，谋求制造业和矿业的发展。区域工业化的早期阶段建立在农林产品的基础之上，主要发展食品加工、木材产品加工和纤维纺织业等。工业化的后一个阶段则出现了诸如冶炼业、金属材料加工、化学工业、建材工业等。第五，服务业输出的阶段。这一阶段区域实现了为出口服务的第三产业专业化生产。这时，区域开始输出资本、熟练技术人员和为不发达地区提供专业化服务。

部门理论阐释了区域经济由第一产业向第二产业到第三产业的过渡机制，揭示主导部门带动区域经济增长的作用。值得指出的是，部门理论符合大多数区域发展的历史过程和客观规律，但并非所有地区发展都必须经历这样的"标准阶段次序"。这要看区域尺度、要素禀赋、制度和政策设计以及区位等条件的综合考虑，如一些尺度不大的地区，或者旅游资源发达的地区，可以跳过工业化阶段，直接进入服务业输出的第三产业阶段。

2. 梯度推移理论术推动

梯度推移理论最早源于美国哈佛大学教授拉坦·弗农（Ruttan Vernon）等人提出的"工业生产生命循环论"。该理论认为，各种部门及产品都处于生命周期的不同发展阶段，即经历导入、发展、成熟、衰退四个阶段。区域经济学家将工业生产生命周期阶段论引入了区域经济发展研究领域，创立了区域梯度推移理论，并广泛运用于区域发展战略的实践中。

区域梯度推移理论也与部门理论一样，认为区域经济发展取决于其产业结构的状况，而产业结构的状况则又取决于地区经济部门，特别是其主导产业在工业生命周期中所处的阶段。区域梯度推移理论提出技术水平是决定主导产业发展从而影响区域发展的决定性因素。如果其主导产业部门由处于创新阶段的专业部门所构成，则说明该区域具有发展潜力，该区域是经济梯度高的区域；若区域主导产业处于衰退期，该区域则是经济梯度低的区域。

随着时间的推移及生命周期阶段的变化，生产活动逐渐从高梯度地区向低梯度地区推移，从而使处于低梯度的具有某些比较优势的城市或地区成为该生产活动的最大生产地，而取代原来最高梯度的创新发源地，进而实现了技术及产品生产的梯度转移。而梯度推移之所以成为必要与可能，这主要是由于市场的扩大及由此而引发的生产规模扩大、生产费用节约等原因。

梯度转移理论，实质上是一种基于技术水平差异的非均衡发展理论。由于地区接受能力的差异，致使梯度推移只能顺次进行，即生产活动只能从高梯度地区向低梯度地区推移。梯度理论表明，一个较落后的地区想要实现经济的腾飞，就必须开发本地区的优势产业、提高技术水平，从低梯度向高梯度发展，逐步成为高梯度地区，有时可能跨越中间梯度，实现跳跃式发展，成为高梯度地区。

3. 增长极理论——政策引导

增长极理论最早由法国经济学家佛朗索瓦·佩鲁（Francois Perroux）提出。后来，其弟子法国经济学家布代维尔（J. B. Boudeville）、瑞典经济学家缪尔达尔（Gunnar Myrdal）以及美国经济学家赫西曼（A. O. Hisehman）等学者在不同程度上丰富和发展了该理论。增长极理论从物理学的"磁极"概念引申而来，认为受力场的经济空间中存在着若干个中心或极，产生类似"磁极"作用的各种离心力和向心力，每一个中心的吸引力和排斥力都产生相互交汇的一定范围的"场"。而这个增长极既可以是一个部门，也可以是一个区域。

和梯度推移理论一致，增长极理论认为区域发展是不平衡的，区域经济的发展主要依靠条件较好的少数地区和少数产业的带动。因此，增长极理论主张尽可能把有限的稀缺资源集中投入到发展潜力大、规模经济和投资效益明显的少数地区或行业，使主导部门或有创新能力的企业或行业在一些地区或大城市聚集，形成一种资本与技术高度集中、具有规模经济效益、增长迅速并能对邻近地区产生强大辐射作用的"增长极"，通过具有"增长极"的部门或地区的优先增长，带动相邻部门或地区的共同发展。

增长极理论对指导区域发展政策制定，尤其是不发达地区，具有重要的意义。理论主张通过政府的作用来集中投资，加快若干条件较好的产业或区域的发展，进而带动其他产业或周边地区发展。这一理论的实际操作性较强，有利于发挥政府的作用，"集中投资、重点建设、集聚发展、注重扩散"，弥补市场的不足。但很多地区的实践表明，在培育增长极的过程中可能加大增长极与周边地区的贫富差距，因为增长极的培育和成长要经历"极化效应"和"扩散效应"的过程。在起始阶段，极化效应很强，周边地区生产要素流向增长极，影响了周边地区的发展，因此政府在地方发展过程当中应该适当考虑协调地区间的发展。

4. 点轴理论——交通区位带动

点轴理论最早在 20 世纪 70 年代由波兰经济学家萨伦巴（Piotr Zaremba）和波兰经济学家马利士（Boleslam Malisz）提出，该理论是增长极理论的延伸，也是从区域经济发展不平衡规律出发，十分重视"点"即增长极和"轴"即交通干线的作用，认为随着连接各种中心地的重要交通干线如铁路、公路、河流航线的建立，连接地区的人流和物流迅速增加，生产和运输成本降低，形成了有利的区位条件和投资环境，使产业和人口向交通干线聚集，使交通干线连接地区成为经济增长点，沿线成为经济增长轴。

与增长极理论不同是，点轴理论是一种地带开发，在空间结构上是点线面的结合，呈现一种立体网络结构的态势。点轴空间结构系统包括三个主要阶段：开始形成阶段，区域局部变得有组织性，区域资源开发和经济发展进入动态增长时期；基本形成阶段，社会经济演变迅速，空间结构变动幅度加大；正式形成阶段，区域全面进入有组织状态，具有显著的高效率。

点轴理论更适合于欠发达地区，它对地区经济发展的推动作用要大于单纯的增长极理论：一方面可以转化城乡二元结构；另一方面又可以促进整个区域逐步向经济网络系统发展。培育中心节点、发挥交通廊道作用、明确中心节点和生长轴的发展时序，可有望成为中国区域农村发展的理论借鉴（陆大道）。农村非农产业发展和农村居民点建设的沿路、沿江（河）及城郊区

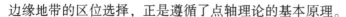

边缘地带的区位选择，正是遵循了点轴理论的基本原理。

5. 资源禀赋理论——资源依托

资源禀赋理论最早由伊·菲·赫克歇尔（Eli. F. Heckscher）和俄林（B. Ohiln）提出，该理论的基本思想是，在自由贸易的条件下，各个区域或国家都应该根据资源禀赋条件进行分工，开展贸易，从而更有利于提高各区域或各国的发展，区域经济的竞争力靠的是成本，谁能把成本降到最低，谁就具有竞争力。要降低成本，就要有比较资源优势。而发展特色经济就是依靠自身的资源禀赋。

特色经济是指从本地区比较优势和资源禀赋出发，根据本地区在某一个阶段的要素禀赋结构，即经济中自然资源、劳动力和资本的相对份额，在某一产业或产品上构建经济增长极，形成主导产业，提高区域经济增长的核心竞争力，最终促进地区经济全面发展。日本、韩国、新加坡和中国台湾与香港的发展之所以被誉为"东亚奇迹"，关键是它们遵循了比较优势发展战略，在它们经济发展的每个阶段都比较好地发挥了要素禀赋所决定的比较优势。在20世纪50年代和60年代，它们的劳动力相对丰富，资本相对稀缺，就发展以相对比较优势的劳动密集型为主的产业。后来，随着经济发展，资本逐渐积累，人均资本拥有量提高，要素禀赋结构得以提升，才逐渐把产业结构提升到资本、技术密集型乃至信息密集型产业。

从资源禀赋理论的内在规定出发，在区域发展过程中，首先要积极发挥资源禀赋的优势。目前中国农村的发展基础还十分薄弱，在资源禀赋结构中，自然资源、劳动力资源十分丰富，资本相对短缺。所以，要根据自身的优势（自然资源丰富和劳动力价格低廉）和弱点（资金、技术、人才、信息贫乏），大力发展特色农业、劳动密集型产业、农业观光业等产业，推动农村区域发展。特别是要让拥有资本和技术、对城市市场比较熟悉的部分"城里人"参与到农村的产业开发与建设中来，形成城乡优势要素的近距离结合，这是新型城乡一体化的最佳模式。

（二）传统村落发展动力机制

新增长理论的观点认为，一个系统要产生持续增长，就必须要克服回报递减趋势，实现要素回报的递增，而要实现这一点，这就必须寻找到一个维持可持续增长的引擎。基于上述区域发展理论的研究，我们可以认识到这个引擎不单是某一个独立要素，而是诸要素相互作用而形成的动力机制。区域发展是一个多维度的、非线性的、路径依赖以及动态的过程，这个过程涉及发展的各个方面之间互动关系的系统性转变。因此，本书中传统村落发展的动力机制是推动传统村落发展所必须的各种动力因子共同作用的刺激机理，以及维持和改善这种激励机理的各种经济关系、组织制度等所构成的综合系统的总和。

在影响区域发展的多重动力因素中，主要有以下四个层面：一是区位因素；二是资源禀赋因素，包括自然资源、人文因素等；三是经济因素，包括自身的产业基础和产业发展状况、技术水平的发展以及内外投资的引导；四是政策因素，主要指政府调控及制度保障，包括中央和地方政府的管控规模与质量，财政支持，政策、制度和法规的制定等。

1. 区位因素

区位的概念源于研究区域经济发展条件的古典区位理论，原是用于企业的微观布局，后被广泛应用于区域经济研究。狭义的区位因素指一个地区经济地理位置的优劣性和通达性，直观的理解就是交通要素相对于其他地区的优越度。广义的区位还包括其他诸如自然条件、劳动力、技术、资金等要素在空间地理位置上相对于其他地区的便利度以及所处区域经济、市场环境的发展程度或完善度。

优越的区位因素是区域发展的重要基础条件与动力因素。纵观我国农村的发展历史，可以看出，农村许多地区借助于所在区域优越的区位因素成为生产要素、产业的聚集地，产生强大的聚集效应，促进农村地区的经济发展，从而带动社会、文化、生态的协调发展。区位因素对传统村落发展的作用主要表现为以下几方面：

交通区位因素的便利程度决定了其与外界经济往来的可能性，便利的区位条件可以带来大量物流、人流、资金流、信息流等的汇集，带动传统村落的发展。"要想富，先修路"这句标语从二十世纪八十年代后期开始刷遍了田间地头，这个由山区农民率先喊出的朴素口号，话糙理不糙，很快流行于全国，至今热度不减，可见交通区位对农村发展的重要性。

市场区位直接影响着传统村落的产业发展模式。以农业生产为例，接近大中城市的传统村落可以充分发挥市场区位优势，大力发展生态观光农业，为城市人提供风味餐饮、果蔬采摘等农事体验，从而促进村落发展；毗邻小城镇的村落可以依托城镇的市场需求，发展蔬果种植业，提升蔬果种植业规模化、规范化、标准化生产水平；而偏远地区的传统村落，只能发展粮食作物、经济作物等便于储存和运输的农业，培育特色农业。桐乡乌镇是两省（江、浙）三府（苏、嘉、湖）七县（桐乡、崇德、秀水、乌程、归安、吴江、震泽）接壤之地，市场辐射区广阔。依托其市场区位优势，乌镇建立生态农业园区，以生态农业为基础，依托旅游业大力发展生态农业旅游，成为乌镇产业发展的一大特色。

传统村落与区域经济中心、行政中心的区位关系会影响其受到的外来经济、政策辐射的强弱程度，从而影响其对开放经济和外部政策的依赖度，毗邻大中城市的传统村落可以充分利用大中城市要素、产业、技术等向周围腹地的扩散来加速农村的发展。

2. 资源禀赋

广义的资源不仅包括传统意义的自然资源，更包括其他一切可以利用的，为经济服务、形成经济价值的客观存在。依据资源对象的可见性及实体与否可以把资源分成自然资源与社会文化资源两大类。自然资源是指天然存在（不包括人类加工制造的原材料）并有利用价值的自然物，社会文化资源与自然资源相对，指那些无法被直接观察到的资源，如人文资源、知名度、关系资源等。一般来说，由于社会发展程度及人们认识水平的关系，自然资源偏于传统资源，而社会文化资源偏于现代新兴资源，从总的趋势来看，社会经济的发展有从以自然资源为核心向以社会文化资源为核心转变的趋势。

许多传统村落农业资源、矿产资源、旅游资源、人文景观资源及历史文化资源等丰富，这为传统村落的发展提供了重要的基础条件。在丰富的资源基础上建立相应的特色农业、采掘业和原材料工业、风景及人文景观旅游业，是资源丰富地区农村地域发展的必然选择。资源禀赋对传统村落发展的作用主要表现为以下几方面：

自然资源为传统村落社会经济发展直接提供生产、生活的物质资源，是村落发展的物质前提和物质基础。自然资源的数量多寡影响村落产业发展的规模大小，质量及开发利用条件影响产业活动的经济效益，地域组合则会影响村落的产业结构。尤其是农业与采掘业、旅游业等产业对自然资源依赖程度很高，自然资源的优劣起到了决定性作用。如江西婺源有着丰富的自然资源，有林地面积376万亩，森林覆盖率达82%，农业资源优越，是全国十六个生态农业先进县之一，境内处处为景，神奇的卧龙谷、天上人间般的江岭风光、文公山、鸳鸯湖、堪称"生态奇观"的灵岩洞国家森林公园……被誉为"中国最美的乡村"，为婺源农业、旅游业及相关产业发展提供了良好的自然生态环境。优越的自然环境就是婺源区别于其他传统村落的自然资源优势，目前，依托优越的自然资源，生态农业与旅游产业成为婺源的主导产业，婺源也被评为全国首批农业旅游示范区。

3. 经济因素

经济因素是传统村落发展的内生力量，村落要发展就必须建立在经济增长的基础上，与经济发展适度同步；可以说，村落发展与经济发展之间存在着绝对依赖关系，任何一个地区的经济发展都在一定程度上制约着该地区的发展水平，村落的经济基础、产业结构以及技术水平都是村落发展的影响因素和内在动力。

经济基础决定传统村落发展的起点，对于经济基础好的村落，其经济实力不仅体现在经济指标上，还要体现在经济结构、发展环境、市场发育机制、对外贸易等方面上。地区综合经济实力决定了村落在区域经济联系中的相对地位、竞争力及可持续发展能力，经济基础好的传统村落既能具有更强的竞争力和吸引力，促使产业和人口的集聚，又能具有更强的吸纳和优化配置资源的能力，促使产业的优化升级和人口素质的提高。但是，在经济水平落后的村落，必须先靠来自政府和发达地区等外部力量的持续支持，突破资金瓶颈，直到基础设施基本完善和非农产业的初步建立，使其产业能够在金融体系的支持下健康运转。

产业结构是建设传统村落的关键因素，传统村落的发展离不开产业的带动；产业结构是指各个产业之间按一定方式和比例的组合或构成传统村落产业结构的变动，主要是由单一产业结构向各业协调发展，由以粮食为主向农林牧渔发展，由以农业为主向一、二、三产业协调发展的结构转变。产业结构变动所形成的农业与非农业地位的消长、比较利益的差异及劳动力吸收率的更替会造成村落动力机制的更迭。在推进传统村落发展进程中，只有产业结构不断调整优化和规模产业集聚才能确保村落的可持续发展。对于大多数经济水平相对落后的传统村落，非农产业发展是促进村落发展的主要动力之一。村落应在政府的引导下，遵循比较优势理论，从本地资源、区位和传统特点出发，将优势产业培育为支柱产业，从而在行业中形成凝聚力和影响力，避免出现与周边区域生产结构和工业结构雷同的现象，而对于经济水平发展较好的村落，应当在保持现有产业优势的同时，把重心放在调整产业结构和提升第三产业水平上。

科学技术是第一生产力，是实现传统村落发展的重要驱动力。一直以来，科学技术都是人类推进经济社会发展最有效的工具，从原始农业、传统农业、现代农业、现代工商业等不同发展阶段，无一不以技术变革为动力，以技术进步为标志，梯度转移理论中就强调，地区间的不平衡发展其实是技术水平不平衡引起的，先进的技术水平可以提高地区生产力，是地区产业竞争力的重要保障。传统村落可以通过引进先进技术，实现产业的现代化，并结合自身产业特点，调整产业结构，发展特色经济，促进村落经济结构升级。如云南德宏，依托优越的自然条件引进茶叶的新品种、新技术，特别是德宏州茶叶技术推广站成立以后，大力推广先进的茶园栽培管理技术，推动了德宏茶叶科技进步。目前，茶产业已成为德宏地方财政增收、经济增长的传统支柱产业，也成为广大农民增收、致富的优势产业。可见，科学技术对促进传统村落经济发展，实现村落繁荣有着至关重要的作用。

4. 政策因素

政策因素对传统村落发展目标的制定以及其主导产业的选择、经济发展战略及具体发展规划的制定都有重大影响，对传统村落发展起着重要作用。传统村落所在乡镇、县、市、省乃至国家对其重视程度和扶持力度，往往可以造就一个传统村落的跨越式发展。政策因素主要包括政府的行政决策，主要指投资、扶持政策、生产力的宏观布局、产业结构的调整、村镇规划、开发区的建设等方面的政府行为，以及户籍制度、就业制度、社会保障制度等相关的制度安排。

在传统村落的发展动力机制中，政策因素起到的推动作用主要表现为以下两个方面：

政策因素对传统村落的发展起到引导和推动的作用。一方面，政策影响传统村落经济发展目标的制定和主导产业的选择，政府通过理念的确立，从思想上把握传统村落发展的战略定位、发展方向和发展路径，引导村民积极参与，逐步发挥其主体作用，从而形成组织手段和行政方式的统筹安排，改变我国村镇行政功能薄弱、政策措施不力、基础设施和公共服务设施缺乏、历史文化保护意识淡薄、文物古迹和生态环境破坏严重等问题，引导传统村落可持续发展。另一方面，政府通过把握地区的资源禀赋、经济实力和发展潜力，对区域内产业分工与协作进行科学定位，合理配置和协调各种资源，明确传统村落发展的基本路径和一系列政策措施，能够为传统村落发展起到作用。

政策因素对传统村落的发展起到支持的作用。一是财政支持。在传统村落的保护和建设中，若一味强调市场机制，将不利于传统村落的保护，还会造成地区之间日益明显的马太效应，区域差距将不断扩大。因此，对于传统村落，尤其是较为落后的传统村落而言，政府财政的支持和外部资金的注入是非常重要和必要的，财政投入是政府落实传统村落保护和调控村落发展的重要政策手段之一，我国长期的一元投资模式使传统村落对政府财政投入具有高敏感性，同时，村落的经济增长与政府财政支出之间存在着正相关关系，政府通过行政手段，在资金和项目等方面给予传统村落适当倾斜，如直接拨款、优惠贷款、税收减免等政府的援助政策，通过宏观调控促进传统村落的保护和发展，这对于传统村落的发展而言，具有显著的积极作用。二是政策支持，政策支持同样是政府调控传统村落发展的重要手段：政府除了给予财政支持外，能够给予相应的政策支持，为传统村落建立多样化的投融资体系。而在一些具备资源但经济交通条件落后的村落，依靠国家对资源开发项目或基础设施项目的计划投资和村镇政策的推动，往往能促进该村落的兴盛发达。

第五节　传统村落发展模式

传统村落发展模式指我国传统村落在保护、发展、建设过程中所形成的，具有本地区特色的模式。由于各地发展动力不一致，发展经济、建设传统村落不会也不应有一个统一的模式和统一的时间表，而应该立足村情、适应环境，以市场为导向，以当地资源条件为依托，秉承"因地制宜"的原则，发挥本地特色优势，突出主导产业。只有传统村落发展模式正确，才能够使村落的各种资源得到最优化配置，促进传统村落的科学发展。目前，全国各地情况千差万别，在传统村落建设过程中出现了多种类型的模式，研究传统村落的发展模式，可以为其建设提供思路和样板，通过借鉴类似传统村落的发展模式，植根于当地特色，从而获得较好的经济效益、社会效益和生态效益。

传统村落作为农村的一种特殊类型，具有农村发展的一般特征，有着以农业为主的产业结构形态，有着类似的区位、资源禀赋，有着"生产发展、生活宽裕、乡风文明、村容整洁、管理民主"的发展目标。随着我国新农村建设如火如荼地开展，农村的建设已形成几类典型可资借鉴的发展模式。研究农村的发展模式可以为传统村落的建设发展提供思路。另一方面，传统村落具有作为历史文化遗产的特殊性，需要始终坚持"保护第一，合理利用，适度开发"的原则，在保护传统村落文化遗产和生态环境的前提下，开发传统村落的特色资源，推动传统村落的保护与发展。

下面我们基于研究农村发展的基本模式，结合传统村落发展的特殊要求，介绍我国传统村落可以采取的典型发展模式，农村是在区位因素、资源禀赋、经济因素、政策因素等多种动力因素的综合作用下发展的，由于地理区位、资源禀赋、经济水平和政策力度的差异，不同农村区域的发展表征出不同的模式。基于发展动力来源的不同，可以把农村区域发展分为三大类：外生增长、内生增长和内生、外生混合增长。

一、外生增长理论

外生增长理论，又叫新古典经济增长理论，是由索洛（Solow）和斯旺（Swan）在对哈罗德—多马模型进行修订的基础上发展起来的，外生增长理论认为区域发展是由外部决定的。发展收益倾向于输出到的区域之外，农村的利益诉求倾向于被忽略。外生增长理论曾经占据着解释农村区域发展的主流地位。在农村区域发展政策上，外生增长理论认为农村区域发展的关键是引导农业现代化的发展，在农村建立分支工厂，鼓励城市生产企业迁向农村以为农村人口提供就业机会：基于外生增长理论的农村发展模式主要包括农业现代化模式、外生工业化模式、农村商业化模式和劳动输出模式。

（一）农业现代化模式

农业现代化模式是指用现代工业装备农业，用现代科技武装农业，用掌握现代科技的劳动者从事农业，用现代经营管理方式管理农业，实现农业的专业化、商品化、社会化生产，实现资源的科学开发、合理利用，实现农业的可持续发展（宋晓情、潘德华），进而带动农村的建设和发展。

这种模式一般发生在开发历史晚、人口密度较低、人均耕地面积大、农业机械化有利于开展、特色产业传统不深的农村地区，如松嫩平原、三江平原等。在农村工业、商业难以发展的情况下，提高农业的生产力水平是促进经济发展的现实途径，而提高农业生产力的方式就是农业现代化和专业化。农业现代化和专业化的发展，通过技术进步和规模报酬递增提高了农民收入，使这些地区成为粮食基地、蔬菜基地、畜牧基地等各种专业化供应基地。但过度的专业化使这些农村在农业效率提高的同时，整体经济变得相对单一而脆弱，市场需求发生变化，更有力竞争者的出现，土壤肥力的下降和各种不测风云的打击，都可能使各种农业专业化的农村经济发展模式面临困境。

（二）工业农村化模式

工业农村化是城市工业不断向农村地区扩散的产物，农村工业化的非农产业主要不是来自农村本身，而是从城市移植而来。由于城乡间土地、劳动力等生产要素成本的差异存在以及交通运输和通讯网络的日益发达，城市将工业不断向农村地区转移，促进农村工业的发展。

该模式是工业化发展到一定阶段的产物，即这些地区的工业化程度已相当高，属于"后工业社会"的产物。在北京、上海、深圳等经济发达城市周围的农村地区可采用工业农村化的模式。但农村地区的普遍工业化、商业化很难实现，一方面，城市生产企业的外迁与否取决于城市产业结构升级与空间结构调整的内在演化，城市企业不会轻易为了一些优惠政策而放弃城市的配套产业和市场。另一方面，农村地区对于城市产业迁入的需求看起来永远是"僧多粥少"，即便是在经济发达的美国也不例外。此外，工业化会对传统村落的生态环境造成破坏，实践发现部分实现工业化的农村，其区域生态环境功能多有退化。

（三）农村商贸化模式

农村商贸化是指发展现代农村商贸流通服务业和市场网络，进而形成以当地农村为中心的市场，以市场促产业，以产业带乡村，最终形成商贸发达、乡村繁荣的一种农村发展模式。

这种模式发生在具有便利的交通区位优势的农村地区，如大中小城市的市郊结合部，铁路、公路、水路沿线等交通枢纽地带，地处建设在郊区的机场、码头、车站附近，以及人员流动和客流量较大的其他各种场所。除了区位因素，农村商贸化还跟"能人"经济有关。除了长期自然形成的那一类商贸流通市场之外，要求总体规划者、经营者具有超越常规的商业战略眼光和审时度势的运筹决策魄力、具有风险意识和担当风险的承载力、具有充裕的资金。此外，这还取决于国家相应的信贷、保险业的发展跟进，取决于市场体系和相关法规建设的完善，以及国家对市场经济更进一步的推进。总的来说，商贸化模式需要的条件相当苛刻，需要具备便利的交通、完善的基础设施及配套条件、"能人"的领导和相关产业发展的支持。因此，采用商贸化模式发展的农村很少，典型的有上海的九星村。

（四）劳动输出模式

劳动输出模式是指依托当地大量剩余的劳动力资源，通过转移大批农村剩余劳动力进城，提供劳务输出。这一方面加快了工业化、城镇化的进程，另一方面优化了农村劳动力资源的配置，提高了农村劳动生产率，同时，转移就业后的农村劳动力将获得收益的一部分投入到农业生产和农村建设中，反哺家乡，从而直接或间接地推动农村经济发展。

这种模式一般发生在本地资源匮乏，耕地面积少，土地贫瘠，农作物产量低下，又没有其他可供挖掘的致富资源，而当地劳动力大量剩余，但又地处闭塞、落后、偏远的乡村地区。在农村建设中，让农民富裕起来，其中一条重要的途径是必须分流农村剩余劳动力。而实行农村劳务输出是最快速、有效的分流方式。一方面可以减少农业人口，使农村耕地资源的人均占有量增加，达到农民增收的目的；另一方面可以反哺农村，积累建设新农村所需的资金，以提高农民的再生产投入能力，从整体上增加农民收入和改善农民的生活水平，但大量农村劳务的输出对城市和农村都提出诸多挑战，如农民进城以后合法权益问题无法解决，面临就业难、安居难、看病难、子女上学难等一系列问题，此外，家乡留守子女和老人的安置问题、土地转移承包问题、"空心村"问题又成为农村发展的难题所在。

二、内生增长理论

内生增长理论，又叫新增长理论。20世纪六十年代阿罗（Armw）和宇泽（Uzawa）等学者突破了外生增长理论的研究框架，将技术进步作为内生变量考虑发展起来的内生增长理论认为农村区域的发展主要由其自身推动，更多地依赖于地方资源。发展的收益也倾向于保留在农村区域之内，农村的利益诉求受到尊重和维护。这一理论与地方环境模型关系密切，如内生增长模型和产业区模型。在农村政策上，内生增长理论认为农村区域发展的重点应该是鼓励农村产业多样化，提倡自下而上的发展模式，鼓励农民主动性的发挥，扶持农村企业，提供合适的培训，内生增长理论提出了几种具体的农村发展模式：特色农业模式、乡村工业模式、休闲农业发展模式、旅游开发模式。

（一）特色农业模式

特色农业模式是指特色农产品种植，是根据当地的气候、土壤和地域特点，结合市场需求和自身的比较优势以及种植传统等因素，挖掘、确定某种或多种特色农产品，形成种植规模，创造规模效益，实现主导型农业生产的发展模式。

这种模式一般适用于农业历史悠久、农产品具有特色且市场需求旺盛、区位条件较好的地区。由于特色农业所种植生产的多是具有特色的农副产品，可以用来满足消费群体的某些特殊需求，销售价格比同类高，投资回报率相对丰厚，特色农产品种植，似乎能够适应普遍的农村地区，但是，"特色"二字则要求具有得天独厚的气候、地理条件，要有种植传统的沿革和经验积累，更要有市场的比较优势和竞争实力，要形成规模种植，否则，就不具有"特色"，而陷入平庸，同时，通畅的交通运输网络以及销售、加工等系列配套设施的建设也是重要的因素。此外，这种模式若能与产业相连接，形成特色农产品的种植、加工等系统性产业链，往往更能实现乡村的规模型综合性发展。

（二）乡村工业模式

乡村工业模式是指依靠农村本身的资源优势，以创办和发展乡村工业企业为导向，推进农村经济由农业主导型向工业主导型转变；通过村办企业的长期性、系统性运营，整合农村的资源优势，促进乡村经济效益快步增长的"内生性"工业化模式。我国 20 世纪 90 年代兴起的乡村工业模式取得了一定的成功，这与我国的特殊国情密切相关。第一，计划经济时期重工业化导向产生的轻工业品短缺；第二，改革首先由农村发起，农村经济相对城市经济有体制上的优势。

该模式适合东部沿海发达地区、濒临大中城市的近郊村镇。在机遇上，往往是抓住了改革开放的较早商机，实现了早期的资本原始积累而发展起来的，其中最具代表性的有温州民营经济模式、苏南集体经济模式和珠江三角洲合资经济模式，这些模式都促进了农村经济的发展，将农村剩余劳动力大批转移到农村工业等非农产业，增加了农民的收入，改变了农村的经济结构，极大地推进了农村工业化和城镇化进程。但考虑到农村的生产技术水平、乡镇企业的体制问题以及农村的生态环境承载力，该模式的推广不太具有普遍性。

（三）休闲农业模式

休闲农业发展模式是指以农业和农村为载体，利用农业生产经营活动、农村自然环境和农村特有的乡土文化吸引游客，通过集观赏、娱乐、体验、知识教育于一体的新兴休闲产业带动新农村建设的一种模式。这种模式包括建立农业生态园、养殖场、采摘园、农产品物流配送中心、学农教育基地、农艺园、民俗村等方式把乡村的发展与休闲产业的发展融为一体。

采用这种模式发展的农村应具备三个条件：交通便利，距离城市较近，靠近消费市场；有怡人的自然环境，有一定的农业发展基础；有能满足城市游客食、住、行基本要求的基础设施。这种模式具有投资少、收益好、见效快的特点，既能发展农村经济，又能改善农村基础设施条件，最能体现农村发展的目标要求。但过度、不合理的开发破坏了农村田园牧歌式的环境，特别是农村的纯朴民风往往会随着消费经济的发展而丧失，独特的民俗也会变得越来越舞台化和表面化，最终失去对城市居民的吸引力。

（四）旅游开发模式

旅游开发模式是指以具有乡村性的自然和人文客体为旅游吸引物，依托农村区域的优美景观、自然环境、建筑和文化等资源，在传统农村休闲游和农业体验游的基础上，拓展开发会务度假、休闲娱乐等项目的新兴旅游发展模式。发展旅游业需要该地区本身就有可以挖掘的、独特的旅游资源，包括自然资源和人文资源，此外，要有便利的交通条件以及与旅游相配套的娱乐、住宿、餐饮等基础设施，但旅游资源的过度开发、旅游活动的频繁开展会造成生态系统的破坏。吴朝辉指出，我国绝大多数旅游风景区的水质、空气以及土壤、植被都已受到不同程度的污染和破坏，生态环境系统失调，这是旅游开发模式的潜在风险和需要注意的问题。

三、内生—外生混合发展理论

内生—外生混合增长理论反对片面的内生增长理论和外生增长理论，强调控制区域发展过程的内外部力量的相互影响。这种学说的依据是经济的、社会的、制度的关系，内外部的联系在不同产业区是不同的。内生—外生混合学说把农村区域发展和因通信、信息技术革新而日益发展的全球化过程联系起来。在变化的全球网络中，农村区域的发展受地方网络和外部网络的影响，不同区域的网络规模、方向和密度各不相同。因此，在这个学说中，农村发展被认为是一个复杂的网络编织过程。在这个网络中资源是可流动的，控制发展过程的力量由相互影响的地方力量和外部力量组合而成。

（一）城乡经济互动模式

城乡经济互动模式指从区域发展角度出发，通过市场机制，使资源、资金、技术在城乡之间，在不同产业之间有序流动和优化组合，促使城乡经济持续发展。"以工促农"和"以城带乡"的城乡经济互动模式的提出，为农村经济发展带来了新的机遇。该模式是在明确城乡分工、相互促进基础上的双向发展过程，是农村与城市之间的一个多维互动过程，它既包括农村的劳动力、资金与土地等经济资源向城市的流动，也包括城市先进的生产力如技术、科技等要素向农村的扩散、渗透和辐射；既包括城市对农村发展的拉动作用，也包括农村对城市发展的促进作用。

城乡经济互动模式依托农村毗邻城市的区位优势，通过城乡资源要素自由流通和有效配置，包括人口、资金、信息和物质等要素，实现城乡共同富裕。一方面，农村依靠自身的农业、劳动力、土地等资源优势，向城市输出农产品等，促进农村的农业产业化；另一方面，城市为农村提供就业岗位、先进科学技术，促进农村的农业现代化、农村工业化。然而，长期以来的城市偏向政策，农村资源大量向城市集聚，而阻碍了农村自身的发展。如"城中村""棚户区"等地区，其经济、社会、环境的矛盾十分突出。通过合理的政策引导、以工促农，以城带乡，建立城乡良性互动机制是解决城乡发展不平衡问题、促进这类农村地区发展的重要举措。

（二）经济多样化模式

经济多样化模式是农村经济在传统农业产业基础上逐步发展多样化农业、

工业以及商业服务业，从单一的集体农业经济模式转换为多样化的发展方式。农村经济多样化模式是小农经济效率改进的重要途径，也是农村经济持续稳定发展的途径之一。

这种模式一般发生在人口密度高、人均耕地面积小，小农经济历史长，且位置偏远、经济地理区位不佳的农村地区。这类农村地区一般首先开展了种植业内部和大农业的生产多样化，发展劳动密集型的畜牧、水果、蔬菜、特种种养等农业形式。农业产业化开始迅速发展，通过技术、设备、管理和制度的引进与创新，农村经济向产供销、农工商一体化方向发展，特别是农业服务业如教育服务、科技推广服务、生产资料供应服务等得到深入而广泛的推进，而山区、湖区、少数民族地区和文化景观独特的农村地区，开始利用当地美丽的自然风光、绿色的土特产品、独特的民俗风情和原汁原味的乡村文化，发展生态观光、"农家乐"、民俗体验和休闲度假等以旅游为主的特色产业，满足因经济发展、居民生活方式转变致使城乡居民消费不断升级的需要，也使农村在经济增长同时，找到了根植性深、可持续性强的发展方式。

二、传统村落发展的特殊性

（一）历史原真性与外来文明的矛盾

历史原真性是国际评估历史文化遗产的重要标准之一，传统村落的保护和发展最重要的是保护其真实而原生态的风貌。但传统村落的发展过程中经常面临着现代文明和外来人员的冲击与碰撞，例如外来投资、工业化、旅游开发等，导致大量非本土商品的进入、外地人员的入住和本地人员的流出，使得传统村落出现一种趋向：文化异化——外来文化入侵逐步破坏传统村落原生态平衡机制，进而破坏传统村落的完整性和原真性。

（二）传统物质空间与现代生活方式的矛盾

随着时代的不断进步，居民的生活观念和生活方式都在急剧变化，传统村落中原有的基础设施、室内布局与外部环境已经不能满足日益增长的现代生活需要，也不适应现代产业经济发展的需要。然而，盲目的现代化造成村落历史风貌的破坏，如现代交通工具的使用给传统村落原生道路产生较大的破坏；村落居民改造房屋多使用新的建筑材料，割断了建筑风貌的延续；新住宅的建造多采用现代风格，影响整体景观风貌的协调性和统一性等。

（三）原生态与商业化的矛盾

在商业化过程中，参与传统村落保护和开发的各相关利益方往往只从自身利益回报的角度来思考和行动，导致只注重开发而不顾保护的局面，造成传统村落的自然度、美感度和灵感度严重下降，破坏了村落高品质、高层次的精神文化功能和社会公益性质——为了迎合游客的需要肆意改造传统建筑，修建的各种"假古董"，开设大量商业网点贩卖"假特产"等"过度商业化"的现象屡见不鲜，破坏了原有民居的格局以及整个村落的风貌，造成了传统村落原生文化的消失。

（四）延续性与空心化的矛盾

传统村落的人、地、物、事是统一的整体，而人是保证其生生不息的动力源泉，只有在生活中才能继承真正的传统和文化。但一方面，由于很多传统村落的经济落后、产业单一，很多村民外出打工，导致村落的"空心化"。另一方面，由于传统村落的住房质量往往较差，生活基础设施相对落后，很多村民出于对现代、方便、快捷的生活方式的追求，导致很多传统院落被闲置，严重阻碍了民俗文化的传承，失去了村落生活的真实性。

（五）有限环境容量与工业化污染的矛盾

传统村落以农业为主以及生产力落后，其工业化有以小型、落后产业为主的特点。工业化过程中的生产效率低、浪费严重、污染严重的问题尤为突出：村落相对有限的空间、有限的环境容量与不断增加的环境污染的矛盾日益突出，加上外来打工的众多流动人口造成的拥挤和污染，直接影响了传统村落特有的环境品味与居民日常生活。

三、传统村落发展原则

（一）原真性保护原则

传统村落的发展首先必须体现历史环境原真性保护的原则。尘封的历史遗存携带了大量真实的历史信息，是古村历史文化价值的主要载体。如果失去这些真实的载体，传统村落的保护和发展就失去了存在的依据。因此，村落发展过程中必须保持较高数量的历史建筑物以维持传统的历史氛围，避免过度的人工干预导致传统村落的工业化和商业化。

（二）整体性保护原则

传统村落的发展要遵循保护历史风貌完整性的原则。风貌保护的对象是有特性的组群景观，其中不一定有特别重要的文物或古迹，但作为一个整体，这种景观的形体、形象已成为某个地点、区域，或某种文化的标志；风貌保护的目标则是基于对文献和遗存实物的研究来反映历史场景，以获得地方文化上的认同感，在保护与发展的具体运作中，往往容易出现只注重经济效益和强调局部空间形态的问题，而忽略了对传统村落整体肌理的掌控。整体性原则正是要求注重传统村落整体格局和功能的完整，建筑环境的完整，新与旧在整体上的平衡以及经济效益与环境效益的双向平衡。

（三）因地制宜原则

传统村落发展的因地制宜原则是指充分利用地方优势、地方资源，促进地方经济水平和生活水平的提高。合理调配和利用资源，提高资源的利用率，对传统村落的不可再生资源进行保护的同时，要对传统村落的可再生资源进行合理的利用。一方面，因地制宜更结合实际，有针对性地解决村落的实际问题，还可以节约开发成本，规避发展风险；另一方面，因地制宜能延续当地特色优势，传承当地历史文化习俗，深入挖掘和积极培育具有浓郁地方特色和民族特色的发展模式，激发村落活力。

（四）可持续发展原则

传统村落发展应遵循可持续发展的原则，即以服务民生、提升效益作为传统村落保护与开发的核心，积极保护与合理利用历史文化遗产，探索"在保护中求发展，在发展中更好地保护"的良性循环，实现经济、社会、文化、生态可持续性发展，其宗旨是既能相对满足当代人的需求，又不能对后代人的发展构成危害。

四、传统村落发展模式

通过传统村落发展的特殊性和发展原则的总结，可以发现外生增长理论的发展模式并不适合传统村落的发展。这种由外部因素决定的发展模式，不但不能稳定农村经济，不能使传统村落获得可持续的发展，还会对传统村落原有的生产方式、生活方式、文化习俗、建筑形式、村落格局和整体历史风貌产生巨大的影响和破坏。因此，传统村落发展不能单纯依靠外生力量，而需要更多地依靠自身优势。

我国传统村落数量大、类型多、分布广，保护与利用的条件也千差万别。对传统村落的保护除了制度、政策外，提高文化自觉、认知村落价值，特别是提升保护发展的动力尤为重要。书本根据传统村落发展的动力机制，结合传统村落的特殊性和发展原则，从产业类型、区位优势、资源优势、技术优势几方面提出 6 类传统村落发展模式。

（一）市场依托型模式

市场依托型模式是指传统村落以城市生产生活需求为结合点，依托城乡结合部的区位优势，发挥城市的带动作用。通过打通城镇干道、完善配套设施、满足市场需求、拓宽发展空间，着力打造市场依托型传统村落。市场依托型发展模式适用于区位优越，临近主要市场的传统村落。这类传统村落应当充分借助主导市场的带动作用，依托本身的资源优势，从类型、档次方面提供对位需求的产品，并根据市场的变化做出相应的调整，推动村落的经济发展，最终实现经济、社会、文化协调发展。

（二）技术支持型模式

技术支持型模式是指传统村落以先进科学技术为依托，通过规模化建设、产业化经营、循环化利用，带动农村发展，实现农民增收的一种传统村落发展模式。这一模式需要重视农业技术推广和自主创新，重视政府的引导和示范带头的作用。对于资源禀赋一般的传统村落，可以采用技术支持型的发展模式。通过政府、集体、企业的三方合作，引入优质的技术支撑及现代化管理模式，实现农民增收、企业盈利、生态保护、基建完善、价值回归等共赢目标。

（三）特色产业型模式

特色产业型模式是指在一个乡或村的范围内，依据所在地区独特的优势，围绕一个特色产品或产业链，实行专业化生产经营，一村一业发展壮大来带动村落综合发展的一种传统村落发展模式。

对于农业历史悠久、传统产业优势明显的村落，可以通过规划对村落中非物质文化遗产及其代表性传承人和文化生态环境进行抢救和保护，并充分利用传统产业特色，发展文化创意、休闲旅游、体验旅游等新经济模式，还原美丽乡村，促进传统产业发展，提高村民收入水平。

（四）养老休闲型模式

休闲养老是指一种候鸟型、旅游休闲型相结合的农家寄养式的异地养老模式。而传统村落的养老休闲型发展模式正是以农村优美的自然环境和安逸的生活环境吸引老年人，通过集观赏、娱乐、体验、养老于一体的新兴休闲产业，打造"休闲、度假、养生"于一体的新型老年人生活方式，从而带动传统村落的经济、社会发展。

养老休闲型一般适用于自然生态环境良好、离大都市距离较近的传统村落。这类村落可依托环境优势，加强环境整治，发展异地养老服务产业，通过农家乐等形式，提高村民收入，以旅游收入反哺生态保护，形成良性循环。

（五）旅游利用型模式

旅游利用型模式是指以旅游资源为依托，以旅游活动为内容，通过旅游开发促进传统村落发展的一种模式。发展旅游业首先需要有可以挖掘的旅游资源包括自然资源和人文资源。其次是要有与旅游相配套的娱乐、住宿、餐饮等基础设施以及便利的交通条件。

对于区位偏远但旅游资源条件突出的传统村落，可以采用旅游利用型的发展模式。挖掘自身的独特性卖点，结合周边旅游资源，形成强吸引的旅游品牌，并通过改善交通条件及配套旅游服务设施带动旅游产业发展。同时还应当规划先行、加强管理，防止旅游发展中对传统景观风貌及社会环境造成影响及破坏。

（六）文化创意型模式

文化创意型模式是指充分挖掘、梳理与利用传统村落的民俗文化，来大力发展文化创意产业的模式。不仅可以丰富游客体验，促进农业产业结构调整、增加农民收入、繁荣农村经济，更是起到对农村民俗文化的保护和传承的重大作用。

对于民间艺术传统积淀深厚的传统村落，可以大力发展文化创意产业成为支柱产业。依托知名艺术大师带动从艺群众，鼓励精品创作，提升艺术水平，提高影响力和声誉。在发展文化创意产业的同时，应严格保护传统村落环境及相关的物质文化遗产与非物质文化遗产。同时，通过家庭生态博物馆等形式带动艺术传播与旅游业发展。

以热贡为例面对当前旅游基础设施落后、旅游产品结构比较单一、旅游产业化程度较低的现状，县政府开始投入大量资金建设停车场、公厕、排水排洪渠等景区附属设施，逐步完善旅游基础设施。同时，科学规划，开发特色旅游产品，加大了对热贡深度人文游品牌的建设和线路的设计。一方面，着力挖掘历史文化名城价值，打造历史文化名城形象，逐步形成了以隆务寺为中心，历史街区、古村落、古城堡环绕的特色城区；另一方面，做大以唐卡为重点的热贡文化产业，提高唐卡产业化水平。依托主流媒体力量加大对热贡文化的宣传力度，按照"文化带动旅游，旅游促进文化"的发展思路，通过加大对热贡文化的研究、挖掘、保护、开发和宣传，将热贡文化以及热贡旅游推向全国，甚至全世界。对传统村落的保护不能仅停留在历史观的分析上，城镇化发展的过程中必然会产生破坏性阶段。其实，一些国家以及我国过去出现的一些经验教训应该成为我们避免重犯错误的经验借鉴。传统村落的建设发展应该基于原真性保护、整体性保护、因地制宜和可持续发展原则，结合村落自身的历史发展和资源禀赋优势，开发适合的发展模式。切不可一味地依赖城镇化、工业化等外生力量，而破坏了传统村落的历史、文化特征及地域特质，降低了村落的可识别性与价值。

　　上述六种模式尚不能完全概括传统村落发展的模式，今后传统村落发展模式探索将是持久、漫长的。

第七章 传统村落非遗文化保护类型及评价体系

第一节 非遗文化的基本特征

一、基本特征

非物质文化遗产是一个民族智慧的结晶，是其精神世界的最好体现，因此其最大的特点是不脱离民族特殊的生活生产方式，是民族个性、民族审美习惯的"活"的显现。它依托于人而存在，或以声音、形象和技艺为表现手段，或以身口相传作为文化链而得以延续，但是其中最为珍贵的部分，也是"活"的文化及其传统中最为脆弱的部分。因此，对于民族非物质文化遗产而言，其特征是在与物质文化遗产对比中展现出来的。

深入分析非物质文化遗产的含义及其内在关系便于我们准确把握非物质文化遗产的基本特征。因为，任何一种"文化遗产"作为特定的文化形态，其不同于其他文化形态之处就在于它的内涵、结构及其表现形式的特殊性，这种"特殊性"是本真性的差异，是与他者相区别的独特之处，因而，也就成为我们识别"文化遗产"的标志。认识非物质文化遗产的基本特征，应当从它的内涵和内在关系结构及其存续的方式上去分析和识别其独特性。对于非物质文化遗产特征的研究，学术理论界提出了一些有价值的观点，如民间性、非物质性、大众性、活态性等，为进一步分析其基本特征提供了有益的启示。

在对非物质文化遗产的内涵及其存续方式的严密的逻辑分析中，我们不难认识非物质文化遗产的基本特征。

（一）本土——多样性

本土，这里指的是生存根基和空间范畴。从本源来看，非物质文化遗产不是自外传入的文化"养子"，是在一定地域空间中土生土长的文化"亲子"，是特定历史环境遗存的结果，是"本地人"的文化创造，植根于"当地人"的生产和生活，成为一定地域空间中"本地人"的文化历史遗产。它说明，不仅不同民族不同类型的非物质文化遗产是不同的，而且就是同一个民族的同一类型的非物质文化遗产也往往因为地域空间的差异而具有不同的本土性差异。这一特征奠定了各民族的非物质文化遗产多样性的基础。这一特征成为民族文化旅游开发的前提，因为差异性是文化旅游消费的根本诱因。

（二）民族——特色性

文化是人创造的，人是文化的主体。人的存在及其活动是具体的历史的实践方式，人的族类分别决定了人的实践活动方式及其结果的民族性差异，因而民族性是文化的基本特性。非物质文化遗产是具体族类的人的创造物，是特定时域中的文化形态，其本身固有的基本的特征之一就是鲜明的民族性。譬如，同是民族舞蹈这种非物质文化遗产，土家族的摆手舞和苗族的鼓舞就有明显的民族性差异；至于语言、文字、风俗和技能等其他非物质文化方面，民族性差异也是显而易见的。由此可见，民族性是非物质文化遗产普遍存在的艺术特征，同时也是文化多样性的主要形态之一。民族特色是民族文化旅游的市场优势，文化特色成为旅游开发中"三维"力量的价值诉求。

（三）整体——功能性

这是从非物质文化遗产的内涵结构上来说的，非物质文化遗产作为一种文化遗产形态，包含了历史环境、传承载体和精神内涵三个相互联系的内涵层次，形成一个有机的文化结构整体。任何一种非物质文化遗产都具有这种结构整体性，其内在的三层内涵构成一个文化遗产形态，缺少任何一个层次，都不可能形成特定的非物质文化遗产。这三层内涵相互依存、相互作用、共同统一于人的活动，形成有机的文化整体中的非物质文化遗产形态，这是非物质文化遗产得以存续的内在规定性，也是我们在认识非物质文化遗产时必须认真注意的特点。这一特征，相对于旅游经营者、旅游消费者和旅游文化持有者来说价值是不一样的，这就会导致在旅游开发中对民族非物质文化遗产的态度和方式出现很大差异，也可能出现市场层面的趋同。

（四）历史——传承性

与古迹、历史建筑、文物等作为过往历史遗留物的物质文化遗产不同，非物质文化遗产是仍在传承的文化事象，是依然流变着的历史的和具体的文化形态，是特殊群体中有存续生命力的历史文化"遗产"。这种"传承性"指的是非物质文化遗产的存在形态、变迁动力和内在精神。非物质文化遗产是正在传承的文化，它仍然在特定的人群中流变，是"活着"的文化遗产。如当今依然传承的民族语言、歌舞等。应当说明的是，作为历史的存在形态，非物质文化遗产在流变中不可避免地会发生变异，但这种变异是根植于特定文化主体的生存活动，体现族内传承的特点，因而是不会丧失的。非物质文化遗产的"传承性"，还表现在其流变的动力上，这种动力就是特定的文化遗产主体生存的现实需要，一旦文化主体生存中现实的某种需要不存在了，某种特定的非物质文化遗产便失去了存续的动力，其流传和变迁就成为不可能。譬如，土家族的船工号子，曾经在酉水流域源远流长，是因为纤夫生存的一种劳作选择，如今濒于消失，则因为现在的船工再不像过去的纤夫那样生存了。所以说，文化主体生存需要的流变性决定了其非物质文化变迁动力的作用特点，从深层次上反映了非物质文化遗产的"传承性"特点。

文化主体生存需要的变化，在文化上表现为特定社区族群的习性、情感、意志和价值追求等精神内质，这些精神内质的存续和变迁，从根本上体现特定的社区族群的文化的流变，是非物质文化遗产存续的灵魂，是非物质文化遗产根本的生命特征。没有这种精神内质，非物质文化遗产就不再是"活生生"的生命存在。所以说，精神内质的存续，是非物质文化遗产"传承性"的核心依据和本质表现。维系这种历史和传承，是民族永续发展的根本保证，也是旅游开发中"三维"力量的共同责任。

因此，在非物质文化遗产的基本特征的研究方面，物质文化遗产的研究与二者间的关系研究等都是值得分析和研究的重要内容。

二、物质文化遗产与非物质文化遗产的联系

物质文化遗产和非物质文化遗产是人类文化遗产的两大组成部分，虽然二者存在着显著差异，但是它们并不是孤立存在、截然分开的，而是相互依存、互相作用的，共同构成一个综合的文化空间。

"文化空间"是融合两种遗产为一体的双重遗产类型，是定期举行传统文化活动或集中展现传统文化表现形式的场所，兼具空间性和时间性。可以

说"文化空间"得以存在的重要条件之一就是需要有物理场所，它可以是文化广场、古村镇、庙宇等人文环境，也可以是森林、大海等自然环境。其中在具有历史价值的文化遗存里进行的传统文化活动成为一类特殊的"文化空间"，即融物质文化遗产和非物质文化遗产为一体的双重遗产类型。其中非物质文化遗产创造物质文化遗产，物质文化遗产是非物质文化遗产的物质化存在物。

物质文化遗产与非物质文化遗产犹如人的身体与灵魂。没有灵魂身体便不会有鲜活的生命感，它们缔结一体共同承载着人类社会的文明。我们可以把物质文化与非物质文化放在"文化"这一复合体中来考察。英国人类学家拉德克利夫·布朗认为："文化是一个整合系统。"按照文化整体论的思想，物质文化与非物质文化是不能分割的。物质文化只有在非物质文化的层面上才能获得意义，非物质文化只有借助于一定的物质文化手段或形式才能被认识。因此非物质文化赋予了物质文化更深的意义。如一个民族的服饰，从纯粹物的层面来看我们只能看到各种图案、颜色、装饰所构成的一件可以穿在身上的衣服。但从非物质文化的角度看，各种颜色、图案、各个部分的搭配等都具有深刻的文化内涵和象征价值，而这些才是这种服饰成为某一个民族特有服饰的本质规定性。因此物质文化离开了背后的非物质性内涵是不能被深入理解的，也是没有意义的。同样的，非物质文化也离不开物质文化的表现形式，离开了物质文化，非物质文化就是不可知的。

非物质文化遗产虽称"非物质"，但与"物"又密不可分。温家宝对此有着非常精辟的阐释：非物质文化遗产也有物质性，要把非物质文化遗产的非物质性和物质性结合在一起。物质性就是文象，非物质性就是文脉。人之文明无文象不生，无文脉不传。无文象无体，无文脉无魂。文化文化，文而化之，化而文之，两者要很好地结合起来。人类文明只有代代相传才能不断丰富发展，只有相互交流才能文物化成。物质文化遗产与非物质文化遗产恰恰就是文象与文脉、实与虚的关系，然而却又是一个统一的整体，存在"内在相互依存关系"，具有文化上的共通性。物质文化是认识非物质文化的重要窗口，非物质文化是物质文化得以实现的基础。在很大程度上物质文化的非物质性决定了物质文化的性质和特点，同样一种具有相似特征的物质文化，但在不同的非物质语境下就会具有不同的意义。非物质文化是要借助于一定的物质文化形式来表现的，任何一种物质文化后面都蕴含有非物质文化的意

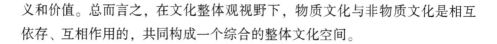

义和价值。总而言之，在文化整体观视野下，物质文化与非物质文化是相互依存、互相作用的，共同构成一个综合的整体文化空间。

三、物质文化遗产与非物质文化遗产的区别

国务院下发的《关于加强文化遗产保护的通知》明确指出，非物质文化遗产和物质文化遗产是人类文化遗产的两大组成部分，由此非物质文化遗产取得了与物质文化遗产同等的地位。在当今遗产研究与遗产实践中，物质文化遗产与非物质文化遗产的区别是显而易见的。从概念内涵入手，通过分析，我们认为二者存在以下几点显著差异。

（一）物质文化遗产和非物质文化遗产的形态不同

物质文化遗产是一种"静态"的文化遗产，而非物质文化遗产则是一种"活态"或"动态"性的遗产。非物质文化遗产的"活态"性体现于口头传统和表述及其语言、表演艺术、社会风俗、礼仪、节庆以及传统工艺技能等遗产中。它们的文化内涵是通过人的动态活动表现出来的，是通过人的言行传达给受众的。"活态"或"动态"性，是非物质文化遗产的本体特性，是非物质文化遗产的重要特性之一。物质文化遗产的文化内涵是通过人的研究、挖掘、探索等获取的，它是一种"静态"的遗产，"静态"性是它重要的特征。对于物质文化遗产的研究是从"静物"见"文"，而对于非物质文化遗产的研究是从"传承人动态性的传承活动"见"文"。

（二）物质文化遗产和非物质文化遗产的性质不同

物质文化遗产具有"物质"性，非物质文化遗产则具有"非物质"性。"物质"性和"非物质"性是两种文化遗产最本质的区别所在。非物质文化遗产由于它的非物质性被称为非物质或无形遗产，这是它存在的基本特征之一。物质文化遗产是历史文化的物质载体，是用一定的物质材料建造、制作的，又是以一定的形态生存于一定的文化空间中，离开了物质材料，它们就不复存在了。

（三）物质文化遗产和非物质文化遗产存在的领域不同

非物质文化遗产存在于人类的精神领域中，即存在于人们的口头传统和表述中，存在于传统工艺技能操作实践中。而物质文化遗产则存在于人们的

物质世界中，即以一定的物质形态存在于一定的文化空间中。前者是一种非物质的知识技能，后者则是一种物质的本身。

（四）物质文化遗产和非物质文化遗产的时代不同

非物质文化遗产的时代性具有传承性、延续性的特点，即在历史发展的不同时期，它的时代性是连续不断的。在后一阶段的时代性中都或多或少包含了以前阶段的时代特点。在不同发展阶段，一般会保留其基本主体与根本性质，会保留其合理内核和科学文化内涵。而物质文化遗产则不同，任何一处或一件物质文化遗产的时代性都是特定的历史时期的具体表现，并不具有连续性，只体现该处、该件物质文化遗产产生年代的特点。它是一定历史时期人们社会活动的产物，蕴藏着当时的相关内容和信息，其时代性和时代内容在历史事迹和遗物上是统一的。这一历史烙印不会随着时代的发展而改变，是相对稳定的。

（五）物质文化遗产和非物质文化遗产的保护方法不同

文化遗产有什么样的特性就对应什么样的保护方法，这是它们各自的本质特性决定的。物质文化的生命已经终止在一个历史节点上，而且凝固在一个物质外壳之中。因此对它是按一个历史文物的特征来保护的，一般采取考古发掘整理归档、收藏修复、展示利用等。将其既有的物质形态保存下来，使之永续存在。而非物质文化遗产正存在于人民大众的日常生活中，存在于不同的介质之中。因此对它是按一个动态现实物的特征来保护的，一般采取传承、建立传承中心、建立传承人保障制度、教育等方法进行保护并传承给下一代。从理论上可以看出，物质文化遗产和非物质文化遗产是存在差异的，但在当今遗产研究与遗产实践中，两者又是交织在一起的。在保护工作中应该二者兼顾，不可顾此失彼。物质文化遗产与非物质文化遗产共同承载着人类社会的文明，是世界文化多样性的体现。非物质文化遗产所蕴含的民族特有的精神价值、思维方式、想象力和文化意识，是维护文化身份和文化主权的基本依据。对于一个地区或一个国家而言，二者相辅相成、缺一不可，它们共同构成一种文化的整体形态。

四、非物质文化遗产的基本特点

对于民族非物质文化遗产的基本特征，学界一直在讨论，由于对民族非物质文化遗产的研究的角度较为复杂，研究的立场也不尽相同。虽然没有统一的标准和统一的界定，但是按照民族非物质文化遗产的内涵和外延的研究，基本可以分为民族独特性、活态性、非物质性、传承性、变异性、生态性、地域性、共享性等特点。

（一）民族独特性

民族非物质文化遗产一般是以文化或者艺术的形式存在的，是一个国家或一个民族、一定地域人们的行为方式、风俗习惯、礼仪、面貌等，通过一定形式表现出来，这就必然具有唯一性和不可替代性，同时这些表现出来的思想、情感，也具有不可模仿性和不可再生性。因此民族非物质文化遗产必须具有民族独特性，从而才能成为世界文化多样性中独特的一员。

这种民族独特性对相关社区及文化多样性的保持有特殊价值。这种特殊价值指的是由于它与相关社区的文化传统或文化史具有相当程度的渊源关系，从而对不可再现的独特历史具有解释力，也就是对民族历史具有再认的价值，这种解释力还必须是无可取代的，因而能够成为它必须持续发展和传承的理由。即使它具有绝对的精密和高超，但不具有阐释历史和民族的独特价值，可以在任何时代、任何地域通行和延伸的文化成品和技艺，以发展后的形态或模仿形态作为保护对象的倾向，也是不符合遗产保护精神的。

民族非物质文化遗产极富精神价值，这也是其民族独特性的一种表现。任何一个国家和民族都有自己风味独特的文化传统，非物质文化遗产体现了国家和民族长期以来结合发展成的共同心理结构、意识形态、生产生活方式和习俗等特点，所以非物质文化遗产既是民族精神的载体，又是民族精神和传统文化的象征。中华民族传统文化中许多闪光的伦理精神，如大公无私的天下为公精神，品质高尚的舍己为人精神，大义凛然的威武不屈精神，虚怀若谷的厚德载物精神，清正廉明的刚正不阿精神，艰苦奋斗的自强不息精神，等等，至今仍然像涌动不绝的一泓清泉，滋润着炎黄子孙的心灵，陶冶着中华儿女的情操。

非物质文化遗产有着独特的历史价值。它是人民群众在劳动实践中创造的，是人类智慧的结晶和历史进步的标志。由于非物质文化遗产凝聚了古人对事物本质和规律的认识和实践经验，所以世世代代传承下来的民族民间的科技文化蕴涵着大量的尚待开发和破解的历史文化信息。这是祖先留下的极具历史价值的精神文化宝库，为我们后人的科技发明和文化创造提供了无限丰富的灵感资源。

（二）活态性

与作为历史残留物的静态的物质文化遗产不同，非物质文化遗产只要存在，它始终是生动鲜活的。非物质文化遗产是人的价值的体现形式，重视人的创造力、重视精神因素，是借助于人的活动展现出来的。

这主要表现在两个方面：一方面，非物质文化遗产的存在形式是活态的。非物质文化遗产隶属于人类行为活动的范畴，无论是语言、戏剧，还是传统手工艺制作或民间习俗，它们都需借助人们的行为活动直接表现。

这种表现不以空间占有性为必要特征，但总是同某个表现过程有关。在这些特殊的表现过程中，语言的使用、口头传说的传播是动态的；音乐、舞蹈、戏剧的表演是动态的；同技艺紧密结合在一起的器物制作过程是动态的；民俗习惯的表现也是动态的。这种动态性贯穿于非物质文化遗产的整个存在过程，赋予它们以活态的特征与非物质文化遗产保护的生命力，从而与以静态形式存在的物质文化遗产明显地区别开来。那些流传至今的非物质文化遗产，虽然是历史遗留下来的古老文化形式，但无论它们诞生的年代距今多么久远，只要还蕴藏于人们的行为活动之中，就依旧是具有活态的文化形式。

另一方面，从发展的角度来看，非物质文化遗产一直处在一个不断变化的过程中。非物质文化遗产活态的表现形式决定其与文化生态的关系异常紧密。文化生态的变化必然引起非物质文化遗产的变化。一切现存的非物质文化遗产，都需要在与自然、现实、历史的互动中，不断发生变异和创新，这也注定它处在永不停息的运变之中，这也恰恰是非物质文化遗产具有强大生命力的表现。

总之，特定的生存形态和变化品格，造就了非物质文化的活态性特征，这应该是它的基本属性。无论出于何种原因，只要活态不再，其生命也便告终。

（三）非物质性

非物质文化遗产的最根本特点是它的内在精髓没有固定的物化形态，也就是说非物质性是人类非物质文化遗产的根本特性。《保护非物质文化遗产公约》中指出，非物质性是与满足人们物质生活基本需求的物质生产相对而言的，是指以满足人们的精神生活需求为目的的精神生产这层含义上的非物质性。所谓非物质性，并不是与物质绝缘，而是指其偏重于以非物质形态存在的精神领域的创造活动及其结晶。

而作为非物质文化遗产的载体——民间传说，戏曲艺术，礼仪节庆禁忌，民间手工艺术种种非物质文化遗产，它们其中的一部分均没有物质载体，没有物质形态，不是以一定的物质形态存在于一定的环境之中。通常它只作为一种知识、技能或是技艺，存在于非物质文化持有人的头脑中，存在于人们口头传说和表述中，存在于不同的艺术表演之中，存在于各种民俗、节庆、礼仪之中，存在于传统工艺技能操作实践之中等。非物质文化遗产的存在形态，与物质文化遗产的存在形态完全不同，因为它是非物质的、无形的，这是它的质的确定性，也是我们观察非物质文化遗产的出发点和归宿。

但是非物质文化遗产也具有物质层面，其中包括：有些非物质文化遗产的形态本身就是物质的，比如：木版年画、民间剪纸、刺绣等。可以说物质层面是非物质文化遗产的载体，非物质文化遗产本身就要依靠物质层面来表达和呈现。不管是口头的民间文化与口头艺术传统，还是以身体的行为、姿态、动作为表现形式和表现对象的文化和艺术，其载体都是人，没有人就没有口头的民间文化与口头艺术传统，就没有口头和形体相综合的艺术。

(四) 传承性

传承性是非物质文化遗产的最基本的特征。非物质文化遗产是通过心口相传，依靠世世代代的传承活动得以延续的。因此，可以说如果失去了民族性、家族性的传承，那么非物质文化遗产也就失去了存在的根基。非物质文化的进化与文化一样都是经过细致周密的进步与循序渐进的过程得以发展的，其表现在两个方面：一方面是传递，即传承；另一方面是沉淀，即积累。

由于非物质文化遗产可以依靠代代相传而保留下来，因此可传承性是非物质文化遗产的又一重要特征。在漫长的历史过程中，传承活动的进行使以动态表现为特征的非物质文化遗产的保留和延续成为可能，并使之成为历史的一种活态见证。我们可以从现存的非物质文化遗产的各种表现，了解和获取过去人们的生活习惯、行为特征以及思想观念等信息。传承对非物质文化遗产具有重要的意义，它是一种动态记录历史的方式，因而有人将其称为活化石。一旦传承活动终止，非物质文化遗产的动态表现便不复存在，其活化石的功能也宣告消亡。

口头文学、表演艺术、手工技艺、民间知识类的民俗文化都是民族非物质文化遗产的传承载体，一般是由传承人代代相袭而得以传承延续。杰出的或优秀的传承人，既传承前人的遗产，又以过人的聪慧推动创新和发展，对于非物质文化遗产的延续，起着超乎常人的重大作用。非物质文化遗产的最大的特点是不脱离民族特殊的生活生产方式，是民族个性、民族审美习惯的显现。非物质文化的产生和存在既与相关生产方式、生产力的发展水平有关，也与产生这种文化的土壤和背景，包括民族、地域的独特生活方式、文化传统、文化心理、审美原则、风俗习惯有关。它依托于人本身而存在，以声音、形象和技艺为表现手段，并以身口相传作为文化链而得以延续。

非物质文化遗产的传承方式大体有两种：一种是群体自发的传衍。群体自发的传衍是非物质文化遗产传承的一个重要渠道。随着社会的发展，部落和村镇出现，民族形成，人类社会出现了种种人群集合体，非物质文化遗产就是由这一群体不断创造、完善、传承和保护下来的。与绘画等强调个人风格的某些艺术形式不同，大多数非物质文化遗产都是群体智慧的结晶，并在群体生活的地域内流传、延续，并通过历史的不断传承逐渐形成当地文化传统的一部分。无论是群体创作、还是群体传承，都有很大的随意性。

另一种传承方式是通过父子、师徒口耳相传。人们通过模仿、学习等方式，在上下代之间进行各种行为、技能、习惯的传承活动，使语言、技艺、民间艺术等非物质文化遗产得以不断延续。这种传承方式决定了传承和积累的独创性与经验性。同时，这也是制约非物质文化遗产广泛传播的一个因素。语言、技艺、民间艺术的传承尤其需要后继有人，家族式的单线传承很容易中断，从而造成技艺失传，不利于非物质文化遗产的保护。

非物质文化的传承或传递，是民众对文化的自我选择，也是民众对文明的自主抉择，任何外力的干涉都是徒劳无功的。因此非物质文化遗产的千秋传承，是在传递中增添新的因素和成分，这其中包括发明、创新、扬弃和吸收（异文化的因素），从而形成积累，推动文化的进化和发展。

在这个繁琐而漫长的文化传承过程中，又有着冗繁的传承载体和庞大的传承群体。礼俗仪式、岁时节令、社祭庙会类的非物质文化为民族非物质文化遗产群体传承的一种形式，一般属于群体记忆或民间记忆，是以群体传承（族群传承）而构成传承链，得以传承的。它贯穿于整个人类社会的发展史，对维护社会的稳定，有一定的约束力，它贯穿于人们的各类活动之中，是普遍存在的民俗制度。

（五）变异性

非物质文化遗产是通过有意识的学习和交流得以传播和发展的。但是这样的发展又是与时俱进的，人们的生活环境发生变化，科技力量和人文地理的加入也使非物质文化遗产在传承和发展中发生细微的变化。但这变化与文化的变异一样，是一个漫长的、潜移默化的过程。传统文化总是千方百计扼制新生文化的传播，或在一定限度内调整其结构，修补自身的某些缺陷，协调与新生文化的冲突而保持稳定。但是，这种稳定是暂时的。文化生态系统之所以存在变异，是因为人类所创造的一切文化，从它被创造的第一天起，就存在着不合理性，存在着自我相关的矛盾性。为了在这种动态中寻求一种平衡，文化要不断地调适自己以适应环境的变化，同时这种调适又成为下一次文化变异的诱因。

作为文化的一个重要的组成部分，非物质文化遗产的变异有其内部与外部的原因。首先，非物质文化遗产的变异性与其自身的传承方式密切相关。非物质文化遗产的世代相传的过程就是人们不断强化和接受社会观念、社会习惯的过程，具有强烈的社会学和心理学性质。非物质文化遗产的传承不是机械传递，而是人们根据各自的经验、知识、兴趣、爱好等主观意向重新解释、估价、确定文化价值的心理过程。在这个过程中人们不仅估量和确定某种文化的价值，而且还会增殖和繁衍出许多新的文化和意义。

非物质文化遗产传承过程中的选择、组织、接收、反映是各种社会文化心理交互作用，是对文化信息不断解释、注译、附会的社会文化活动。文化信息的选择、制作、组织、传递都在不同程度上受到文化主体的知识、信念的影响。文化增殖和观念衍生不仅存在于文化传播之中，也同样存在于文化信息的接收者的整个反应过程，非物质文化遗产的传承并不是传播者与接收者的两极互动，而是多种社会因素的互动和参与的过程。

其次，在全球化的进程中，非物质文化遗产原生的文化生态不可避免地受到影响，非物质文化遗产所赖以生存的文化生态发生变化，相应的非物质文化遗产也要随之变化。人们不可能直观地看到非物质文化遗产处于不断的变化中，变异之初的速度之慢甚至是人们无法感知的。但这丝毫不能改变它在不断变化中的事实，否则，我们至今还在茹毛饮血呢。无论如何，文化的不变是相对的，文化的变迁是绝对的。所有具有生命力的文化都是充分利用开放和杂交的优势，在与异质文化的融合与碰撞中发展变化的。各个民族的文化的意义就在于为人的生存与发展提供动力。

人类历史已经不止一次地告诉人们，最有机会与其他民族相互影响的那些民族，最有可能得到突飞猛进的发展。实际上，环境也迫使他们非迅速发展不可，因为他们面临的不仅有发展的机会，还有被淘汰的压力。传承使非物质文化遗产按照自己的轨迹持续稳定地演化，变异赋予非物质文化遗产以强大的生命力，传承与变异是非物质文化遗产生生不息之源。正确认识非物质文化遗产的基本特征是对非物质文化遗产进行有效保护的基本前提，是制定正确、有效的保护原则与保护措施的根本依据。非物质文化遗产非常复杂，全面、准确地把握非物质文化遗产的特征是一项艰巨的任务。目前，我们的认识还有许多不足，但是，我相信，随着我们对非物质文化遗产的研究的不断深入，我们一定能够取得进一步的成果。

（六）生态性

根据文化生态学的观点，人类是一定环境中总生命网的一部分，并与物种群的生成体构成一个生物层的亚社会层，这个层次通常被称为群落。如果在这个总生命网中引进超有机体的文化因素，那么，在生物层之上就建立起了一个文化层。这两个层次之间交互影响、交互作用，在生态上有一种共存关系。这种共生共存的关系不仅影响了人类的生存和发展，同时也影响了文化的产生、发展，以及文化的创造。社会文化与自然生态相互作用、相互影响，共同构成一个动态的文化有机整体，称之为文化生态系统。文化生态不可移植，不能复制，不会再生。

文化生态是非物质文化遗产生存和发展的前提。非物质文化遗产的独特性归根到底是文化生态的独特性。每一种非物质文化遗产都是在特定的文化条件下成长发展和演变的。各民族的非物质文化遗产之间之所以存在差别，主要是因为它们赖以生存的文化生态（或称为文化土壤、文化生成机制）的不同造成的。如中国传统文化是以黄河中下游地区为基础，在古代中原地区发达的农耕经济和周边游牧经济、血缘宗法关系、春秋战国时期追求社会秩序重整的中和情结的诸要素整合中形成的。养育中国古代文化（或曰传统文化）的是一种区别于开放的海洋环境的半封闭的大陆海洋型地理环境，是一种不同于商业经济的家庭手工业与小农业相结合的自然经济，并辅以周边游牧经济，是一种与古代希腊、罗马的城邦共和制、元首制、军事独裁制、中世纪欧洲和日本的领主封建制以及印度种姓制均相出入的家国同构的宗法专制。地理环境的、物质生产方式的、社会组织的综合格局，决定了中华民族的社会心理特征，而中国人包括中国的文化的匠师们便以这种初级思想做原料进行加工，创制了富于东方色彩的仪态万方的中华文化。

（七）地域性

由于生活环境不同，各民族形成了自己独特的非物质文化遗产。生活方式、农耕生产方式、宗教信仰、文化传统、习俗、典型特色等是不能被任何东西取代的传统。一个地域、一个民族的文化发展与本地域、本民族已有的文化息息相关、不可分离。地域、民族文化的传播、交流，民族文化的发展，虽然不是绝对封闭、孤立的，但是其风格已经固定形成，不容更改了。它不断地与外界环境交换信息和能量，不断保持自身的协调与发展。即使某一系统能够保持与外界的相对隔绝，也只是暂时的，而且最终必定会因为萎缩而走向解体。

（八）共享性

我国因为是一个多民族国家，情况就更是如此。我们要特别关注中国多民族的历史和现状对口头和非物质文化遗产的影响。许多口头和非物质文化遗产不是特定民族、特定地区、特定群体独创或独享的文化。例如，火把节、赛龙舟、傩戏等习俗或艺术形式都是为多个族群所保有和传承的。马头琴艺术、阿肯弹唱、木卡姆传统艺术等同样是我国少数民族的历史悠久、内涵丰富、根基深厚、枝繁叶茂的优秀文化遗产。

总之，非物质文化遗产的研究是与物质文化遗产的研究相区别又相互关联的，物质文化遗产的特征为非物质文化遗产的特征研究奠定了基础，具有重要的理论意义，可供后续的研究者阅读和参考，但也应当承认这些说法还存在一定的不足。例如：民族性、创造性、独特性，所有的文化遗产都是不同民族在不同的历史时期文明与文化发展的见证，都具有本民族的独特性；再如民间性，并非只有流传于民间的才是非物质文化遗产，韩国的宫廷祭祀料理、日本的歌舞伎都是皇家的料理和艺术，都是重要的非物质文化遗产；

反之，金山农民画虽然产生于民间，但不能称其为非物质文化遗产，这是因为，根据国际惯例，作为一种遗产，至少应当有50年以上的历史，而且是一种相对成熟的文化形式。

第二节 传统村落非遗文化类型

联合国第31届成员国大会通过决定，将非物质文化遗产定义为：被各群体、团体、有时为个人视为具文化遗产的各种实践、表演、表现形式、知识和技能及其有关的工具、实物、工艺品和文化场所。

一、传统村落非物质文化遗产类型划分方法

传统村落非物质文化遗产的种类有很多，主要有下面几种：

第一种其借鉴文化三种分类方法，将非物质文化遗产分为口头文化、体形文化、综合文化和造型文化四类。

第二种是其将非物质文化遗产文化分为技艺类与文化类两个大类。社会的物质、文化生活的多彩性与两类遗产的丰富性直接相关。

第三种是从更有利于文化遗产保护的角度，同时参照文化遗产本身对群体依附程度和对民族心理作用的深度与广度的不同，将无形遗产划分为技艺类与习俗类。

国务院参考国际惯例，糅合国内学者专家对非物质文化遗产的解读，批准颁布了第一批非物质国家遗产，并将非物质文化遗产分为目前所公认的十大类，即民间文学、民间音乐、民间舞蹈、传统戏剧、曲艺、杂技与竞技、民间美术、传统手工技艺、传统医药和民俗等。

二、传统村落非物质文化遗产的特征

传统村落非物质文化遗产具有以下诸多特征：

（一）活态传承性

1. 以人为核心

传统村落非物质文化遗产的传承主要依靠村落居民，尤其是那些掌握特定技艺、熟知民俗传统的传承人。他们通过口传心授、亲身示范等方式将这

些文化遗产代代相传，使其得以延续。例如，民间剪纸艺人会将剪纸的技巧、花样以及蕴含的文化寓意传授给晚辈，确保这门技艺不断流。

2. 在生活中延续

这些非物质文化遗产并非束之高阁的文物，而是鲜活地存在于传统村落居民的日常生活之中。像传统节日的庆祝活动，如春节的贴春联、放鞭炮，中秋的赏月、吃月饼等习俗，每年都会在村落里按时上演，成为村民生活不可或缺的一部分，在日常的生活实践中实现传承。

（二）地域独特性

1. 与当地环境紧密结合

传统村落非物质文化遗产往往是在特定的地域环境下产生和发展的，与当地的自然地理条件、气候特点等密切相关。比如，一些沿海传统村落有着独特的渔家文化，包括渔歌、渔家号子等，这些都是适应海边的生产生活方式而形成的，反映了当地的海洋环境特色。

2. 体现地域文化差异

不同地区的传统村落非物质文化遗产各具特色，能够鲜明地展现出地域之间的文化差异。例如，北方传统村落的秧歌表演热情奔放，动作幅度较大；而南方传统村落的傩戏则神秘古朴，带有浓厚的宗教祭祀色彩，这种差异体现了南北地域文化的不同风格。

（三）集体创作性

1. 群体智慧的结晶

传统村落非物质文化遗产大多不是某一个人单独创造的，而是经过村落里世世代代居民的集体参与、共同创作而成。比如，村落里的传统建筑技艺，是由众多工匠在长期的建造实践中不断总结经验、改进工艺，逐步形成了具有当地特色的建筑风格，凝聚了整个群体的智慧。

2. 共享与传承的传统

这些文化遗产在村落内部是被全体村民所共享的，大家共同维护、传承着这份文化财富。无论是民俗活动还是传统技艺，村民们都会积极参与其中，并且鼓励年轻一代也加入到传承的行列中来，形成了一种良好的共享与传承传统。

（四）文化多元性

1. 融合多种文化元素

传统村落非物质文化遗产常常融合了多种文化元素，包括历史上不同民族、不同地域文化的交流与融合。例如，在一些多民族聚居的传统村落里，可能既保留了汉族的传统节日习俗，又吸收了少数民族的歌舞艺术等，呈现出多元文化融合的特点。

2. 反映不同时代特征

它们还能反映出不同时代的文化特征，随着时间的推移，传统村落非物质文化遗产会不断吸收新的文化内容，进行自我更新。比如，一些传统村落的民间故事在流传过程中，会根据不同时代的社会背景和人们的思想观念进行改编，既保留了原始的文化底蕴，又体现了时代的变迁。

（五）脆弱性

1. 传承面临断代风险

随着现代化进程的加快，传统村落非物质文化遗产的传承面临着严峻的挑战，许多年轻人对这些传统文化缺乏兴趣，更愿意外出务工或追求现代生活方式，导致传承人的数量不断减少，传承面临断代风险。如一些古老的手工技艺由于找不到合适的传承人，已经处于濒临失传的状态。

2. 环境变化影响生存

外部环境的变化，如自然环境的恶化、村落的拆迁改造等，也会对传统村落非物质文化遗产产生不利影响。比如，一些依赖特定自然环境生存的民俗活动，如在特定水域举行的祭祀活动，当河流干涸或被污染时，该民俗活动就难以正常开展，其生存也会受到威胁。

三、传统村落非物质文化遗产保护对象内容

（一）非物质文化遗产保护

根据联合国教科文组织的《保护非物质文化遗产公约》，非物质文化遗产的主要保护内容有：口头传说和表述，包括媒介的语言；表演艺术；社会习俗、礼仪、节庆；有关自然界和宇宙的知识和实践；传统手工艺。

（二）村落文化环境保护

在传统村落非物质文化遗产的保护中，单纯保护非物质文化遗产是不够

的，若其所依存村落的固有文化环境消失殆尽，该非物质文化遗产是无法遗留并传承的。因此，必须对传统村落中的村落文化环境进行保护，才能真正实现对非物质文化遗产的保护。

村落的文化环境应该包括了创造、使用及传承非物质文化遗产的居民，还应该包括整个村落历史传流下来的公共道德、民风以及相互间的关系，其中最重要的是保护其传承至今的空间布局与自然环境。

第三节　传统村落非遗文化保护评价体系

一、传统村落非物质文化遗产保护评价指标

（一）评价指标遴选原则

在传统村落非物质文化遗产保护中，涉及的方面较广，由于本次研究主要侧重于非物质文化遗产，因此主要遵循以下原则。

1. 价值特色原则

评价指标的选择应针对传统村落非物质文化遗产的特点，围绕非物质文化遗产的内涵选取，即要突出传统村落的特点，也要反应出非物质文化遗产的内涵与价值。使其能真实反映传统村落非物质文化遗产的价值及其保护状况，以保证评价结果的客观性与准确性。

2. 整体性原则

在选择评价指标时，应尽可能地包含传统村落非物质文化遗产保护中的方方面面，进而保证传统村落非物质文化遗产评价体系的准确性，从而保证传统村落非物质文化遗产评价结果的准确客观。

3. 简明合理原则

传统村落非物质文化遗产保护评价体系应满足简明扼要的原则，做到体系的合理性与科学性，从而易于其他的引用借鉴。评价指标选择时，既要满足现实传统村落非物质文化遗产保护评价的需要，又要做到不重复或遗漏必要的评价信息，即简明合理化原则。

4. 直接测度原则

为增加评价指标的可比性，传统村落非物质文化遗产保护评价指标均要

求其可以直接测度，不需要进行二次转换。同时要求定性指标也可以直接赋值量化。

（二）评价指标构成

遵循评价指标的遴选原则，确定传统村落非物质文化遗产保护评价体系的评价指标选择，其主要由传统村落文化环境与非物质文化遗产两部分构成，即评价指标要反映的特征有：村落的价值特色、注重完整真实地反映村落特征和非物质遗产的真实价值与特色。传统村落是非物质文化遗产的温床，而非物质文化遗产是传统村落内部几千年来劳动人民智慧汇集产生的。鉴于非物质文化遗产的相对于传统村落的脆弱性，本次研究以非物质文化遗产的保护及其与传统村落间的关系为重点。

二、传统村落非物质文化遗产保护评价体系构建

（一）评价体系构建原则

在选定传统村落非物质文化遗产保护评价指标的基础上，构建非物质文化遗产保护的评价体系，其构建原则如下：

1. 系统性原则

传统村落非物质文化遗产保护评价体系必须是一个完整的系统，只有完整的系统才能实现有效、快捷的非物质文化遗产保护评价，以保证各个评价指标均包含在系统中。

2. 真实性原则

在构建评价体系时，必须依据真实性原则，保证各个环节的真实性。既要保证评价指标真实性，又要保证评价指标量化的真实性，也要保证评价过程的真实性，从而实现评价结果的真实性。

3. 明确性原则

对于高效的非物质文化遗产保护评价体系来说，必须确认各个评价指标、评价结果、比较权重及过程的明确性。从而做到评价结果的准确性与真实性。

4. 动态发展原则

由于传统村落及非物质文化遗产均为动态变化的，必须时时对评价体系进行更新，并且需要用可持续发展的思想对其进行指导，其包括了评价指标信息的时时更新、评价体系的更新等，从而保证评价体系的时时有效性。

（二）评价体系构建思路

在评价体系构建原则的指导下，依据国内外相关的评价体系的构建思路，遴选出评价指标。传统村落非物质文化遗产评价体系构建思路如下：

1. 传统村落的评定与选取

住房和城乡建设部、文化部、国家文物局与财政部联合成立传统村落保护与发展专家委员会，讨论颁布了《传统村落评价认定指标体系》。其从久远度、稀缺度、规模、丰富度、完整性与价值等方面来评价。

（1）久远度与稀缺度

传统村落的久远度指的是其历史因素，根据年代将其划分，即明以前、清以前、民国以及建国以后四个时期，并按照不同的时期给出不同的分数，年代愈久远，评分值越高。传统村落的稀缺度同久远度息息相关，《体系》中将其按照国家级、省级、县市级及列入文物普查范围的次数四个层次，评估其价值及分数。级别越高相应的评分值越高。

（2）规模与丰富度

规模是指传统村落的占地面积大小，一个村落的规模大小同其丰富有着极大的关联。村落的规模越大，村落的丰富度越好。村落的丰富度指的是其包含的建筑风格、村落建筑功能种类、各种要素种类等的齐全丰富度。对于规模的评分，按照从大到小，分值从高到底；同时，按照其功能的丰富程度，评分由高到底，并且功能越完善，证明其规模越大，且年代更久远。

（3）完整度与价值性

村落的完整性是指其村落保存的完整度，主要是按照传统村落里面建筑保留程度、村落建筑格局的完整性等进行评价分级的。建筑格局保留越完整，建筑保存得越完整，《体系》将其分为4个等级，分值从45～0分。

传统村落具备很高的价值，主要包括科学价值、文化价值、美学价值与工艺价值。这与村落的完整性有着很深的联系，村落的完整度越高，其所附有的价值越高，且与其久远性有着很大的关联，村落存在的时间越长，其附有的科学及文化价值越高。分值从35～0分不等。

2. 非物质文化遗产评定与申报

国家建设部、文化部及财政部出台了非物质文化遗产的评定标准，其评价标准的构建思路有：

（1）价值性

非物质文化遗产作为中华民族的宝贵遗产，拥有很大的价值，不仅有丰富的现代价值，同样也有着丰富的科学价值。其中最应关注的是其文化价值与科学价值。在评价体系中，非物质文化遗产的价值如何评估是最难的，因其无法完全量化，因此在对其进行评价时，采用定量与定性相结合的方法。定量的指标包括其经济价值、教育价值，定性指标有精神价值与科学价值，是无法具体评估的。

（2）稀缺性

非物质文化遗产具有稀缺性，可以通过将其进行分级，从而实现对其进行定量性评价。结合传统村落的保护，将其分为世界级、国家级、省级、市县级几个种类，以此将其分为 15 分、10 分、5 分、2 分。

（3）历史性

非物质文化遗产具有丰富的历史性，其可以通过连续性来体现。某种文化传播的连续性代表其历史传承的久远度，根据 100 年及 50 年两个等级进行评分。

（三）非物质文化遗产保护评价体系初成

根据传统村落非物质文化遗产的评价体系的构建原则，将评价体系分为传统村落的文化环境保护和非物质文化遗产保护两个层面，进而结合评价体系的构建思路。

三、传统村落非物质文化遗产保护评价体系建立

这里借助超级决策软件建立传统村落非物质文化遗产的网络评价体系。

（一）网络分析理论

ANP（Analytic Network Process）网络分析法，是一种适应非独立的递阶层次结构的决策方法。其同层次分析法原理基本相同，但其克服了层次分析法假设各因素相对独立的缺点，建立了一种网络扁平化的分析各个因子的依赖于反馈的关系。

（二）传统村落非物质文化遗产评价体系

本书主要采用 Super Decision（简称"SD"）软件构建传统村落的非物质文化遗产的评价体系。SD 可实现网络分析法的建模、构造超矩阵、判别分

析等过程，是由美国 T. L. Saaty 教授的 ANP 团队研制开发而成的，主要用于快速实现层次分析与网络分析。

评价体系决策目标为各个传统村落的非物质文化遗产保护的评分值，控制层采用网络分析法典型的准则，即收益、机遇、代价与风险四个控制准则。在各个准则下，依据传统村落非物质文化遗产评价框架图，建立非物质文化遗产保护评价子网络，且根据不同的控制准则调整子网络的构成，增减评价指标。

第八章　传统村落环境保护

第一节　宏观共生空间的保护与更新

一、概念综述

传统村落是随着中国几千年的农耕文明发展的。完整的传统村落环境是具有活力的不断运动的生态空间，具有民族自身的文化生态整体性。传统村落的活态文化环境包括历史文化、生产方式、风俗习惯、社会价值观、观念信仰等元素。这些非物质文化活跃在村落环境的物质文化表层之下，深深植根于当地人民的集体无意识之中。二者相辅相成，互相作用，影响着传统村落环境的演变与发展。

中国的农耕文明发源较早，至今已经有上千年的历史。随着社会的发展，大量农村人口向城市涌入，现代城市已经成为人类社会的中坚力量，但是农村依然是中国社会的重要基础。毋庸置疑的是，非物质文化是从农业文明中发展而来的，所以很多现存的非物质文化遗产都是从村落中发展而来的。可以说，非物质文化是随着农业社会的发展而发展的。村落环境作为我国农业社会的重要基础结构，既是孕育非物质文化的土壤，又是发展非物质文化的基础。非物质文化离开了村落环境，也就失去了其生存的空间，终将失去生命力。

非物质文化遗产记录了传统村落的发展轨迹，反映了人民群众的社会观念，这种社会意识形态也在一定程度上影响着传统村落环境的演变。很多非物质文化至今仍具有活力，就是因为它具有和现代社会相符的意识形态，反映了人民群众内心的精神需求，这种精神需求也体现在了许多村落环境的构成元素上。所以，一个村落的发展和延续，离不开符合当代社会发展的意识形态，这种意识形态存在于在当地生活的人民群众之中，存在于非物质文化之中，存在于村落环境之中，存在于构成农村社会的各个组成元素之中。

用社火艺术举例，传统村落环境保护与更新与非物质文化遗产保护与传承本身就是对于传统村落环境与社火的共生空间的保护与更新。在传统村落环境中，社火共生空间不仅仅包括社火的游演空间、统筹和传习空间，还包括围合起社火游演空间的村落环境空间以及建筑空间。

传统村落环境是非物质文化孕育发展的源头和赖以生存的土壤。对于二者的保护与传承的理念主要是以下两方面：整体性保护和活态传承。

（一）整体性保护

传统村落环境和非物质文化遗产二者在农村社会中情景交融，和谐共生，显然二者是不可分割的一个整体。所以传统村落环境保护更新于非物质文化遗产保护与传承中，整体性保护是最首要也是最基础的部分。

灵泉村是一个具有悠久历史和关中民俗特色的村落，灵泉村社火作为诞生在这里的灿烂艺术文化，至今还保存着生命力，这离不开整个村落环境这片"土壤"的孕育和包容。传统村落作为物质遗产，它的风貌的空间结构只是在历史的长河中留下的轨迹，真正支撑它的是隐含在物质化历史遗产中的文化内因。社火是利用表演的艺术形式展现了人们对于美好生活的追求。这种社会意识形态也是文化内因中的一种。虽然灵泉村社火和村落环境从性质、形式、功能上都是天差地别的两个个体，但是它们具有内在的统一性，是一个同源共生的社会共同体。在灵泉村中，传统村落环境风貌和结构的演变蕴含着非物质文化所隐藏的社会意识形态，非物质文化遗产与传统村落环境情景交融，可以说二者相互支撑构成了完整的生态社会环境，一个丰富饱满的"血肉之躯"。所以我们谈保护二者，不能仅仅从某一局部出发，进行个体保护，而是要从宏观角度出发，从生态到文化，从社会意识到风俗习惯，保护传统村落环境和非物质文化遗产的整体性。

（二）活态传承

活态传承是指非物质文化遗产的传承是在其原生环境中进行，即非物质文化遗产不能脱离传承人的生产生活和物质环境。对于非物质文化遗产的保护要依托于传承的主体——"人"，而不是单纯地将非物质文化遗产与社会隔离开来进行保护。

在社火艺术中，无论是"文揽"还是"舞揽"，无论是撰写对联的文人，还是制作道具的匠人，无论是表演故事的儿童还是锣鼓喧天的乐手，没有他们，就没有社火艺术的传承与发展。对于这些默默付出保护着社火文化的人，国家应该重视起来，帮助他们将社火文化传授给下一代，给予政策和资金上的支出，舆论的宣传，使得这经历数千年历史风雨的文化代代流传下去。

活态传承应该要发扬其精华，不断地与社会主流意识形态相结合。非物质文化是对中国传统文化民俗性的表达，是人们在集体无意识的作用下渗入到社会生活和社会环境中的生活细节和环境风貌当中，经过历史的积淀和社会发展的演变而融入人民群众衣食住行的各方面生活当中。在传统村落环境当中，农民以衣食住行生活的各方面渗透着传统民俗、信仰和文化，在先人们留下的传统村落空间中循环往复着。所以，非物质文化才能在今天拥有着强大的生命力。但是，在市场经济的当代社会，由于对经济效益的盲目追求，很多非物质文化遗产失去了其生存的空间。因此在现代社会中，对于非物质文化遗产的保护在尊重社会发展规律的同时，也要确保其在市场经济社会中的生存空间。通过生产性保护，获得经济效益，以确保调动传承人员的积极性，吸引人才；通过生产性保护，以创造经济效益的方式，使得更多人民参与其中，使得非物质文化成为人民群众生产生活的一部，与人民生活息息相关，给非物质文化遗产增加时代性的活力，建立其发展与传承的良性循环模式，实现活态传承。

活态传承应该与社会生活融为一体。保护和传承非物质文化遗产，不能单一的将以往的所有习俗全部保留，而是应该摒弃那些不符合当今社会主流观念的意识形态。如今社会发展的步伐越来越快，科学技术迅猛发展，使人们的生活发生了翻天覆地的变化。随着生产方式、社会观念的改变，有些非物质文化遗产加入了创新和活力，有些非物质文化就渐渐显得也当代社会环境格格不入了。比如在灵泉村社火摆杆表演中，以前是每一堂使用木头搭建的"床"进行场景布置，需要四个青壮年共同协作抬起，故称作"抬床"而现在则用农用机动车来代替木质床，只需要一人操控，减少了道具物品存放的空间和道具准备的时间，节省了人力和物力，自然不再需要从前特制的木床了。所以这些传统民俗依然可以作为研究历史的重要依据，向人们展示祖先的生活方式和风俗习惯。非物质文化遗产的保护，并不是将传统文化毫无保留地保护在当代社会当中，而是让非物质文化融入现代社会生活的方方面面中，让非物质文化在尊重社会规律的基础上，与时俱进，自我创新和演变。

非物质文化遗产的活态传承不单单是指传承的生态性，还应该包括承载非物质文化的活态环境。传统村落作为物质遗产，它的风貌的空间结构只是在历史的长河中留下的轨迹，真正支撑它的是隐含在物质化历史遗产中的文化内因。所以保持村落环境的活态性，就是保护其内在的文化价值，从而使非物质文化遗产在传统村落这种活态环境中不断地增添活力。所以无论是物质空间还是非物质文化都应该用具有生命力的活态性的保护。

（三）保护与更新的层次

根据灵泉村社火与传统村落环境中的共生空间（下文中简称社火共生空间）的三个层次将社火文化的保护与传承与传统村落环境空间保护与更新分为三个层次进行，即宏观共生空间层次、中观共生空间层次和微观共生空间层次。

宏观共生空间的保护范围包括福山建筑群和灵泉老村范围，面积约28.39 公顷。保护内容包括：社火游演路线——村落的空间巷道格局；社火共生空间景观风貌——景观构筑物：古涝池、古井、古树营造的传统生活风貌，保护老村内的生活生产情境；社火共生空间的建筑风貌——建筑立面。

中观共生空间的保护范围包括：社火表演空间——巷道空间；社火表演的观赏空间——门户空间；社火活动集散空间——公共空间。

微观共生空间的保护范围包括：社火共生基础空间是针对社火表演单个项目所需空间而言，社火共生节点空间是对于传统村落环境中的空间环境而言。

二、宏观共生空间的保护与更新

灵泉村村落环境中与社火宏观共生空间包括在整个村落格局中社火游演路线的分布，这是一个由建筑和道路组成的微观空间，由道路系统连成线，再由完整的游演路线构成社火与村落环境的整体宏观共生空间，他们之间是"点—线—面"的关系。所以在村落环境和社火共生的宏观空间中，是由不同的"面"所构成的生态环境，使得村落环境和社火文化在这之中不断地发展和传承。在这个宏观空间中的面就是由社火游演路线连接各个节点形成的"面"所围合的空间。这些"面"包括建筑、景观围合而成的环境风貌。

（一）社火共生空间的巷道格局保护与更新

灵泉村的村落环境与社火的共生空间在整体布局方面主要是以社火的游演路线为支撑架构，所以在归纳、总结了灵泉村巷道格局之后，有关部门对其道路做了规划，规划的主旨是对老村社火游演路线范围内空间进行核心区域性保护，尽量减少大型机动车对于道路、景观和建筑环境的影响。其中一级交通道路是连接灵泉老村和新村的唯一通道，作为机动车的主要交通道路；二级交通道路和三级道路分别覆盖了老村东南北的交通流线，是将社火游演路线包含在内的交通路网；四级道路主要是根据社火的游演路线形成的交通道路，该道路以步行线路为主，尽量减少机动大型车辆进入老村。

社火表演中摆杆表演总高度为 3.5 米，南城墙为整个村落空间中的制高点，总高 12 米。对于除建筑外整个社火共生空间的高度控制在不高于 3 米，以确保社火观赏视线的通畅。而对于重点保护的历史建筑的高度应控制在不高于 12 米，以确保老村城墙的景观视线通畅。

根据社火共生空间所需以及灵泉村整体风貌的保护与功能完善的要求，在由社火游演路线包围的核心保护空间中，主要是对于空间中路线经过的重要节点——物质遗产维护和整治、保护与开发，对于巷道空间环境的综合治理，以满足灵泉老村人民群众生产生活的基本需要为基础，恢复其历史风貌、还原其共生空间，创造社火文化的生命力。

（二）社火共生空间的景观环境风貌保护与更新

总体来说社火共生空间景观风貌的保护主要有以下几部分：保护村落环境中的山体和耕田的生态景观；整合社火共生空间的视线廊道，维护廊道的景观风貌；维护古井、古树等景观元素的历史风貌。

传统村落的选址非常讲究风水，三面环山的自然形态构成了在社火共生空间的景观空间围合基础，所有的景观在这样的空间结构中组合演变。社火的游演队伍从西城门开始向福山方向前进，随后经由禄山方向，最后从寿山方向绕老村中一圈回到瓮城中结束。这样的路线选择体现着古人向山祈福，崇拜自然山水的思想意识。因此，在对社火共生空间的景观环境风貌保护中，应注重灵泉村独特的地形地貌、山体的自然景观。进一步绿化周围山体，禁止对山体进行大规模的挖掘，保护山体景观风貌。

道路空间是社火共生空间重要的组成部分，但是在老村现有的巷道空间中并没有为社火游演空间留出适当的观赏空间，由于观赏空间在传统村落空间中属于一种临时性空间，所以将绿化生态空间作为社火观赏的临时性空间。鉴于灵泉村巷道空间中绿化率很低，所以道路绿化是社火共生空间的基本需求。将现有的游演所涉及的巷道空间进行景观绿化，选取灵泉村本地植物物种，将原有的绿化带进行拓宽和治理，保证其景观绿化的整体性；减少现代化交通工具和交通方式对历史风貌的影响；在部分重要节点和重点保护的门户空间的绿化可以局部放大。

提高对公共空间的绿化度，通过村落空间的整合和治理，利用空隙空间和遗址的门户空间，保护现存的古树、古井形成集中的绿化生态空间，形成具有观赏性的生态空间。

（三）社火共生空间的建筑环境风貌

为了体现社火共生空间建筑风貌与社火文化的协调性、统一性，需要对社火游演路线的巷道宅院立面进行整体的维护。根据对于传统村落建筑风貌的整体分析，将建筑风貌分为重点建筑风貌、次要建筑风貌、需改善的建筑风貌、保留建筑风貌四类。

重点建筑风貌是指在社火游演路线的开端，即原瓮城所在环境的建筑，包括三义庙、党氏老祠堂、南祠堂；次要建筑风貌是指被列为或者拟列为文物保护单位的建筑，观音庙、老城墙、后巷民居建筑和井房等，必须严格按照《中华人民共和国文物保护法》的规范维护和还原建筑历史风貌；需改善的建筑风貌主要指围合社火游演空间的民居建筑，要根据村民现代生活的需要进行维护，建筑外立面在进行修复工作时，要注意其原用的基本材料的风格特征；保留建筑风貌主要指不临街的建筑风貌，为了保持建筑风貌的整体性，也将其划到考虑的范围之内。该类建筑立面与环境冲突不大，建筑风貌与老村风貌较为统一，可以维持现状。

传统村落的建筑多为一层，高度在8米以下，根据社火共生空间的视线需求，建筑高度应控制在8米以下，重点保护建筑高度应控制在12米以下。因此，可以将高度分为一类控制区和二类控制区。

第二节　中观共生空间的保护与更新

社火中观共生空间是指将每一个点空间连接起来的线空间，包括社火统筹和传习的村落公共空间和社火队伍各部分组成的序列构成的村落巷道空间。

一、社火游演空间

传统村落的村落环境与社火的共生空间主要是围绕社火的游演路线而形成的。因此，在整体的布局上，以道路分布为主，社火与传统村落环境的共生空间主要是围绕着道路空间展开的。而在这个空间中应该结合游演队伍的空间序列，在尊重表演习俗、精神文化内涵的前提下，进一步整理和塑造村落中的巷道空间。

社火表演的村落巷道空间中游演路线主要是由前巷、后巷、支家巷围合而成的线路空间，应该重点保护和塑造此空间。在这个过程中应注意不能改变巷道的走向和在整个村落空间中的比例，在综合考虑以上各方面的研究后，统一对该空间进行整理和保护，不能允许个人私自拓宽或者改变巷道用地。

根据社火表演序列的空间基本需求，摆杆表演高度需要 3~4m，巷道空间中应拆除架设在空中的电线，管道和电线应该在地下铺设。观赏视线保持其通透性，改善巷道空间的整体风貌。为了满足社火游演空间和观赏视线的通透性，要尊重巷道两侧重点保护的历史建筑的高度和形式，保持巷道两侧的传统风貌。

二、社火观赏空间

门户在社火游演的整个路线当中，各家各户的门户空间是观赏社火的最佳空间，而在社火不表演时，门户空间又会是重要的交通空间和人际交流的邻里空间。

门户空间作为社火共生空间具有特殊的临时性，所以灵泉村村落环境中的所有门户空间均缺少观赏空间的休憩功能和社火文化元素的渗入。基于在第三章、第四章对于门户空间的整体分析，需要将门户空间作整体性规划，在不破坏原有古建风貌的基础上，使每家每户的门户空间有机连成一个整体，增大观赏视线范围以及拆除具有不安全因素的构筑物。

三、社火活动统筹及集散空间

传统村落社火活动都是在城门外空地完成参与社火表演活动的工作人员集合，空间场地完全没有任何区域规划和围合。现在，社火表演都是在学校教室进行筹备工作，秧歌队、锣鼓队在广场上进行排练，活动广场作为组织表演队伍的场地，同时又作为社火表演的排演场地。

为了使传统村落环境与社火有机结合起来，需要还原传统村落门户空间的历史风貌和功能特性。在社火表演前，门户空间用作集散、统筹会议的空间和传承人研习和传授技艺的场所；在社火表演期间，设置临时性的观赏空间。

第三节　微观共生空间的保护与更新

社火微观共生空间是在社火游演队伍中单个项目的空间序列，它就是构成社火共生环境的"点"。单个项目自身就具备空间序列，当游演队伍停在某个重要节点时，单个项目处于的空间环境与其自身的空间序列相辅相成，情景相融。

一、社火共生基础空间保护

社火共生的基础空间指的是社火表演单个项目在整个村落环境中的序列空间。在这类空间中，无论任何形式的序列都在同一中轴线上，围绕着这个统一的中轴线进行空间变换。

二、社火共生节点空间保护

社火共生节点空间是指在社火游演时，社火队伍根据表演需要会在重要的节点停顿，进行单个项目的表演，进行造型性变化序列空间。社火共生节点空间的保护包括社火文化元素引入与院落空间保护、邻里空间保护。

由于摆杆表演对于空间需求有较大的特殊性，所以摆杆队伍是不会向其他形式的社火一样挨家挨户进入到村民家中进行表演活动。为了新年讨彩头，一般会专门组织由男青壮年组成的锣鼓队进入到本命年的村民家中进行表演。

需要重点对于院落空间进行修复性保护，民居院落空间是由建筑围合而成的半封闭式空间，而社火作为一种临时性表演活动，在进入民居院落时，要注意从开敞空间进入半封闭式空间中空间尺度的变化，因此，在营造民居院落空间时，既要考虑到该空间的功能需要又要满足社火游演的尺度需要。

社火共生的节点空间还包括邻里空间，其作为表演空间和观赏空间。所以在邻里空间的营造上，需要考虑到社火游演的空间尺度需求。

三、社火统筹与传习空间保护与发掘

传统村落社火统筹活动是没有固定场所的，社火表演是通过口传身授的方式进行传承，传习人日常并没有任何练习的场地，一般是在组织者的家中进行（村长、村支书），有时是在巷口或者空间开敞的邻里空间等空旷和便于集散的场地。除了对原有社火统筹与传习空间的保护之外，需要发掘邻里空间的功能，将邻里空间作为社火统筹与传习的重要场所。

邻里空间大多不是刻意而建造的，而是在村落格局形成之后，根据人们对于邻里关系和交流空间的需求而形成的，空间形态具有一定的随机性。传统村落的邻里空间多为不规则形态，由 6~10 栋建筑围合而成，空间尺度大小不一，一般在 20 米之内。

这里将传统村落具有发掘价值的邻里空间做了如下分类：重点邻里空间是日常作为人们交流集散空间的邻里空间，空间构成较为整齐，具有一定开场性与交通性；次要邻里空间是由于民居很长时间无人居住而没有使用的邻里空间，将民居建筑修复后，重新塑造的具有过功能性潜力的邻里空间。

传统村落社火文化与传统村落环境是一个活态的整体，它包含了传统农业社会的价值内涵和物化体现，二者情景交融，相互依存。无论是对于传统村落环境的保护与更新还是社火文化的保护与传承都不是单独进行的。失去了传统村落环境的物质承载，社火文化就没有了生存的空间，必将消失殆尽；一味地追求对于传统村落环境物质表层的保护，而不考虑生活在其中的人的社会意识和其内在的精神因素、价值内涵，村落环境就失去了民族传统赋予的生命力，只是一具空壳。

无论是传统村落环境还是非物质文化遗产，都是围绕着一个主体进行的，那就是人。传统村落环境满足人们生产生活的基本需求，非物质文化遗产满足人们的精神需求，在一个完整的人类文明中，这二者缺一不可。没有了物质环境的承载，非物质文化缺少了体现的介质，最终因无法表达而消失；没有了非物质文化遗产的内在，传统村落环境就是一具没有内容的躯壳，失去了生命力。

传统村落的村落环境是由物质因素和非物质因素构成的，传统村落环境是社火文化孕育和成长的土壤，社火文化是传统村落环境的文化内涵和价值之体现。社火文化不是固守和僵持不变的，而始终是随社会发展和时代变迁顺应物竞天择的法则，在流淌的长河中不断翻卷出新的浪花。因此，我们应该不断找寻活态传承社火文化在传统村落空间中的营造策略，保护文化遗产的整体性、本土性，重新找回孔子所说"移风易俗，莫善于乐"的鲜活境界。

以上从宏观、中观、微观三个不同层面分析了传统村落社火共生空间，探讨了其保护与更新的营造策略。首先要系统地考虑问题，不能仅仅从某一局部出发，进行个体保护，而是要从整体出发，从生态到文化，从社会意识到风俗习惯，保护传统村落环境和非物质文化遗产的整体性；其次非物质文化遗产的活态传承不单单是指传承的生态性还应该包括承载非物质文化的活态环境。传统村落作为物质遗产，它的风貌的空间结构只是在历史的长河中留下的轨迹，真正支撑它的是隐含在物质化历史遗产中的文化内因。所以保持村落环境的活态性，就是保护其内在的文化价值，从而使非物质文化遗产在传统村落这种活态环境中不断地增添活力。所以无论是物质空间还是非物质文化都应该用具有生命力的活态性的保护。

第九章 传统村落文化保护与传承

中国传统村落承载了中国不同历史、不同地域和不同民族的历史信息，遗存遍布，是民族文化的天然博物馆。以村落为基础发展起来的村落文化则承载了中国久远悠长的文明历史，具有聚族群体性、血缘延续性的特质，极具民族文化的本源性和传承性；村落成员的生产生活以及与之相关的有形或无形的文化形态，代表着国家和民族的文化传统，体现着"社会人"从个体到家庭、家族、氏族、民族的递进关系。然而，随着城市化的推进和外来文化的逼迫，传统村落及其承载的璀璨的昔日文明正呈现衰微之势。传统村落是中华民族的血脉根基。文化欲源远流长，血脉不能断，保护与传承传统村落及其文化迫在眉睫。

第一节 传统村落文化保护与传承的对象

"保护"，顾名思义，即指尽力照顾，使自身（或他人或其他事物）的权益不受损害；"传承"，意为"流传继承、传授和继承"。保护是基础环节，侧重于"源"，用于传统村落便是指守护村落及其文化使其免遭进一步破坏；传承是内涵，侧重于"流"，强调传统村落文化的长足发展，其最终指向的是民族文化的延续。学界多将传承这一概念用于地域民族民间文化习得行为，泛指对某某学问、技艺、教义等，在师徒间的传授和继承的过程。如今，在传统村落及其文化的保护发展中，传承便是对传统村落中文化内涵的发扬和继承，更是体现出了"延续性、继承性"这一含义。保护与传承二者相辅相成，交叉于传统村落的物质文化遗产及非物质文化遗产的发展过程中。

值得注意的是，我们所说的"传统村落"并不仅仅指已申报命名国家、省级的历史文化名村，还包括有历史文化价值但尚未申报名村的传统村落。历史文化名村是优秀的传统村落，但传统村落不一定是历史文化名村。"现存传统建筑风貌完整""村落选址和格局保持传统特色""非物质文化遗产活态传承"是传统村落的三大内涵体现。可以说，每一座蕴含传统文化的村落，都是活着的文化遗产，体现了一种人与自然和谐相处的文化精髓和空间记忆。对传统村落文化进行保护与传承，首先要明确应该保护什么。我们认为，主要体现为两部分。其一是有形的、物质的、固态的文化部分，包括建筑物本身的形态及其与周围环境的布局，如民居、公共建筑、道路、水系、山丘等，都是在特定的文化因素影响下，通过人工与自然的结合形成的村落宏观布局形态及人们对村落面貌的直观感受，对自然的适应与改造所形成的空间布局及形态风貌。其二是无形的、精神的、活态的文化部分，如村落中世代生息的原住民，他们在生活中所创造的礼仪习俗、乡规民约、手工技艺、口头传说、生产商贸、教育、节日、娱乐等，都是体现传统村落价值特色的重要文化内容。具体分述如下：

一、物质文化遗产

物质文化遗产又称"有形文化遗产"，根据《保护世界文化和自然遗产公约》（简称《世界遗产公约》）的规定，物质文化遗产包括历史文物、历史建筑、人类文化遗址。具体到中国传统村落来说，物质文化遗产表现得更加丰富、个性，某些建筑式样典型或在环境景色结合方面具有突出普遍价值的村落本身就是一处物质文化遗产。如安徽传统村落西递村和宏村、开平碉楼与传统村落、福建土楼等都以古村落的原真生态和独特韵味跻身于世界文化遗产之林。除了普遍意义上的代表性民居，建筑遗产还由于传统村落的特殊血缘聚居性而包含了村落中的祠堂、家庙、宗族祭祀场所等，它们是传统村落血缘家族聚族而居的文化印记。村落中的人类文化遗址则主要包括水井、耕地、河流、堤坝、沟渠、道路景观、桥梁等生产生活遗址。村落景观中的水体、花园、古树等作为景观的特色要素，则成为民间传说和习俗等的物质载体和村落历史的记忆载体。

（一）山水格局

山水格局是先民村落选址的智慧和信仰体现，体现着先祖对于自然的认知和崇敬，基本每一个村庄都被群山环绕，其周边依山傍水，有利于安定与富足。同时山水格局也包含人们依据自然山水对山水河流进行的完善，包括亭台楼阁以及风水塔林等的建设。现代人对于村落的眷恋情怀除了土生土长的乡情，还有很大一部分来自村落中的田园山水格局。"雨里鸡鸣一两家，竹溪村路板桥斜"这种清新自然的生态景观和环境是现代都市正在丢弃的。先民对于自然的"崇敬"使得二者和谐共生，村落中的许多建筑都是依势而建，道路、植物的分布与周围的生态环境完美融合，耕地、沟渠、水井等人为景观也无不体现出劳动人民的生态理念。所以，孤立地研究村落、实物是不可取的，如何将村落中的景观及其景观背后的文化理念传承下去，也是传统村落文化保护与传承的一部分。

（二）村落格局

村落格局是村落风貌的体现，它决定了一个传统村落的基本布局形态。村落的街巷、水系、重要场所等构成了村落的空间结构，保留原住民在改造自然环境时留下的痕迹。在一些大型的街衢式建筑的村落中，街巷是原住民出行、交往、驻足停歇的主要场所，作为主线贯穿联结整个村落，街巷的横纵陈列基本决定了整个村落的大致分布形态。人们对于一个村落美的欣赏和印象往往通过街巷格局以及街边的铺面建筑。如安徽皖南西递的"船"形格局，宏村的"牛"形格局，石家村外圆内方的"棋盘"形格局等，无不给人深刻的印象。在线元素中，还有一个暗线——水系。水系是整个村落生活、生产用水以及污水排放、消防安全的网络，它通过水井、地下井、排水渠、池塘、溪流、人工引水渠道、江河湖泊等明暗相续，连接成网，是传统村落的灵气所在，同时兼具村落的景观功能。在村落街巷纵横、河流密布包括祠堂、寺庙、戏台、牌坊等，这些重要场所共同组成了原住民的精神空间和公共生活空间。

其实，传统村落格局的形成乍看似乎随意，其实都非常讲究。许多村落在营建过程中，尽量利用了自然环境和自然水系，依山就势，立足整体，体现出天人合一、生态和谐的空间观。这些空间格局背后的生态理念、行为观念是传统村落空间格局形成的重要因素，值得深入研究。

（三）村落建筑

我国地域文化多样性最明显之处便体现在建筑之上。按照现代的划分，村落建筑可以分为公共建筑和民居。其中，民居在村落中占绝大多数，它们往往聚集形成规模化的建筑群，构成了主要的村落景观。由于民族的历史传统、生活习俗、人文条件、审美观念的不同，也由于各地的自然条件和地理环境不同，因此，建筑的平面布局、结构方法、造型和细部特征也就淳朴自然而又有着各自的特色。比较典型的有西北黄土高原的窑洞、安徽的古民居、福建和广东等地的客家土楼等。在建筑装饰上，各族人民常把自己的心愿、信仰和审美观念，把内心的希望和喜好的东西，用现实的或象征的手法，反映到建筑的装饰、花纹、色彩和样式等结构中去，如汉族村落中常见的鹤、鹿、蝙蝠、喜鹊、梅、竹、百合、灵芝、万字纹、回纹等，云南白族村落中常见的莲花，傣族的大象、孔雀、槟榔树图案等，无不带有强烈的地域特色和民族特色，呈现出丰富多彩和百花争艳的效果。

（四）田园环境

田园环境是数千年来原住民创造的独特的农业图景，体现了人与自然和谐相生的生态观念。它包括自然植被和农耕田地。自然植被在村落的生产生活中提供了资源，与村落具有相依相存的紧密联系。而农耕田地则是原住民赖以生存的生产资料，与自然景观、民居建筑构成了村落山水田居的生活化氛围。在劳动人民的改造下，不论是北方的旱地还是南方的水田，都井然有序、绮丽壮阔地坐落在传统村落之中，有的还具备堪称奇迹的农业水利设施，成为劳动人民造就的人类文明遗迹。如云南的传统村落中，留下了大量独具特色的农耕文明遗存——哈尼梯田，已被列入世界文化遗产名录。红河哈尼梯田规模宏大，绵延整个红河南岸的元阳、绿春、金平等县，是以哈尼族为主的各族人民利用当地"一山分四季，十里不同天"的地理气候条件创造的农耕文明奇观，据载已有 1300 多年的历史。

二、非物质文化遗产

非物质文化是各种以非物质形态存在的、与群众生活密切相关、世代相承的传统文化表现形式。相应地，传统村落的非物质文化便是指传统村落中，各族人民世代相传并视为其文化遗产组成部分的各种传统文化表现形式，以及村落中与传统文化表现形式相关的实物和场所。它包括传统村落各民族的口头文学、音乐、舞蹈、戏剧、曲艺、杂技、体育、美术、传统手工技艺、医药、节日等，十分庞杂。这些优秀的非物质文化遗产大多保存在传统村落中。可以说，传统村落是我国非物质文化遗产的土壤。通过村落原住民的世代传承，流传至今。

（一）口头文学

口头文学是口口相传的文学作品，主要包括史诗、传说、神话、民间歌谣、谚语、谜语、绕口令等。它和专业的书面文学颇有不同，不像书面文学一样需要读书识字才能获取知识，而是紧紧地贴着生活，是真正属于普通民众的文学。例如，民间谚语是村落原住民的生产生活经验总结，在村落中口耳相传。不少劳动歌节奏铿锵，能够在他们的劳动中调整呼吸、鼓舞情绪。许多世代相传的古老神话和传说，描写保卫乡土、歌颂英雄，都长时期地广泛地教育着人民，也带有娱乐功能。这种"原生态"的文学样式，老少咸宜，颇受村落原住民喜爱。

（二）音乐与舞蹈

村落中流传的音乐与舞蹈，也是村落文化的重要组成部分，体现了一个村落中重要的人文精神。在村落中，音乐与舞蹈往往结合在一起。一个村落社会生活中的婚丧嫁娶、生育献祭、播种丰收、驱病除邪等，都可以通过音乐和舞蹈得以体现。音乐和舞蹈成为村落原住民调节生活和感知世界的重要方式。

（三）戏剧

戏剧是以语言、动作、舞蹈、音乐等形式达到叙事目的的舞台表演艺术。在村落中，许多戏剧演员都具有非专业性，平时进行生产劳作，只有村落中发生重要事件需要演戏的时候，他们才是演员。很多戏剧的剧情都是根据叙事性极强、情节曲折且观众耳熟能详的故事改编，无论从其音乐唱腔、服饰道具来看，还是其表演程序和表演习俗来看，都呈现出独特的艺术特色。有一些戏剧并非为了表演而表演，比如湘西苗戏、新晃侗族傩戏等少数民族戏剧，它们大多与传统村落流传已久的节日习俗相关，体现出了独具地方特色的民间宗教信仰。在许多村落，戏剧表演场也是当地原住民的凝聚力、组织分层、精神信仰等诸多相关村落秩序的事项和规则的展演场，原住民通过观赏戏剧不仅得到了愉悦与休闲，而且也在潜移默化中陶冶了精神道德情操，对维系传统村落的民心有着重要的意义。

（四）曲艺

曲艺是中华民族各种"说唱艺术"的统称，与戏剧以歌舞演故事不同，它是用口语说唱的形式来叙述故事情节、塑造人物形象以及倾诉个人感情的一种艺术形式。在我国的传统村落中，曲艺品种有 400 个左右，包括相声、评书、二人转、单弦、大鼓、双簧等，一般由一人或几人说演，辅以小型乐队伴奏，常常"一人饰多角"，跳出跳入，达到"一人一台大戏"的效果，如常德丝弦、陕西快板、温州大鼓、广东粤曲、湖北大鼓、四川清音、扬州清曲等。在少数民族村落中，也有不少具有民族特色的曲艺形式，它们绝大部分是用各自的民族语言或方言说唱表演，如满族曲种"太平鼓"、哈萨克族曲种"冬不拉弹唱"等。

（五）杂技与体育

杂技与体育按其属性可分为表演类、竞技类和表演竞技混合类。吴桥杂技、抖空竹、维吾尔族达瓦孜等项目都是表演类的杂技，在一些传统村落中有着广泛的群众基础。吴桥流传一句顺口溜："上至九十九，下至刚会走，吴桥耍玩意，人人有一手。"说的就是河北省沧州市吴桥县一带的传统村落中，许多原住民都会玩杂技。竞技类的体育项目，以传统武术为主，还有少林功夫、武当武术、沧州武术、太极拳、梅花拳、回族重刀武术等。在我国西南少数民族村落中，原住民更是创造了丰富有趣的体育活动，如民族式摔跤、笮球、抢花炮、珍珠球、蹴球、押加、板鞋竞速、陀螺、射弩、高脚竞速、木球表演等，既带有表演的观赏性又融合了竞技性。传统村落文化中的杂技与体育，有不少节目和项目就是直接从劳动生产与日常生活中获取灵感，其道具就是生产生活中常常用到的器物，如耍坛子所用到的小口大肚的酒坛子，转碟所用到的菜碟，苗族飓桌子所用到的桌子，等等。杂技与民族体育，是经千年民间传承发展和完善的文化载体，具有深厚的文化底蕴。

（六）民间美术与传统手工技艺

民间美术与手工技艺关系极为密切，多数与民俗活动有关。如民间的节日庆典、婚丧嫁娶、生子祝寿、迎神赛会等活动中的年画、剪纸、春联、戏具、花灯、扎纸、符道神像、服装饰件、龙舟彩船、月饼花模、泥塑等，以及民俗节日中的服饰、用具等。它们的制作材料大都是普通的木、布、纸、竹、泥土。传统村落中，民间美术与传统手工技艺贯穿于原住民生活和精神世界的各个领域，直接反映原住民的思想感情和审美趣味，显示出他们的聪明智慧和艺术才能。

（七）传统医药

很多传统村落大多地处山区、半山区，地势偏僻，交通闭塞，气候恶劣，各种疾病多发。为了更好地生活，原住民就利用当地的材料来防病治病，包括植物、动物、矿物等。由此积累了大量的民间医药单方、验方、秘方和诊疗技法，它们共同构成了中华民族宝贵的医药文化遗产，都是我国医药文化中的瑰宝。这类医药手札有的是由村医、郎中凭经验写成的笔记或医药记录，有的是祖祖辈辈传下来的偏方、秘方，大多还留存于传统村落中。在传统村落及其文化的传承与保护中，重视医药手札的整理、保护与传承，将会对中医的发展产生推动作用。

（八）其他文化遗存

民俗即民间文化，是民众的生活、生产和风尚习俗的状况。在生产领域有劳动民俗，生活领域有生活民俗，传统节日有节日民俗，社会组织有组织民俗等。许多民俗在特定的节日或场合进行，形成了特定的一套仪式，像婚礼、丧礼、诞礼、成人礼等人生礼俗需要有典礼或仪式来求得社会认同。在人的精神意识领域还有许多祭祀仪式和信仰仪式，也称为民俗。本书第四章已对生产生活民俗做了详细列举，第五章对于信仰仪式也有深入阐述，此处便不再赘述。

除了上述所列，在传统村落中，还有一些具有特色的文化遗存，是近十余年来才逐渐得到重视，如村落中最常见的农具及农业文化。农具用途大同小异，看似简单，但是每个设计构造均体现了劳动人民对如何最有效地运用力量的智慧。在今天的许多偏远村落中，还依然还保留着传统的犁地、收割、纺织等工具，维持基本的吃穿用度。

传统村落中常见的碑刻，更是记载村落文化的重要材料，对传统村落文化的研究有着不可替代的作用。在中国传统典籍中，很少有文字涉及与村落相关的内容，而村落中遗存的碑刻却正好弥补了这一不足。它有着极高的文献价值，具有补史、证史、正史的功能。中国村落文化研究中心人员在湖南靖州的一个苗族村落发现的"群村永赖"碑，记述了苗族在自身悠久历史文化中形成的"舅霸姑婚"的婚姻习俗，还记述了清代道光年间地方政府立碑示禁的史实与过程。可以说，它是我国古代婚姻制度史上极为重要的物证，可以清晰地展现苗族历史文化尤其是婚姻制度史的演进，补白苗族的历史文献。遗憾的是，由于目前人们尚未认识到这些村落碑刻的价值，它们有的被当作普通石料用来铺路、搭桥、当墙基，有的干脆被废弃于荒郊野外，尚没有得到有效的保护和研究。

三、制度文化

传统村落中的制度文化是村落原住民在长期的农业生产生活中，为了自身生存、社会发展的需要而主动创制出来的有组织的规范体系。从国家行政管理体制、法律制度、人才培养选拔到民间仪礼俗规，传统制度无不带有农业宗法社会的文化特性。时至今日，当传统农业社会面临转型，传统村落的制度文化便已不再占主导地位，许多传统的因素已随着时代退出了历史舞台。然而，当今社会中，传统村落的制度文化仍旧可以作为协调个人与群体、群体与社会以及维护群体的凝聚力的精神力量，如村落中的宗族制度、乡规民约等，作为物质文化与精神文化的中介，至今仍维系着传统村落的动态平衡关系。我们在保护与传承村落制度文化时，要有取其精华，去其糟粕，合理利用这些具有协调、辅助作用的传统力量。

传统村落的管理体制多由村落组织来完成，在众多自治组织中，宗族组织成为传统村落的控制主体。自古以来，族权便给予了政权辅助作用。宗族制度对村落的控制首先通过族权来实现。族权由族长和若干协助人员组成，管理宗族组织各项事务。族长拥有主祭权，可以主持族谱修续、管理宗祠、兴办学堂、祭拜祖先、修筑祖墓。族权在一定程度上能够承担经济上的自助自救，包括日常事务和宗族福利事业。宗族文化一直是原住民的精神根基和心灵归属，是个人维系到社会和国家的纽带。今天，在村落基层自治的管理制度下，传统的宗族制度依然具有维系人心和维护基层社会稳定的功能。

传统村落的村规民约是村落中的成员共同制定的一种行为规范，与宗族法和政府法律既有区别，也有联系，是实行原住民自我教育、自我管理的一种有效的形式。经过数千年的发展，留下了大量的村规民约，对于我们今天的村落治理仍旧具有参考价值。如贵州省贵定县石板乡腊利寨现存的寨规碑中就有"贫穷患难亲友相救""勿以恶凌善，勿以富吞穷""行者让路，耕者让畔"等内容。这些村规民约包含了从为人处世、邻里和睦到忠孝廉洁、忠君爱国的一切准则，体现的是村落中劳动人民最质朴的道德原则。一旦违反，将会受到村落的舆论压力和宗族的处罚，这对于维护村落的秩序能够起到很好的约束作用。

四、精神文化

传统村落的精神文化具体表现在原住民的伦理道德、日常生活以及节日习俗中，充分体现了村落原住民对于美好生活的向往和理想精神世界的追求。村落的精神文化气质包含在原住民日常劳作的勤劳之中，体现在劳动人民生活的节俭之中，体现在邻里之间的和睦之中，体现在后代对长辈的孝心之中，等等。这些精神信念包含的方方面面，共同构成了中华文化的精神文明。

儒家文化可以说是对传统精神文化影响最深的，大到国家的治理，小到村落中续族谱、立牌位、建宗祠，无一不受儒家文化的影响。许多传统村落中设有书院，开设私塾，供村落中的适龄儿童学习儒家文化。其忠孝仁义的思想融入社会教育和家族教育之中，涌现出一批达则兼济天下的忠君报国之才。其中的孝道教育更是深深植根于晚辈的心中。许多村落习俗中，有很多都是在孝文化观念之下形成的，如为去世的父母长辈超度、祭祀等。孝文化不仅在汉族的传统村落中盛行，也影响到周边的其他少数民族村落，如云南一些壮族的传统村落中，父母去世之后要讼唱《感恩经》，感恩母亲怀胎十月到养育儿女成人的艰辛，极具感染力和教育意义。儒家文化中最重要的思想如"克己复礼""修身齐家""忠孝廉洁"等名言警句，都被录入家谱或者村规，或者书写在建筑的最显眼处，代代相袭，成为原住民倾心企慕的治家良策。

在儒家文化的影响之下，结合中国传统村落的自治性特征，逐渐形成了特有的乡绅文化。所谓乡绅，就是有过科举经历的读书人，部分人还有过为官的经历，但始终与生养他的村落发生着关系，有的常年居住在村落中。他们的文化价值观乃至社会价值观都深受儒家文化影响，在村落社会中具有较高的文化威望，同时又通过言传身教将儒家文化进一步发扬光大，对于村落社会有很大的影响力。他们有一定经济基础，村里修桥铺路、办学讲学、捐款救灾等都由乡绅出资或者出面组织捐款。每逢朝代更替、皇权易主的年代，乡绅阶层总是站出来捍卫村落的和谐与安宁。

在当今时代，虽然乡绅作为一个社会阶层已瓦解，但是传统村落中依然存在这样一些能够引导精神文化的模范群体，这就是我们所说的"新乡贤"。我们今天呼唤"新乡贤"，提倡"乡贤文化"，主要是提倡发扬传统乡贤对于地方建设尤其是基层村落建设的精神，鼓励并保护其在社会公益、社会服务、社会道德等方面体现出来的行为。"新乡贤"是在传统乡绅文化的启示之下出现的一种新型群体，在时代的呼唤下不断发展壮大，其主体已不再是士绅阶层，而是包含文人学者、政府退休官员、企业家、科技工作者、海外华人华侨在内的各行业精英。他们一般出身农村，受过高等教育，见多识广，传统村落的生活经历和精神内涵在他们心底打上了深深的烙印。他们从自身的乡土生活经历中获得灵感，发掘村落文化的价值，对于村落文化有着独特的感触和见解。他们有的在村落中成为群众信任的决策者，有的在村落中成为知识的传播者，有的选择自己熟悉的家乡作为研究对象，通过著书立说、社会呼吁、社会公益等手段表达对乡土的热爱。从历史的经验教训来看，中国是一个农业大国，村落的治乱与否与国家的稳定密切相关，村落乱则国家乱。而任何社会组织都离不开人，村落也是如此，由此我们可以想见，在村落社会中，人的作用不可小觑。

如今，传统村落正面临"千年未有之大变局"，景观建筑遭到破坏的表象之下是文化的空心化，大量人员进城务工，留守儿童、孤寡老人等社会问题日益凸显，外来的非主流价值观念不断冲击着千百年来养育了代代淳朴善良的劳动人民的传统价值观念。城市化不能以农村空壳化为代价，村落治理亟待乡贤回归，村落的稳定与发展还需要由内而外的凝聚力。在传统村落的发展中需要更加注重新乡贤的引导作用。

第二节　传统村落文化保护与传承的意义

一、守护中华民族文化的根

保护中华民族的历史文化，首先要保护文化的根脉。作为一个拥有悠久农耕文明史的国家，众多形态各异、风情各具、历史悠久的传统村落就是中华民族文化蔓延生根的地方。这些村落是在长期的农耕文明传承过程中逐步形成的，凝结着历史的记忆，是中华民族生存、生产、生活的基本载体。中华民族的传统观念、习俗、社会与家庭等多元文化在此孕育而生。相对于经典文献和地下挖掘出来的古物史料，传统村落更能真实地反映中华民族不同地域、不同族群的生产生活方式、道德伦理观念以及民族习俗风情，蕴藏着丰厚的历史文化信息和自然生态景观资源。它所承载的有关中华民族文化的历史信息更具鲜活性，是我们中华民族文明发展史的"实证"，更是中华文明渊源的"活证"，是我国历史、文化的"活化石"和"博物馆"。

然而，随着城市化浪潮的愈发汹涌，传统村落作为中华传统文化的重要载体和中华民族的精神家园，已经遭受了剧烈的冲击，即便没有灭亡，也与现代的城市格格不入，艰难喘息，传统村落文化面临着前所未有的巨大危机。山西省盂县的宽坪村就成了这样一个个案。宽坪村位于山西盂县北部的大山深处，村内房屋整齐有序，环境优美，曾经是祖祖辈辈生活的世外桃源。然而，由于山高路远沟深，村子外面的女人不愿意嫁到村里来，村里的孩子读书条件也十分艰苦，宽坪村的年轻人纷纷外出挣钱寻找新的出路，宁可背井离乡挤在逼仄的乡镇或城市夹缝里，也不愿回归满目疮痍的村落。这个村落目前成了仅有九口人的"消失中的村落"。断壁残垣，九户原住民，两条狗，500多只羊，十几只鸡，构成了该自然村的全部。地理意义上的村落已经如此破败不堪，文化就更难寻踪影。

正如龚自珍所言，"灭人之国，必先去其史"，国家如此，村落亦如此。如果具有民族向心力和凝聚力的历史文化消亡，那么这个国家人心也必将涣散，最终"国将不国"。因此，从某种意义上说，保护传统村落，就是保护中华传统文化的重要载体和中华民族的精神家园；延续和传承中国传统村落文化，就是在守护我们民族文化的根。

二、保障民族文化的安全和国家的稳定

传统村落作为位于国家金字塔塔基的相对独立的单元，是村落共同体内的精神家园。一个民族文化的安全和国家的稳定，离不开无数个小单元的稳定与安全。在日出而作、日落而息的生产生活方式中，传统村落养育了一代代勤劳勇敢的原住民，孕育了基层社会的安定与和谐。族长、乡绅、贤长者担负起维护村落系统秩序的责任，村落中的宗祠、家庙维护着沿袭千年的相对稳定的社会秩序和宗法论理，中华民族就在这样家族相续、睦邻友好的氛

围中发展着。

　　传统村落文化的内在结构关系到国家的文化结构，前者支离瓦解，势必严重影响到我国传统文化尤其是意识形态方面的传承和延续，危及民族文化安全、国家稳定。"足寒伤心，民寒伤国"，没有了传统村落这个"家"，何以谈"国"？保护与传承中国传统村落文化，就是在维护国家的稳定与民族文化的安全。

三、延续村落传统习俗与生活方式

　　传统村落中的传统习俗与生活方式是经年累月形成的，每一种传统习俗与生活方式的背后，是几百年、几千年乃至几万年丰富的历史积淀而成的文化。它们既是传统文化的载体，又是地域文化的象征，体现出了一个地区长期以来所形成的共同心理和生活特点，极富独特精神价值。这些传统习俗与生活方式起源于人类社会不同区域、不同族群的群体生活，具有族群化、模式化、类型化的特点，依赖于特定的传统生活环境，依赖于传统村落中原住民心照不宣的心理认同和共同遵守，因而在相对封闭的村落中世代相传。村落原住民创造了这些习俗与生活方式，反过来，这些习俗与生活方式又塑造着原住民的文化性格与文化心理。如果离开了村落这个大环境，不少传统村落原住民所保存至今的一些最为宝贵的特质文化将因为失去其存在的土壤和背景而发生改变。正如我国云南地区摩梭人古老的走婚制度一样，在被贴上商业旅游的标签之后，受到了外界价值观念的冲击，成了外人猎奇滥情的借口。

　　传统村落与传统村落文化相互依托，不可分离。原住民延续了数千年的村落传统生活习俗与生活方式，都是以这些坐落在中华大地上的传统村落为依托的。如果传统村落遭到毁坏，则以其为依托的传统村落文化也就会随之消亡。今天还有许多侗族村寨。这些传统村落不仅仅保存大量的具有侗族传统特色的建筑，其生活方式的淳朴和谐，也让今天生活在大都市中的人们觉得不可思议。这些村落中的原住民在外出时，习惯在门框之内竖一根扁担，或于门框之旁悬置一竹篓，抑或于门板之上挂一纱线。生活在周围的路人经过时，看到这些就知道屋里的男主人进山砍柴、下地干活去了，或是女主人赶集去了，如若口渴，屋内备好的茶水和食物可尽管食用。这种"道不拾遗，夜不闭户"的社会风气，只可能存在于当地的村落之中，它与大都市中

"家家防盗、处处监控"的现象形成了鲜明的对比。保护与传承传统村落文化，可以延续村落中社会的和谐与美好。这种和谐与美好的社会风气正是我们在现代生活中逐渐失落的。

四、重塑道德伦理

我国传统村落在过去社会的结构就是以血缘、宗法关系为纽带而建构起来的。以血缘关系为纽带的宗法制度，是过去社会稳定发展的根本保证，国人敬祖尊上、家国天下的观念保留了人们心中所存的"畏惧感"和"自制力"。心存畏惧，不会胡作非为；自制内省，便能是非分明，由此形成基本的行为准则和道德规范，虽千里不同俗，但其基本内涵是一致的。自宋代开始，在中原与北方地区，后人会为先祖建立"家庙"，时时以祖训为准则；后来单一家庭的家庙制度逐步形成整个族群居住地的"宗祠"，奉于祖先与堂屋的神龛之上。强调个人对宗族、国家负有很强的道德责任，个人应当服从宗族和国家的利益，遵循集体主义原则。族有族长，家有家规，由此形成的忠孝人伦延续千年，教化四方，至今仍然有许多传统村落依然保有这种宗祠、家庙。虽然文化教育已经不再是家族中的私事，而让位于九年制义务教育，但是在道德教化上，传统的宗法伦理中的积极因素仍旧可以服务于当代社会，拯救我们日渐失落的精神。

面对当今频频出现在热搜榜上的道德缺失事件，很大程度上与城市化进程有关。在城市化进程中，彼此没有血缘关系的陌生群体集中在一个地方，降低了伦理道德的底线。这使得人们心中的是非标准失衡，精神世界由于被物质与金钱充斥而显得空虚。传统村落作为人类文明发展过程中精神扎根的最后一块净土，对伦理道德与精神文明的重塑起到了重要作用。村落曾经固有的乡亲乡情、温暖诚信、守望相助、邻里相扶的美德会给当下冷漠猜忌、世俗风尘蒙垢已久的心灵一丝净化、些许温暖、一次警醒，唤起数千年来流淌在中华民族每一代人血液里的民族性格和美好品质，重塑美好的道德伦理，为社会的和谐贡献力量。

五、维系国人的乡愁和情感

乡愁是在传统村落中萌生发酵，它以血缘、乡缘关系为纽带，在历史与文明的变迁演进中渐渐融入中华儿女的血脉，化为中华民族的文化基因。对远离故乡的人来说，乡愁就是对于一个地方的怀念之情，如同诗人余光中所写那样：是一枚小小的邮票，维系着母亲与儿女；也是一枚小小的船票，承托着亲情与爱情。

看得见山，望得见水，传统村落无疑就是牵得住乡愁的地方。

传统村落中的田园山水是村落文化中天然的珍贵遗产。寄情山水、怡情田园，是因为山水田园可以陶冶心志、修炼性情、培养品格。中华民族就是在山水田园之中，孕育出了富有特色的生存理念、人文观念、哲学思想、道德价值取向等。山水田园之于人，已不仅仅囿于山水田园所产之物可以养身养命的物化层面。山水田园风物风景已升华为可以养眼养心、净化灵魂、陶冶情操的精神家园。前者是物化的，后者是精神的。物质和精神在中国式的山水田园里，有着最为完美的融合和体现。

传统文化中往往带有非常强烈的乡土情结和田园向往。陶渊明"不为五斗米折腰"，为官八十余日终于弃官归乡而回到生养自己的村落，过着"种豆南山下""晨兴理荒秽，戴月荷锄归"的普通农人生活，所闻所见所历村落中的鸡鸣狗吠、桑麻荆扉，都是他吟咏的对象。村落与山水田园养育了他的生命、滋润了他内在的精神世界，造就了他"采菊东篱下，悠然见南山"物我两忘的超然心境。他在成为"田园诗"之祖的同时，也成了中国历代文人的精神偶像，可谓写不尽的山水田园，绘不尽的村落胜景，抒不完的怀古幽思。历代文人墨客凭借生于斯长于斯的人生阅历，曾留下了数不胜数的名篇，创造了内涵丰富的文化意象，寄托了意味深长的人文情怀。这种精神血液也延续到了当代很多有社会责任感的知识分子身上。他们充满了强烈的文化自尊和理想化的文化态度，认为村落文化就是城市文化的未来精神归属。

黛山可以安神，林泉可以明志，田园可以怡情，不同地域的特质文化可以使人开阔视野、增长见识，淳朴的村落民风可以净化灵魂、陶冶情操。身体在这里得到滋养，心性在这里得到释放。保护传统村落及其文化，便是保存数千年来中华民族先哲留给我们的、可以喂养我们民族精神的山水田园理想；保护传统村落及其文化，便是保护千年来，中华民族先哲留给我们可以陶冶心性的田园风景；保护传统村落及其文化，便是保护数千年来，中华民族先哲为我们所营造的、可以安放灵魂的精神家园。

传统村落文化是传统文化中最接地气的那一部分，保存也最为完整。它是乡愁之情产生的地理空间，是连接家族血脉、传承族群文化的重要载体，是广大华侨、港澳台同胞远在千山万水之外，但依然要回来找寻根基的理由，是我们灵魂栖居和最终回归的精神家园。"家书何处去，归雁洛阳边"，传统村落所代表的"家"对于情感的寄托和慰藉只有离人游子才能体会。如果丧失了这些传统村落，我们的精神将最终归向何处？

因此，对于乡愁，人们会用各种不同的方法来化解并以实际行动有意无意地传达，许多文学作家会用纸笔写下记忆中的村落生活，许多企业家则投资家乡、回馈社会，许多艺术家醉心于民间美术的淳朴之美，这些都是传统村落及其文化的独特凝聚力。留得住传统村落，才能守护奔波在外的中华儿女内心深处坚守的精神世界。只有不忘过去，才能至未来。

第三节　传统村落文化保护与传承的途径

一、保护与传承的群体

（一）家族与宗族

中国传统社会是一个以家族血缘关系凝结成的宗法社会，不论是原始社会的各种社会组织还是后来的胞族、氏族，无一不是以血缘关系为纽带建立起来的。在血缘纽带不完全解体的前提下，中国进入阶级社会，从而就形成了独特的宗法制度。从孩童的启蒙到青少年的人生观形成乃至成年后的各个阶段，都会受到家族的影响。在生产实践过程中，基本上都是在一个家族中由上一辈传给下一辈。例如育种、耕作、除草、收割等农事活动的生产经验，都是在家族或者宗族中传递的。在同一区域，这些生产活动经验具有普遍性，但一个人不会从其他家族中来获取信息，而只能是在血缘内部得到。

至于精神文化方面，血缘传承的特征也十分明显。在聚族而居的生活方式中，通过行动或者观念感染后代。因此，传统村落文化的血缘传承主要是在同一血缘范围内进行的文化传承。它既包括血亲族史的传承，也包括由血亲讲唱的村落文学的传承，更包括血缘家族在长久相处中行为举止、道德观念、风俗准则的传承。

在中国传统村落，同一家族的原住民祖祖辈辈通常都居住在同一个不大的空间里，日常生活中，村落原住民之间联系的纽带就是血缘。原住民从小对于整个家族、村落乃至民族的祖先、英雄人物耳熟能详。一个人从小就对整个家族的信仰、民俗、家规、祖训耳濡目染，并自觉形成一种内在的约束力。血缘家族共同的原始心理和族群意识，缔造了共同的祖先神话、史诗及传说，这些村落文学大多世代以祖辈口耳相传的方式，融入村落原住民的日常生活或农闲娱乐中。他们即使目不识丁，对于一些经典文献也都有不同程度的了解，有的甚至对一些历史故事非常熟悉，就完全得益于这种口头传承方式的影响。

由于血缘家族的群体相对较小，血缘传承的范围一般多被限制在氏族范畴之内。一个人童年时代从父母、亲友那里所接受的传统村落文学，如歌谣、童话、故事等，主要源于这种具有血缘关系的家庭传承。在祖辈讲述这些文学作品时，总是会潜移默化地融入他们的价值观念，孩童在学习中也会受其影响。

（二）师徒

师徒传承是以行业为界，在行业内部进行的具有行业特点的故事、技艺、文化的传承。如在木匠、石匠、泥瓦匠中流传的鲁班故事，在医药行业中流传的神医华佗故事，以及在赶山人中流传的孙老头故事，等等，都是以师徒相传的方式流传于本行业内部群体之中。这一传承过程常常与某些神秘的业缘神信仰有关。每个行业都会有各自行业的祖师或保护神，且具有一定的参拜仪式，每逢节日、祖师生日、收受艺徒或是土木竣工，都要聚集庙中参拜祖师爷，并由工头讲述行业及行业神故事，借以交流技艺，增进团结，弘扬行业道德。因此，随之而来的某些技艺和诀窍也就具有了程度不一的神秘性和传承环境的指定性，独特的绝技和行业诀窍更是概不外传。甚至在一些宗教活动中，也有这种规矩。例如，萨满教的祭神仪式就是如此。对祭祀神的历史情况，在萨满教风行时是严禁泄露的，只有老萨满玛达到晚年时才传给他（她）们的得意弟子。传授时还得焚香、洗手、漱口，跪在地上聆听传教。像焚香、洗手、漱口等仪式并不是最复杂的，但依然决定了师徒传承不能像血缘家族传承那样具有随意性、生活化的特征。而且，师徒传承有时往往会与血缘家族传承相结合，二者分界并不是很分明，这一特点与中国历史上手工业作坊的家族式经营有关。

除了某些行业由国家规定世袭以外，有的行业还存在传内不传外、传男不传女的传统，只有家族内部男丁后继无人的情况下才考虑外传，因此内外亲疏始终贯穿在师徒传承中，形成了家族血缘与师徒关系交叉的双重性传承。

当然，师徒传承最为鲜明的特点是，它具备其他传承方式所没有的专业性。俗话说"隔行如隔山"，行业内部的专业技能是行业兴旺与传承的关键，各行业的技术技巧是不同行业的能工巧匠长期创造、摸索出来的，除了师徒传承，外人很难短期内摸索通透。所以，过去工匠在收录艺徒、祭祀神祖时，都要由有经验的老师傅向徒弟们开讲"手艺经"，借以传授经验、切磋技艺。有的行业不但传授技能，该行业的价值观念、制度禁忌也借由这些行业技能、行业故事加以重申与强调。许多故事讲述先祖的光荣事迹，既是专业经验的总结概括，又是对前人从事这一行业的职业道德修养的弘扬，不抢同行生意，不趁人于危难，救人于水火等这些规矩，都是从事该行业的基本准则。由此可见，业缘组织在传统村落文化的传承中占了极大的比重，甚至是村落手工技艺最主要的传承方式。

（三）群体组织

群体组织相对于家族传承与师徒传承来说其范围更加广泛，受众阶层亦多样化。但群体传承往往呈现出一定的地域性，因为共同的文化背景、相同的地理环境、频繁的文化接触，很容易促成相同文化心理，形成鲜明的地域性特征。中国是个典型的农业大国，农业民族最主要的特征之一便是安土重迁。强烈的乡土观念，使得文化的影响范围限制在了某一群体组织中。

群体组织对文化的传承主要体现在岁时节令、大型民族活动和风俗礼俗中。在岁时节令、大型民族活动中，原住民往往会以群体组织的形式进行本民族的文化实践。许多村落在岁时节令还会有大规模的社戏、庙会等活动，这时候群体组织对于村落文化的传承是一种自由的濡染。相对于这种自由性，风俗礼俗的群体传承就带有了一定的强制性。一种风俗或礼俗一旦形成之后，逐渐成为一种大家都要遵守的"自正自制"的社会制度，就会在群体与民众中具有相当强大的规范力与约束力。"自正自制"首先是个人的自我遵守和自我约束。一个人从出生到死亡的这段历程当中，作为社会的一个成员，他会自觉不自觉地遵守全社会约定俗成的风俗或礼俗。当他不能自正时，就会多少受到来自社会群体的、心理的、信仰的种种压力、谴责甚至制裁。每一个人的民俗情况都处在别人的监视之下，任何一个人，只要他违背了当地的风俗习惯，大家都要将他拽回民俗的轨道上。

从诞生到满月，到周岁，到成年，到老年，有许许多多相应的人生礼俗伴随着他，其中最不能超越的，大概是诞生礼、婚礼和丧礼。这些风俗或礼俗繁简不同，但在正式活动中大家都遵守规矩，以免自己的行为或者语言越礼而遭到嘲笑或者指责。从这一方面来看，村落文化的群体传承也体现出了相对稳定的特征。

二、保护与传承的方式

中国传统村落及其文化的保护与传承涉及空间形态、建筑风格、文化遗址、古树名木、地方特色方言、戏曲、传统工艺、产业、民风民俗等方方面面，十分庞杂。先民曾在悠远长久的文化发展历程中用语言、文字、图像、实物等各种不同的方式传承本民族文化。这种方式倾向于组织内部之间纵向的"承上启下"的文化传承轨迹。而今，高新技术的不断发展催生了一系列现代多媒体数字化传播方式。这种方式既有纵向的延伸，还侧重于横向的拓展。这并不代表现代传承方式能够完全取代传统方式，它仍然以语言、文字、图像、实物为主要传播方式，只不过采用现代手段对其进行整合，使之呈现多位一体的效果。我们在保护和传承村落文化时，既要注重运用现代化的手段，又要注重传统的手段，仅以某种单一方式传承村落文化是既不全面也不现实的。

（一）传统传承方式

1. 语言传承

语言传承方式是最为原始的方式。早在文字尚未产生之前，历史就是依靠先民世代以口耳相传的方式得以保存和延续的。更有甚者，直至今天，许多偏远民族仍然没有文字。如居住在中印边境地区海拔 1000 多米的森林中的僚人，仍然靠上一代口传给下一代的方式繁衍发展。这种传承方式有着文字难以替代的地位，不但包括口头文学的传承，还包括各民族语言本身的传承。村落原住民通过口耳相传的方式交流思想、传递生产生活经验、延续风俗习惯，保存了传统村落的文化成果。

语言是人类进行沟通交流的符号。人们借助语言，保存和传递人类的文明成果。它既是文化传承的重要途径，本身亦是文化的一部分。我国是一个统一的多民族国家，民族多、语言多、文字多。除汉族外，已确定民族成分的少数民族有 55 个，除回族、满族已全部转用汉语，其他 53 个民族都有自己的语言，有些民族内部不同支系还使用着不同的语言，因此，全国 55 个少数民族，共使用上百种语言。这些语言分别属于五个语系：汉藏语系、阿尔泰语系、南岛语系、南亚语系和印欧语系。汉语语言中，由于历史与地理条件的影响，又分为七大方言：北方方言、吴方言、湘方言、赣方言、客家方言、粤方言和闽方言。

在许多少数民族地区，有的民族至今也没有创造出自成体系的、具有规律性的文字。于是从口承的历史来看，各民族的先民等不及文字的出现，便将自己的一段段历史以口头的方式传下来。一种语言一旦随着老一辈的离世中断，那么村落也将面临变迁直至传统的事物消亡，这也是我们迫切抢救和保护濒危民族语言文化的重要原因。

语言的基本含义和内容可以借由文字形式记录，但语言传承时往往伴随着传承人微妙的表情、细腻的情感和特殊的语境，这些都是难以捉摸、稍纵即逝的，语言对短暂情境的传承则是其他方式不能取代的。某些语言习惯和口头文学也只有通过语言传承这种方式才能保留它的生动性。如在汉语中，谐音文化及其产生的隐喻文化便是语法活用最为生动的例子。如东安大江口乡的银山，由于该村山上林荫蔽日，阴森可怕，所以称之为"阴山"，但人们嫌弃"阴"字寓意不够好，便将"阴山"改为银山。像这样被谐音雅化的地名，还有远井与远景、臭鱼塘与秀鱼塘、干塘冲与甘塘冲、死水与泗水、枯塘与福塘、鸭屎塘与鸭丝塘等，这些地名都反映了东安人避俗求雅的社会心态。语言的这一类活用方式在全国各地普遍存在，包含中国人特有的禁忌避讳和信仰风俗。人们逃避晦气、喜好吉祥，由此便形成了独特的隐喻文化。尤其在明清时期形成的一些深宅大院中，这种现象更是被应用到了极致。坐落于山西省祁县乔家堡村的乔家大院，逢年过节，乔家人祭祀祖先神灵要在院中石槽上放三样物品，其一便是"豆腐"，不仅因为乔家是靠卖豆腐起家的，还因为豆腐与"斗富""都富"谐音，来寄托山西商人生意兴隆、富甲一方的愿望。在一些节日礼俗中，类似的隐喻文化也被广泛应用。在汉族结婚仪式中新郎和新娘要吃桂圆、枣子和花生，也都与谐音有关。桂圆的名称中本身带有一个"圆"字，寓意夫妻关系圆圆满满；"枣"字谐音"早"，希望新郎新娘"早生贵子";花生的名称可以解读为"花着生",意思是变化着生,又生男孩又生女孩。家族聚会中,亲友之间从来不分吃一个梨,因为"梨"的谐音为"离","分梨"就是"分离",象征离别;小孩子不小心打碎了碗或杯子,因为"碎"与"岁"谐音,大人会说一句"碎碎平安",寓意"岁岁平安";对外交往中,中国人送礼从来不会送伞、钟等类的物品,就是为了避讳其谐音"散""终"。直至今天,这些禁忌避讳和隐喻文化依然常见于许多传统节日或聚会交往的场面中,十分耐人寻味。

语言包含了人们日常生活、生产中的意识形态、风俗习惯,所以传承村落文化离不开对语言的解读。从不同民族的语言表现形式以及语言结构、语言文化和口头传承文学中,往往能够了解到不同村落的不同的历史背景、不同的生存环境和社会条件、不同的发展过程、不同的思维模式。语言作为传统村落原住民进行沟通交流的表达符号和媒介,本身就包含了同一生活背景下的原住民绝大部分的文化内容。村落的原住民只有在共同语言交流的前提下,才会有共同的文化认同感和归属感,形成原住民的内聚力,维系村落内部关系,成了村落乃至民族维系内聚力的重要纽带。在古代,因为教育没有普及,文字为少数读书人所掌握,但语言却非如此,不论是未受过教育的老人还是尚未识字的孩童都能够通过语言表达自身的认知。语言对文化的传承是实时的、自然而然的,不受时间、地点、条件的限制,不像文字记录那样费时费力。因其还具有相对稳固的一面,语言又被称为文化传承的DNA。在中国历史发展过程中,有些曾为人们应用的旧事物会逐渐消失,但反映这些旧事物的词语仍会沿用下来,即便人们没有见过曾经存在过的这些旧事物,也仍可以通过语言了解它们的过去。这些特性决定了传统村落文化的保护与传承必须以语言作为关键。

当然仅仅使用口头传承这一种方式也存在很大弊端,它使我国的民间音乐至今没有完善的记谱方法,在现在的传统村落文化保护中,文化的传承还需要融入文字、乐谱、录音、影像、光盘等更多传承方法进行记录,更要注重传承人培养和广大劳动人民的文化创造力才能使村落文化永葆活力。

2. 文字传承

文字是记录信息的图像符号,中国文字是独一无二的表象形的文字。古代把独体字叫作"文",把合体字叫作"字",如今联合起来叫作"文字"。传统村落文化中的文字传承并不仅限于传承有重要事件的文献、重大书法价值的作品或有政治意义的文书、密信等，相反，许多村落由于相对偏远，极少有政府公文、精英著述之类的文本内容传世，反而出现了许多原住民特有的用以记事、叙史、寄托民族情感的文字，其内容大多与原住民生活息息相关。由于文字传承能够突破语言的时间和空间限制，相对稳定，所以文字传承一直被当作传统村落及其文化保护与传承的基本手段。

文学作品相对于民俗文字更加成熟化、书面化、文学化，许多优秀的文学作品都是源自乡土生活的灵感。村落的自然环境悠远宁静，充满了生活的智慧，孕育了大批优秀作家，他们所代表的地域文化影响全国甚至远及世界。这些文学作品反映的村落的生产、生活风貌与世界其他民族截然不同，在世界文化中以风格质朴、特色鲜明著称，成为独树一帜的文学种类。独特的民族风貌、多样的地理环境还孕育了一大批反映少数民族村落文化的优秀文学作品，风情浓郁，至今仍然广为流传。

除了文学作品，在许多的传统村落还散布着大量的民间文字变体，其中蕴含的文化并不逊色于文学作品，是研究传统村落发展变迁和原住民精神意识、道德教化、生产生活的第一手资料。比如传统村落的民众在民俗节日、庆典聚会、建筑装饰、家居艺术中使用的寓意美好、喜庆吉祥的一类文字。

传统村落中的这类文字有别于文学书面语，它是在汉字的基础上夸张变形而成的。其形式活泼，寓意美好，多请村落中有威望、有知识的人书写。虽然这类汉字经过了夸张变形，但奇特的是，它的识读群体却大大广泛于普通书面文字，一般民众即使不识字亦能识读其背后蕴含的意义。这种现象源自原住民在长期共同生活中形成的相同的文化背景和长久的文化积淀，彼此约定俗成，心照不宣。在浙江省兰溪市有一个著名的诸葛八卦村，村中民居天井照壁上常常出现与动物图像相结合的文字，"福"字乍一看是汉字结构，细看之下组合的左为鹿，右为鹤，十分巧妙。而且这个字除了"福"字的本义外还蕴含了多重意义："鹿"谐音"禄"，象征财富，仙鹤在传统文化中寓意"寿"，鹿鹤相逢又为"喜"，加上"福"字的本义，整个字蕴含"福、禄、寿、喜"，精妙至极。像这类在民众中广泛流传、带有吉祥寓意的文字还有很多。它们应用于家居、建筑装饰中，寄托了劳动人民美好情怀。吉祥文字是村落中常见的一种文化现象，对于传统村落的文化传承有重要作用。

文字传承对于传统村落文化的传承作用比较明显地体现于地方志中的"村志"。"地方志"即按一定体例，全面记载某一地域的自然、社会、政治、经济、文化等方面情况的书籍文献，是典型的文字传承的方式。村志作为地方志的一种，是以某一个行政村或自然村为记述范围的志书。它以基层行政单位为记述对象，全面盘点村落地理、历史、经济、风俗、文化、教育、物产、人物等方面的状况，是十分珍贵的历史遗产，有着特殊的历史价值、文化价值和学术价值，具有其他书籍不可替代的功能。由于历史上，许多史书都是由中央主持、史官书写，大多经过人为修正，许多少数民族村落原住民的历史难以进入正统体制中。所以方志提供的大量社会历史史料，能"补史之缺，参史之错，详史之略，续史之无"。近年来，现代村落的迅速变化使村志的作用日益显现，各地村志、乡志编修情况也在逐步开展中。在一些村落中，很多有文化与见识的老人也自发地撰写本村的村志。村志传承的重要性正在逐步被人们认可，村志是研究村落变迁、村界划分、宗族姓氏迁徙、生产生活习俗等村落文化的重要资料。

3. 图像传承

图像传承一直以来在各民族文化传承过程中隐晦地发挥着作用，从部落图腾就可以追溯图像传承文化的悠远历史。在文字最早出现时，象形文字便是一种图像传承方式。图像传承具象易懂，是最为直观的一种方式，只是在传承过程中极易被忽略。在当今读图化、信息化的时代，图像与符号日趋显示出极其强大的传递功能和优势。

在文字识读并不普及的情况下，传统村落中的图像与图案对于文化的传承发挥着独特的作用。它由民间艺人创作并为原住民所喜闻乐见，是一种反映了原住民的审美观念的艺术形式。其表达方式不像宫廷艺术图案一样华贵，但形式丰富，组合奇巧，繁复绚丽，带有浓烈的地域文化特色。

村落原住民在长期的生产生活实践中，喜欢创作一些富有寓意的装饰物，来表达对美好事物的追求。除了采用直接的表达方式来描绘传统吉祥图案，更喜好用含蓄、委婉、深刻、富有寓意性的图形来表达。譬如，我国民间视蝙蝠为吉祥物，就是基于"蝠"与"福"谐音，以"蝠"代"福"，因此许多传统村落的建筑装饰中经常能见到关于蝙蝠的各种图纹与雕刻，甚至在梅州市梅县区茶山村，村里整个建筑造型都如同蝙蝠图案：堂屋、庭院和门楼为蝙蝠身，两侧数米的天街再建横屋为双翼，堂屋与横屋有矮墙相连，形似蝙蝠，十分壮观。此外，蝙蝠还常见于民间木版年画中，寓意繁多，有双福、五福、五福捧寿、福在眼前、福寿双全等。除蝙蝠图案以外，还有"鱼"谐

"余"（裕）、"鹿"谐"禄""戟"谐"吉""磬"谐"庆""猴"谐"侯"等。这些广为使用的吉祥图案将吉祥语言和艺术形式完美地融合为一体，表达了村落原住民对幸福和美好生活的追求与向往。它们至今仍然出现在许多传统村落的工艺品中，如剪纸、蓝印花布、蜡染、刺绣、木版画等。

4. 实物传承

在传统村落中，村落原住民的生产生活实践都离不开各种工具、器物等实物的使用，实物伴随着村落的产生、迁徙，社会的更替而变化。即使许多实物承载的工艺已经在历史发展过程中随着传承人的逝去而中断，但是承载着村落文化的实物本身也具有传承历史文化的功能。这些物质实体存在体现了其被创造和使用的时代背景，传递出其背后的深刻的文化价值。

传统村落是传统文化实物遗存较多的地方。几乎所有的人类文化遗产都离不开实物传承。村落中从衣食住行的实用物品到文化艺术品，无时无刻不在传达着本民族、本村落的文化内涵。如瑶族村落中，男子戒度时头戴缠有白带的斗笠，斗笠象征胎在母腹"不见天日"，白带象征脐带，以示自己与母亲血肉相连，永不忘本。在苗族地区的村落中，服饰的一个突出功能，就是记载本民族的历史，黔西北威宁、赫章以及滇东北彝良苗族服饰上的天地、山川、江河、城池、田园图案，黔东北松桃和湘西苗族的骏马飞渡、江河波涛图案，川南苗族黄河、长江图案，无不反映出苗族历史在服饰上的深厚的文化积淀，反映出苗族从黄河之畔，迁徙到长江流域的艰难历程。在这里，原住民的穿戴实物，就像一部部写在服饰上的史诗，记载着自己的历史。

实物的保护与传承是目前文化保护中着力最多的方式，这一点从对于传统村落建筑的保护中尤其能看出来。确实，从传统村落建筑的样式及堪舆规划中，我们可以深刻地感知到中华民族聚族而居的历史文化。福建客家人的传统土楼建筑，就是这样一种独一无二的文化载体，除了能带给人们新奇的视觉效果之外，也能赋予人极其深远的回忆。福建的土楼大都是以圆形和方形群组的方式坐落在乡间，这种围合向心的居住形态是很古老的方式，它体现了以共同体为基础的居住形式。人类社会的原型就是从围合开始的。历史上村庄及聚落的形成，都是自然发生和生长的生态，它是靠时间的推移和村落原住民在长期的生产生活实践中慢慢形成的。

但是，建筑不只是一个简单的实物形态，它与周围的生态环境、自然景观、人文景观都是相生相连的。"西塞山前白鹭飞，桃花流水鳜鱼肥""晨兴理荒秽，戴月荷锄归""采菊东篱下，悠然见南山"，美好的自然景观与村落建筑一起，融为一体，带给人们饱含"山水田园"之美的记忆。这种感觉，显然不是仅仅靠一座孤立的房舍就能够延续的。在涉及村落建筑实物保护的时候，需要将其与其周围的生态环境、活态文化一起保护起来。

（二）现代传承方式

随着社会的发展，现代信息科技元素悄然而至，现代化为村落文化的传承与保护带来了新的机遇与挑战，也带来新的传承方式。村落文化的现代传承方式，主要是结合现代信息科技元素，采用多种传承形式对传统村落文化进行数字化、立体化的展示，在展示中引起人们对于传统村落文化的重视、保护与传承。

1. 互联网传承

当今社会，全球化和信息化相互促进，互联网已经融入社会生活的方方面面，深刻改变了人们的生产和生活方式、消费方式、治理方式乃至文化传承方式。互联网具有受众广、时效强、多功能、交互式等多种特点，它的飞速发展为村落文化的现代传承提供了良好的渠道，已成为村落文化数字化记录的重要载体。

互联网能够为传统村落文化的网络推送提供平台。网络传播具有与传统传播方式截然不同的本质特征，它集互动性、即时性、个性化、权利平等性、多元性于一身，可以通过网页、新闻、博客、论坛、广播、广告等形式给受众带来强烈的感观刺激和互动参与的欲望。近年来，随着手机、平板电脑等移动终端的普及，信息的传播方式发生了革命性变化，具有智能操作系统的移动终端都有客户端的安装，许多应用程序实时通过互联网进行更新，逐渐成为互联网信息传播的重要载体。因此传统村落及其文化可以通过互联网开发移动 App、客户端，将传统村落文化的海量信息以地图形式整合，用户点击进去即可实时了解并查询传统村落中从自然气象、交通状况、村落风貌到文化内涵等一切动态。

在传统村落文化的传承中，互联网能够着眼于文化资源的供应和原住民的需求如何有效对接。传统村落中的部分文化遗产由于受到交通和时间的限制，并且由于其存在的特定生活环境，传播渠道十分受限，大型的器物、建筑、碑刻、遗迹等都具有不可移动性特征。针对这一现象，互联网可建立

"传统村落文化数字博物馆"，通过互联网途径拓宽传统村落的传承渠道。传统村落文化数字化博物馆采用虚拟的网上博物馆模式，与实体保护与传承相结合，使村落中的建筑，与原住民生产生活、文化教育、道德教化、精神信仰有关的物质文化遗产和非物质文化遗产的物质载体等摆脱了时间、空间和民族的限制。该模式主要利用数字化技术真实还原村落文化中的物质文化遗产的光影、色泽、造型、纹样，除基本特征能够直观获取外，还能够支持细节放大、结构拆解等功能。这些功能将为村落文化载体搭建起无限地复制、存储、加工、展示与交流的平台，成为弘扬村落文化、培养文化认同感的中坚力量。

总之，互联网已毫无疑问成为现代村落文化的传承与保护的有力方式，将其合理地运用于传承机制中并与其他传承方式有效整合，便可以从根本上推动村落文化传承保护的持续发展，提升村落文化的生命力。

2. 多媒体传承

多媒体是多种媒体的综合，是把文字、图形、图像、声音、动画、活动影像等通过数字化加工、组合处理的一种传播媒体。多媒体能有效地运用于村落文化资源的采集、处理、编辑、存储和展示，是全新的村落文化传承方式。

多媒体技术能对村落中珍贵、濒危并具有历史价值的物质及非物质文化遗产进行真实、系统、全面且永久的数字化存储记录，建立档案和数据库。这种多媒体档案和数据库是村落文化全新的采集记录手段和存储方式，不仅可以把村落文化物质及非物质文化遗产的档案资料，如文字资料、实物照片、制作过程的影像、传承人的录音等，通过多媒体技术处理，保存在硬盘、光盘等实物的存储介质中，再对这些数据进行多维度的扫描、分析与展示，还可将档案资料转换成数据，存入网络中，构建多媒体网络数据库，便于档案资料信息及时更新、检索。目前，中国传统村落立档调查已启动，以文字、图像相结合的方式，全面清晰地记录村落中相关的文化信息，至今完成立档调查村落数目达 100 个。

同时，多媒体技术能够为传统村落提供更加广阔的宣传平台，将村落文化在更大的范围内推广，让更多的人认识、了解、重视传统村落文化，参与到传统村落文化的传承与保护中。在这个宣传平台中，可以利用多媒体将村落中的人际关系、家族树、文化基因以图谱形式联结，以家族或村落为单元，配合文字、图片、视频、音频和交互影像等方式全面呈现村落中的非物质文化遗产，更具象化、生动化地体现其文化内涵。具体形式可以是采用数据新闻、自媒体文章、数字期刊、数字图书等介绍非物质文化遗产，配以动静结合的图画。外部的人如果想学习传统村落中的制作技艺，可以通过平台远程学习，不再局限于组织内部人与人之间实时、实地的环境条件，把村落文化面向的群体扩展到整个社会，使村落中的原住民能够从中获益，也能使村落以外的人从中得到文化的熏陶。通过这个平台人们还可以交流文化、寄托情感，找到自身的社会存在感，弥合村落与社会外界的裂痕。

3. 生态博物馆的传承

生态博物馆被称为没有围墙的"活体博物馆"，是博物馆的一个新类型。它主要是以具有一定历史、文化、科学、艺术、社会等价值的传统村落为单位（包括村落中的自然生态和人文生态），强调保护和保存文化遗产的真实性、完整性和原生性。

生态博物馆具有展示功能和教育传承功能。其展示功能与传统博物馆并无太大区别，主要是面向大众展示人类文化遗产。而教育传承功能包括对原住民的教育和对外界大众的教育。首先是对原住民的教育。生态博物馆的主体是村落原住民，他们担任着博物馆"展示者"和"讲解者"的角色，这就要求他们对于自己的民族文化要有系统的认识和了解。因此，生态博物馆能够对本地区村落原住民的文化普及起到促进作用。生态博物馆专业人员还会与村寨中的原住民共同组成培训小组，掌握收集文化资料的常识，使当地的村落文化能够得到保存、储存与展示。在梭嘎生态博物馆建立后，生态区内便建立了希望小学，为生活在偏远村落的儿童的文化普及提供了场所，学校开设手工工艺课、芦笙演奏课等，促进了民族文化的传承。其次，在对外界大众的教育中，生态博物馆是主动的、开放的。社区、村落原住民享受了良好的文化教育，在迎接八方来客时会以文化主人的意识主动传播本民族的文化，以他们的民族文化能够被关注、传播、展示为骄傲。由于生态博物馆的资源大多是活态的，在文化展示过程中，生态博物馆的村落原住民能够与外来的观众进行互动、交流，定期开展许多手工艺知识活动。这对于生态博物馆的受众群体来说是一次接受文化熏陶的契机。

总之，传统村落的保护与传承是一个宏大的体系，也是一个全新而重要的研究课题。中国传统村落及其文化的研究与保护，目前尚处于发展阶段，这项工作的前期阶段可能会耗时耗力，但是它肩负着保护中华民族乃至全人类文化遗存的重任，将会对未来社会、国家乃至人类的发展作出巨大贡献。

忘记过去，意味着背叛；展望未来，则需要我们今天打好稳固的基础。作为研究传统村落文化的学人，我们尤其要踏踏实实做好传统村落及其文化的保护与传承的工作，为中华民族文化的传承不息再续火种。

参考文献

[1] 谢金伶，吴灿，中国村落文化研究系列中国传统村落实证研究坪坦村 [M]．长沙：中南大学出版社，2020.

[2] 陈应征，陈冠伟，中国村落文化研究系列中国传统村落实证研究大园村 [M]．长沙：中南大学出版社，2020.

[3] 谷永丽，基于文化基因理论的云南传统村落空间存续与再生研究 [M]．昆明：云南美术出版社，2020.

[4] 吴必虎，荆楚传统村落 [M]．深圳：海天出版社，2020.

[5] 赵宏宇，车越，传统村落生态治水智慧 [M]．北京：中国建筑工业出版社，2020.

[6] 祁嘉华，张婉瑶，王慧娟，陕西传统村落地域文化探究 [M]．西安：陕西旅游出版社，2019.

[7] 王伟，湖湘传统村落文化艺术研究以湘西花垣县板栗村为例 [M]．北京：中国社会科学出版社，2019.

[8] 王浩著，美丽乡村建设背景下苏南传统村落文化资源保护与开发研究 [M]．南京：河海大学出版社，2019.

[9] 陈桂秋，丁俊清，余建忠，程红波，宗族文化和浙江传统村落 [M]．北京：中国建筑工业出版社，2019.

[10] 邱云美，旅游发展与畲族村落传统文化变迁及保护研究 [M]．北京：中国社会科学出版社，2019.

[11] 谢金伶，刘灿姣，中国村落文化研究系列中国传统村落实证研究勾蓝瑶寨 [M]．长沙：中南大学出版社，2019.

[12] 祁嘉华，苏志刚，刘倩，祁俊程，营造的初心传统村落的文化思考 [M]．北京：中国建材工业出版社，2018.

[13] 卢世主，秦怡，认同与适应传统村落文化空间保护研究 [M]．南昌：江西美术出版社，2018.

[14] 胡彬彬，吴灿，中国传统村落文化概论 [M]．北京：中国社会科

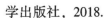

学出版社，2018.

[15] 萧加，王鲁湘，中国传统村落图典 [M]．杭州：浙江大学出版社，2018.

[16] 刘大可，陈春声，罗勇等．传统客家村落社会研究 [M]．广州：广东人民出版社，2018.

[17] 胡艳丽，曾梦宇，贵州省非物质文化遗产版图 [M]．成都：四川大学出版社，2019.

[18] 倪浓水，中国海洋非物质文化遗产十六讲 [M]．北京：海洋出版社，2019.

[19] 玉昆子，非物质文化遗产小架梅花桩拳搏击道 [M]．北京：华夏出版社，2019.

[20] 麻国庆，朱伟，文化人类学与非物质文化遗产 [M]．北京：生活·读书·新知三联书店，2018.

[21] 张桃，宁化客家艺术与非物质文化遗产 [M]．北京：中国国际广播出版社，2018.

[22] 宋永利，张宏图，樊云松，等．孔孟之乡非物质文化遗产概览 [M]．北京：北京理工大学出版社，2018.

[23] 李富强，甘谷县非物质文化遗产名录图典 [M]．兰州：甘肃文化出版社，2018.

[24] 张鸿雁，佳木斯非物质文化遗产概览 [M]．哈尔滨：黑龙江人民出版社，2018.

[25] 李苍彦，林泓魁，非物质文化遗产丛书：彩塑京剧脸谱 [M]．北京：北京美术摄影出版社，2018.

[26] 张新科，淮海地区非物质文化遗产概论 [M]．北京：商务印书馆．2017.

[27] 李江敏，苏洪涛，中国旅游与非物质文化遗产 [M]．武汉：武汉大学出版社．2017.

[28] 张昕，王潇曼，造型类非物质文化遗产概论 [M]．武汉：华中科技大学出版社．2017.

[29] 刘云升，刘忠平，非物质文化遗产产业化法律规制研究 [M]．北京：知识产权出版社，2017.

[30] 冯骥才，非物质文化遗产保护理论与方法丛书：为文化保护立言 [M]．北京：文化艺术出版社，2017.